Karin Polit & Hanna Walsdorf (Hrsg.)

Performative Lernkulturen

Karin Polit & Hanna Walsdorf (Hrsg.)

Performative Lernkulturen

Ritual – Tanz – Theater

2016
Harrassowitz Verlag · Wiesbaden

Umschlagabbildung:
Balletttänzerinnen der Waganowa-Ballettakademie in Sankt Petersburg.
© Hanna Walsdorf

Die Publikation dieses Bandes wurde finanziert durch den Sonderforschungsbereich »Ritualdynamik« (SFB 619) an der Universität Heidelberg, eingerichtet von der Deutschen Forschungsgemeinschaft (DFG).

Bibliografische Information der Deutschen Nationalbibliothek
Die Deutsche Nationalbibliothek verzeichnet diese Publikation in der Deutschen Nationalbibliografie; detaillierte bibliografische Daten sind im Internet über http://dnb.dnb.de abrufbar.

Bibliographic information published by the Deutsche Nationalbibliothek
The Deutsche Nationalbibliothek lists this publication in the Deutsche Nationalbibliografie; detailed bibliographic data are available on the internet at http://dnb.dnb.de.

Informationen zum Verlagsprogramm finden Sie unter
http://www.harrassowitz-verlag.de

Gedruckt auf alterungsbeständigem Papier.
Druck und Verarbeitung: Memminger MedienCentrum AG
Printed in Germany
ISSN 9999-9093
ISBN 978-3-447-10729-7

Inhalt

Vorwort

Hanna Walsdorf & Karin Polit

Der Heidelberger Sonderforschungsbereich 619 »Ritualdynamik« war von 2002 bis 2013 ein zentraler Ort für die wissenschaftliche Neubeschäftigung mit dem Rituellen als interdisziplinärem Forschungsfeld. Rituale wurden hier vor allem als dynamische Praktiken betrachtet, die die Gesellschaften, für die sie wichtig sind, nicht nur prägen, sondern auch mithelfen können, sie nachhaltig zu verändern.[1] Das Besondere an rituellen Momenten, nämlich ihre Fähigkeit, Statik mit Dynamik zu verbinden, und damit eben auch »Traditionen« verändern zu können, stand im Vordergrund der interdisziplinären Arbeit. Rituale wurden hier als Handlungen gefasst, die, mit ganz unterschiedlichen Absichten, Zielen und Bedeutungszuschreibungen, von Menschen auf der ganzen Welt bewusst durchgeführt wurden und werden, um auf die eine oder andere Weise auf die Umwelt Einfluss zu nehmen.[2] Diese rituellen Tätigkeiten prägen die Gruppen von Menschen, für die sie Bedeutungen haben, so stark, dass davon auszugehen ist, dass rituelle Handlungen auch zentrale Praktiken der kulturellen Wissensübertragung sind.[3]

Ritual und ritualisierte Praxis spielen eine große Rolle in Wissenstradierung und Lernpraktiken, beispielsweise als unterstützende Praxis in der Bildung oder als verkörpertes Repertoire einer Gemeinschaft. Rituelle Performanzen sind also in jeder Gesellschaft Teil des normativen Prozesses. Durch sie werden Werte, Normen und kulturelle Inhalte vermittelt, weitergegeben und auch dynamisch verändert, ohne dass sie auf die reflexive Ebene des Wortes gelangen müssen. Rituelles und performatives Lernen schließen typischerweise Prozesse mit ein, die nicht direkt auf die kognitiven Fähigkeiten des Menschen abzielen; sie können vielmehr als eine Dimension der verkörperten menschlichen Erfahrung verstanden werden. Interessant ist dabei, dass die Rituale selbst bewusst genutzt, eingesetzt und durchgeführt werden. Sie sind Teil der normativen Ordnung, die sie selbst in ihrer Performanz bestätigen, kreieren und immer wieder neu aushandeln. In der Betrachtung von historischen Beispielen aus königli-

1 Harth, Dietrich/Gerrit Jasper Schenk (Hrsg.): *Ritualdynamik. Kulturübergreifende Studien zur Theorie und Geschichte rituellen Handelns,* Heidelberg 2004.

2 Brosius, Christiane/Michaels, Axel/Schrode, Paula (Hrsg.): *Ritual und Ritualdynamik. Schlüsselbegriffe, Theorien, Diskussionen*, Göttingen 2013.

3 Polit, Karin: *When Gods set out to wander: The value of art, heritage and ritual in Uttarakhand, India.* Habilitationsschrift, Universität Heidelberg 2015.

chen Ritualen in Europa oder dem indischen Subkontinent ist immer wieder klar festzustellen, dass die Wirkung von Ritualen denjenigen, die mit ihnen ihre Macht manifestieren oder bestätigen wollen, durchaus bewusst ist. So ist es niemals unwichtig, aus welchem Tor der König seinen Palast verlässt, wie die verschiedenen Personen des Hofstaates in der Nähe zum König platziert werden und welche Rolle religiöse Institutionen in solchen Ritualen spielen.[4] Trotzdem ist nicht immer klar, wo in rituellen Performanzen die Handlungsmacht tatsächlich liegt.[5] Oft ist ersichtlich, wer eine rituelle Handlung geplant hat, weil dieses bestimmte Ritual als alt und traditionell empfunden wird. Je nach Perspektive des Forschers und je nach Forschungsfrage können in religiösen Handlungen die Akteure wichtiger erscheinen als die Priester, können die Bedeutungen, die die verschiedenen Ritualteilnehmer einer rituellen Performanz zuschreiben, völlig disparat erscheinen[6] oder gerade in ihrer Bedeutung als sinnstiftende Elemente einer Gemeinschaft interpretiert werden.[7]

Die meisten Rituale haben aber gemein, dass sie einer gewissen Formalität folgen. Niedergeschriebene, ausgesprochene und unausgesprochenen Regeln schaffen zumeist den rituellen Rahmen, der es Mitgliedern einer Gemeinschaft möglich macht, ein Ritual als ein solches zu erkennen. Nur durch diese formalen Kriterien hebt sich eine rituelle Handlung von alltäglichen Handlungen ab und kann zum Beispiel identitätsstiftend wirken. Gleichzeitig wird sie für die Eingeweihten berechenbar und wiederholbar,[8] und eine Regelüberschreitung bedeutet zumindest ein Risiko gegenüber den anderen Mitgliedern der Gruppe. In diesen Regeln, die je nach Einzelfall völlig unterschiedlich ausfallen können, steckt die Art von Wissen, die uns im Folgenden interessiert. Rituale werden erlernt und mit ihnen ein Wissen um die Welt, wie die eigene Gemeinschaft sie sieht und interpretiert. Wir verstehen rituelle Performanzen also, in Anlehnung an Maurice Halbwachs' Ideen zum kulturellen Gedächtnis[9] als Teil jenes Prozesses, der verschiedene Ontologien auf der Welt manifestiert. Dabei stecken in den Performanzen, die wir hier untersuchen, aber nicht nur die kulturellen Erinnerungen einer Gemeinschaft, sondern auch die Formulierung, Manifestation und Aushandlung der rezenten normativen Ordnung, vermittelt oft durch die Performanz selbst. In der formalisierten Performativität[10] der rituellen Praktiken, die wir hier untersuchen, werden also auch Welten erschaffen und das Wissen um sie weitergegeben. So, wie die alltägliche Performativität der heteronormativen Matrix ganz bestimmte geschlechtliche Personen schafft, so schafft die rituelle Performativität Personen, für die die normative

4 Gengnagel, Jörg/Schwedler, Gerald (Hrsg.): *Ritualmacher hinter den Kulissen. Zur Rolle von Experten in historischer Ritualpraxis*, Münster 2013.

5 Siehe zum Beispiel Chaniotis, Angelos (Hrsg.): *Body, Performance, Agency and Experience,* Wiesbaden 2010 sowie Hüsken, Ute/Neubert, Frank (Hrsg.): *Negotiating Rites,* New York/Oxford 2012.

6 Humphrey, Caroline/Laidlaw, James: *The Archetypal Actions of Ritual. A Theory of Ritual Illustrated by the Jain Rite of Worship*, Oxford 1994.

7 Durkheim, Émile: *Die elementaren Formen des religiösen Lebens*, Frankfurt am Main 1981.

8 Wulf, Christoph: *Zur Genese des Sozialen: Mimesis, Performativität, Ritual*, Bielefeld 2005.

9 Halbwachs, Maurice: *Das Gedächtnis und seine sozialen Bedingungen,* Frankfurt am Main 2008.

10 Zum Begriff des Performativen siehe Butler, Judith: *Anmerkungen zu einer performativen Theorie der Versammlung,* Berlin 2016.

Ordnung der Rituale als natürlich empfunden wird. Sie sind verkörpertes kulturelles Wissen.[11] Die Regeln, die für die rituellen Performanzen gelten, haben auch außerhalb des performativen Rahmens eine große Bedeutung. Die Performanzen, die wir hier untersuchen, könnten freilich unterschiedlicher nicht sein. Mal ist der rituelle Rahmen eine Bühne, mal ein getanzter Raum oder ein Feld im zentralen Himalaya. Das bedeutet, dass wir auch den Begriff der Performanz ausweiten und über die übliche Definition von performativer Kunst als das, was vorbereitet wird, um als performative Kunst präsentiert zu werden, hinausgehen.[12]

Im Rahmen einer interdisziplinären Tagung, die vom 10.–12. Oktober 2012 im Internationalen Wissenschaftsforum der Universität Heidelberg (IWH) stattfand, wurden die beiden Diskursstränge *performatives Lernen* und *sinnliche Wahrnehmung im Ritual* miteinander verflochten – einerseits, um mit der Analyse von sinnlichen Erfahrungen einen substantiellen Beitrag zur Ritualtheorie zu leisten, und anderseits, um zu diskutieren, auf welchen Ebenen die bisher geleistete interdisziplinäre Arbeit zur Ritualtheorie helfen kann, Lernpraxis und Wissensübertragungen besser zu verstehen. In performativen Praktiken, so die These, werden Sinne und Intellekt gleichermaßen und gleichzeitig angeregt, so dass sich das Netzwerk der Sinne und der sinnlichen Stimulation zu einer Gesamtwirkung verdichtet: Es erzeugt eine bestimmte Atmosphäre, eine bestimmte Wirksamkeit und eventuell einen gewünschten Effekt.

Basierend auf neuen Ergebnissen der Ritualtheorie, Performanzstudien und Emotionsethnologie gehen die nun in diesem Band versammelten Autorinnen und Autoren aus verschiedenen Fachperspektiven der Frage nach, wie rituelle und/oder performative Praxis, Körpergedächtnis und Lernprozesse zusammenhängen: Wie werden Rituale und Teilaspekte von rituellen Praktiken, etwa ritueller Tanz und rituelle Bewusstseinszustände, erlernt? Welchen Effekt haben rituelle oder ritualisierte Praktiken in alltäglichen Lernprozessen? Die performative Aneignung und Ausführung von Ritualpraktiken wird hier ebenso wie – umgekehrt – die ritualisierte Aneignung und Ausführung performativer Praktiken aus historischer, ästhetischer und pädagogischer Sicht beleuchtet.

Im ersten Teil des Bandes sind Beiträge zusammengefasst, die sich mit *Performativem Lernen ritueller Praktiken* auseinandersetzen: So ergründet die Mediävistin Mona Kirsch (Heidelberg) in ihrem Beitrag entlang der Frage »Lernen vom himmlischen Reigen?« das Spannungsverhältnis und die Aushandlungsprozesse zwischen »Theorie und Aufführungspraxis liturgischer Tänze im Mittelalter« und spürt dabei den Bruchstellen nach, die bei der Übertragung von theoretischen Diskursen in performative Kontexte zu beobachten sind. Am Beispiel nordindischer Ritualpraktiken beschäftigt sich die Ethnologin Karin Polit (Heidelberg) mit den Bedingungen für »Rituelles Lernen in ritueller Praxis: Kinästhetisch-mimetisches Lernen am Beispiel

11 Polit, Karin: *Women of Honour: Gender and Agency among Dalit Women in the Central Himalayas,* Hyderabad 2012; Walsdorf, Hanna: *Die politische Bühne: Ballett und Ritual im Jesuitenkolleg Louis-le-Grand, 1701–1762,* Würzburg 2012.

12 Davies, David: *Philosophy of the Performing Arts*, Oxford 2011.

nordindischer Ritualpraktiken«. Sie untersucht, wie Erwartung, mimetisches Lernen und Ontologie in rituellen Performanzen zusammenkommen und sich in bestimmten Körpern unterschiedlich manifestieren. Der Lernprozess scheint hier ein verkörperter zu sein, in dem kulturelles Gedächtnis und soziales Lernen ein performatives Archiv bilden. Aus medizinpsychologischer Perspektive betrachtet Jan Weinhold (Berlin) den Zusammenhang von »Performanz und Leibgedächtnis«, indem er »Verkörperte Lernprozesse in Systemaufstellungen« vorstellt und analysiert. Er untersucht, wie Teilnehmer in Systemeinstellungen verkörpertes Wissen einsetzen können, um in therapeutischen Zusammenhängen miteinander zu agieren.

Der zweite Teil beinhaltet Aufsätze über *Ritualisiertes Lernen performativer Praktiken* in verschiedenen historischen Kontexten: Der Germanist Michael Hanstein (Heidelberg) untersucht in seinem Beitrag »Multimediale Spektakel zur Unterweisung der Stadtgesellschaft. Das Straßburger Akademietheater zu Beginn des 17. Jahrhunderts« das Theaterspiel als bereits in der frühen Neuzeit sich bewährende didaktische Methode zur Heranbildung sozialer Kompetenzen, während die Tanzwissenschaftlerin und Schauspielerin Gerrit Berenike Heiter (Paris/Wien) selbige am Beispiel höfischer Praktiken wie »Tanzstunde – Hofballett – Hofball« nachzeichnet, um sich auf diese Weise »Rituellen Aspekten des höfischen Tanzes im Ancien Régime« anzunähern. Aus musik- und tanzwissenschaftlicher Sicht und unter der Überschrift »Lernkultur Ballett« beschreibt Hanna Walsdorf (Leipzig) im darauffolgenden Artikel die »Funktionen, Be/Deutungen und die Rede von der Performanz« im Diskurs über das Ballett in seiner historischen Entwicklung. Untersucht werden dabei die immer wieder neuen Zuschreibungen, denen es sich in sich wandelnden performativen Kontexten ausgesetzt sah.

Den Abschluss bildet eine Zugabe des Erziehungswissenschaftlers und Singer-Songwriters Fletcher DuBois im Gespräch mit Karin Polit. Sie widmen sich der Frage, inwiefern Kreativität und Improvisation zum Teil als Resultat von individuellen Lebenslinien interpretiert werden können, denen gewisse mimetische Lernprozesse zu Grunde liegen.

Wir danken der Deutschen Forschungsgemeinschaft, die sowohl die Tagung als auch die Forschung, die einigen der hier versammelten Aufsätze zugrunde liegt, im Rahmen des SFB 619 »Ritualdynamik« großzügig finanziert hat. Unser herzlicher Dank gilt außerdem Dr. Barbara Krauss und Ulrike Melzow vom Harrassowitz Verlag.

Referenzen

Brosius, Christiane/Michaels, Axel/Schrode, Paula (Hrsg.): *Ritual und Ritualdynamik. Schlüsselbegriffe, Theorien, Diskussionen*, Göttingen 2013.

Chaniotis, Angelos (Hrsg.): *Body, Performance, Agency and Experience*, Wiesbaden 2010.

Butler, Judith: *Anmerkungen zu einer performativen Theorie der Versammlung*, Berlin 2016.

Davies, David: *Philosophy of the Performing Arts*, Oxford 2011.

Durkheim, Émile: *Die elementaren Formen des religiösen Lebens*, Frankfurt am Main 1981.

Gengnagel, Jörg/Schwedler, Gerald (Hrsg.): *Ritualmacher hinter den Kulissen. Zur Rolle von Experten in historischer Ritualpraxis*, Münster 2013.

Halbwachs, Maurice: *Das Gedächtnis und seine sozialen Bedingungen*, Frankfurt am Main 2008.

Harth, Dietrich/Schenk, Gerrit Jasper (Hrsg.): *Ritualdynamik. Kulturübergreifende Studien zur Theorie und Geschichte rituellen Handelns*, Heidelberg 2004.

Humphrey, Caroline/Laidlaw, James: *The Archetypal Actions of Ritual. A Theory of Ritual Illustrated by the Jain Rite of Worship*, Oxford 1994.

Hüsken, Ute/Neubert, Frank (Hrsg.): *Negotiating Rites*, New York/Oxford 2012.

Polit, Karin: *Women of Honour: Gender and Agency among Dalit Women in the Central Himalayas,* Hyderabad 2012.

Polit, Karin: *When Gods set out to wander: The value of art, heritage and ritual in Uttarakhand, India.* Habilitationsschrift, Universität Heidelberg 2015.

Walsdorf, Hanna: *Die politische Bühne. Ballett und Ritual im Jesuitenkolleg Louis-le-Grand, 1701–1762,* Würzburg 2012.

Wulf, Christoph: *Zur Genese des Sozialen. Mimesis, Performativität, Ritual*, Bielefeld 2005.

I Performatives Lernen ritueller Praktiken

Lernen vom himmlischen Reigen? Theorie und Aufführungspraxis liturgischer Tänze im Mittelalter

Mona Alina Kirsch

Für viele moderne Europäer mag die Vorstellung befremdlich anmuten, in der andächtigen Atmosphäre ihrer Kirche einer Tanzaufführung zu folgen, zumal wenn sich daran die anwesenden Kleriker beteiligen sollten. Zwar werden sakral aufgeladene Tanzpraktiken wie die Tempeltänze in Indien oder die Maskentänze in Bali von westlichen Touristen gern besucht, jedoch häufig als kulturspezifische Traditionen mit einem gewissen Interesse am Exotischen betrachtet. Tanzen und religiöse Andacht indes gehören für viele Menschen in ihrem persönlichen Umfeld nicht zusammen. Kurt Koch erklärt diese Tanzabstinenz der europäischen Kirchen mit der über die rhythmischen Bewegungen des Körpers vermittelten Sinnlichkeit und Erotik, für die im Rahmen der Liturgie kein Platz sei.[1] Stattdessen werde geradezu eine Körperfeindlichkeit aufgebaut, indem der Gläubige »als gleichsam a-sexuelles und körperloses Wesen vor Gott zu stehen« habe.[2] Diese Einstellung, deren Ursprünge Koch bis zur Ablehnung des Sinnlich-Körperlichen in der christlichen Spätantike zurückverfolgt, beschreibt jedoch nur eine Seite, denn immer wieder gibt es Bestrebungen verschiedener Kirchen, das Tanzen in ihren Gottesdienst zu integrieren.[3]

Bereits für das in der Forschung häufig als tanzfeindlich stigmatisierte europäische Mittelalter lassen sich verschiedene Tanzelemente im Rahmen der Liturgie nachweisen.[4] Bis heute werden im katholischen Kontext zwei rituelle Tänze praktiziert, die

1 Koch, Kurt: »Gottesdienst und Tanz. Marginalien zu einer noch immer problematischen Verknüpfung«, in: *Liturgisches Jahrbuch* 42 (1992), S. 63–69, hier S. 63.

2 Ebd.

3 Vgl. u.a. Davies, John G.: »Toward a Theology of the Dance«, in: Ders. (Hrsg.): *Worship and Dance*, Birmingham 1975, S. 43–63; Leutzsch, Martin: »Der tanzende Christus«, in: Keuchen, Marion/Lenz, Matthias/Leutzsch, Martin et al. (Hrsg.): *Tanz und Religion. Theologische Perspektiven*, Frankfurt a. M. 2008, S. 101–143; Gundlach, Helga: »Tanz als Gegenstand religionswissenschaftlicher Forschung in Deutschland«, in: Klein, Gabriele/Zipprich, Christa (Hrsg.): *Tanz. Theorie. Text* (= *Jahrbuch Tanzforschung* 12), Münster 2002, S. 173–192; Gerlitz, Peter/Fermor, Gotthard: »Tanz«, in: *Theologische Realenzyklopädie* 32, Berlin/New York 2001, S. 642–655, hier S. 647–655, insbes. S. 652.

4 Zur kritischen Auseinandersetzung mit dem Forschungsdiskurs zur Tanzfeindlichkeit der mittelalterlichen Kirche vgl. Knäble, Philip: *Eine tanzende Kirche. Initiation, Ritual und Liturgie im spätmittelalterlichen Frankreich* (= *Symbolische Kommunikation in der Vormoderne*), Köln/

sich auf mittelalterliche Wurzeln berufen: zum einen die drei Mal jährlich stattfindenden *Los Seises* in Sevilla, die von den jungen Choristen im Altarraum aufgeführt werden, zum zweiten die sogenannte Echternacher Springprozession.[5] Bei beiden jedoch liegt die Kontinuität im Tanzen an sich und nicht in der tatsächlichen Choreographie. Die heutige Schrittfolge der spanischen Tänze ist erstmals in der Renaissance belegt und wurde im Laufe der Zeit umgearbeitet und an die Musik angepasst.[6] Bei der Prozession in Echternach zu Ehren des heiligen Willibrord hingegen prägen die Seitensprünge nach links und rechts erst seit 1947 das Bild des Zuges.[7]

Tanzen im Mittelalter als Untersuchungsgegenstand

Allein der kurze Ausblick auf diese zwei Tanzphänomene verweist bereits auf eine der grundlegenden Schwierigkeiten, mit denen der Historiker in Anbetracht der mittelalterlichen Tanzpraktiken konfrontiert ist: Zwar hat das Tanzen im sakralen Raum eine lange Tradition und lässt sich bereits für das Mittelalter nachweisen, jedoch muss man sich in den meisten Fällen auf die Aussage beschränken, dass getanzt wurde. Wie diese Tänze aussahen, wie sie einstudiert bzw. vermittelt wurden, lässt sich kaum rekonstruieren. Die Schwierigkeiten des Historikers, den Quellen Informationen zu bestimmten Phänomenen oder auch Gesellschaftsschichten des Mittelalters zu entlocken, potenzieren sich für den Tanz als körperliche Ausdrucksform.[8] Das Tanzen, so

---

Weimar/Wien 2016, S. 9–35. Die Dissertation Knäbles lag zur Zeit der Entstehung dieses Aufsatzes noch nicht publiziert vor. Viele der hier lediglich angerissenen Themen finden sich nun bei Knäble ausführlicher diskutiert; vgl. nun auch Falke, Sara: »Schritt für Schritt der Hölle entgegen – mittelalterliche Tänze im Fokus der kirchlichen Kritik«, in: Dies./Wisotzki, Sara R. (Hrsg.): *Böse Macht Musik. Zur Ästhetik des Bösen in der Musik* (= *Kultur- und Medientheorie*), Bielefeld 2012, S. 49–59.

5 Koch: »Gottesdienst und Tanz«, S. 66.

6 Matluck Brooks, Lynn: »›Los Seises‹ in the Golden Age of Seville«, in: *Dance Chronicle* 5/2 (1982), S. 121–155, S. 134f. Irrtümlich ist die Angabe Kurt Kochs, dass der Tanz 1439 vom Papst offiziell erlaubt worden sei, vgl. Koch: »Gottesdienst und Tanz«, S. 66, so auch Salmen, Walter: *Tanz und Tanzen vom Mittelalter bis zur Renaissance* (= *Terpsichore* 3), Hildesheim/Zürich/New York 1999, S. 26. Tatsächlich wurde in der Bulle *Ad exequendum* Papst Eugens IV. lediglich Anordnungen bezüglich der Ausbildung der Chorknaben getroffen, vgl. Matluck Brooks, Lynn: *The Dances of the Processions of Seville in Spain's Golden Age* (= *Teatro del Siglo del Oro. Estudios de literatura* 4), Kassel 1988, S. 94.

7 Kauthen, Pierre/Metz, Anise: *Die Geschichte der Springprozession*, http://web.cathol.lu/991/mouvements/oeuvre-saint-willibrord/willibrordus-bauverein/springprozession/article/die-geschichte-der. Zur Geschichte der Echternacher Springprozession vgl. Reiners, Adam: *Die Springprozession zu Echternach* (= *Frankfurter zeitgemäße Broschüren* N. F. 5,8), Frankfurt a. M. 1884; Langini, Alex: *La Procession dansante d'Echternach. Son origine et son histoire*, Echternach 1977; Schroeder, Jean: »Vom Ursprung der Echternacher Springprozession«, in: Plötz, Robert/Rückert, Peter (Hrsg.): *Jakobuskult im Rheinland* (= *Jakobus-Studien 13*), Tübingen 2004, S. 221–246.

8 Zu den Dynamiken mittelalterlicher Überlieferung vgl. Esch, Arnold: »Überlieferungs-Chance und Überlieferungs-Zufall als methodisches Problem des Historikers«, in: *Historische Zeitschrift*

Jan-Dirk Müller, gehört wie das Lied, das Turnier und das Fest zu den Erfahrungen, die in den schriftlich kommunizierten Texten nicht aufgehen und im geschriebenen Wort nur partiell vermittelt werden können.[9] »Zum mittelalterlichen Tanz in seiner transitorischen Einmaligkeit«, argumentiert auch Julia Zimmermann, »führt kein Weg zurück«.[10]

Auch wenn die Quellen im Hinblick auf die Choreographien zumeist schweigen, so gehört das Tanzen durchaus zu den häufig kommentierten Themen, besonders in der geistlichen Literatur. Positiv konnotierten Modellen wie dem Tanz der Engel, Christus als Spielmann oder dem Tanz König Davids auf der einen Seite stehen die Verdammung der weltlichen Vergnügungen, die Darbietungen der Spielleute und Gaukler sowie die sinnlichen Tänze der Frauen gegenüber. Tanz und Tanzen bildeten den Gegenstand christlicher Allegorese und die Projektionsfläche für korrektes oder falsches Verhalten der Gläubigen.[11] Wie kaum ein anderer Diskurs über ritualisierte Handlungen im Mittelalter waren die Texte über das Tanzen durch die Belehrungs- und Beeinflussungsintention der Autoren geprägt.[12] In Anlehnung an die Thesen Philippe Bucs gilt es zu betonen, dass die Verfasser bei der Darstellung von Ritualen primär keine wirklichkeitsgetreue Wiedergabe der tatsächlichen Handlung anvisierten, sondern in

240 (1985), S. 529–570; zu den methodischen Problemen bei der Analyse einmaliger, flüchtiger Aufführungen wie dem Tanz vgl. Knäble: *Kirche*, S. 17f.

9 Müller, Jan-Dirk: »Vorbemerkungen zu: ›Aufführung‹ und ›Schrift‹«, in: Ders. (Hrsg.): *Mittelalter und Frühe Neuzeit. DFG-Symposion 1994* (= *Germanistische Symposien-Berichtsbände* 17), Stuttgart/Weimar 1996, S. XVII.

10 Zimmermann, Julia: *Teufelsreigen – Engelstänze. Kontinuität und Wandel in mittelalterlichen Tanzdarstellungen* (= *Mikrokosmos* 76), Frankfurt a.M./Berlin/Bern et al. 2007, S. 22. Das Thema »Tanzen« wurde bislang in der Mediävistik wenig beachtet, vgl. Knäble: *Kirche*, S. 33–35. Neue Erkenntnisse vermittelt neben den Arbeiten von Julia Zimmermann und Philip Knäble die Untersuchung Gregor Rohmanns, der in seiner Analyse der »Tanzwut« auch die Beziehung zwischen Christentum und Tanz beleuchtet, vgl. Rohmann, Gregor: *Tanzwut. Kosmos, Kirche und Mensch in der Bedeutungsgeschichte eines mittelalterlichen Krankheitskonzepts* (= *Historische Semantik* 19), Göttingen 2013, S. 171–254.

11 Inspiriert ist diese Vorgehensweise von den Untersuchungsfragen Julia Zimmermanns, die sich in ihrer Dissertation dem theologischen Tanzdiskurs widmet. Sie geht davon aus, dass »mit der Dämonisierung des Tanzes einerseits und seiner Spiritualisierung andererseits […] integrale Denkformen über das ›falsche‹ bzw. ›richtige‹ Verhalten des Menschen veranschaulicht und diskutiert [werden]«, Zimmermann: *Teufelsreigen*, S. 23. Untersuchungen wie diejenigen Julia Zimmermanns, Constant Mews' (Mews, Constant J.: »Liturgists and Dance in the Twelfth Century. The witness of John Beleth and Sicard of Cremona«, in: *Church History* 78 [2009], S. 512–548) und Gregor Rohmanns (Rohmann: *Tanzwut*) spiegeln eine neue Schwerpunktsetzung in der Tanzforschung zum Mittelalter wider, die sich – wohl auch stark bedingt durch den Mangel an Quellen – auf die Rezeptionsebene bzw. die Diskursebene konzentriert. Damit wird gegenüber der älteren Forschung ein Perspektivenwechsel angestrebt, die sich dem Tanzen vornehmlich als Ausdruck der Volkskultur widmete und daher den liturgischen Tanz häufig als Ergänzung zu den höfischen Tänzen und Volksweisen integrierte, vgl. Mews: »Liturgists and Dance in the Twelfth Century«, S. 514.

12 Zimmermann: *Teufelsreigen – Engelstänze*, S. 23f.

besonderem Maße eine Argumentationsstrategie begründen wollten, um so ihre Deutung dominant zu setzen.[13] So machte Buc am Beispiel verschiedener Berichte zum Treffen zwischen Papst Stephan II. und Pippin dem Älteren in Ponthion (Ponthien) im Jahr 754 deutlich, dass die Interpretation desselben Ereignisses in hohem Maße von der Lesart des Autors, seiner Absicht, seinem intendierten Publikum sowie den normsetzenden Deutungsmustern seines (literarischen) Umfelds gekennzeichnet ist.[14] Die Auslegung der Gelehrten und ihre Bewertung prägten als kulturell vermittelte Wahrnehmungs- und Verhaltensmuster die Denkformen der Zeitgenossen über das angemessene Verhalten. Einfacher gefasst: Sie gaben den Gläubigen abstrakte Richtlinien an die Hand, wie man im Alltag die rituelle Praxis umzusetzen oder zu unterlassen hatte. Daher sollte es möglich sein, über den Diskurs auf die Aufführungspraxis zurückzuschließen, demnach darauf, wie die vornehmlich theologisch geprägten Interpretationen die rituellen Handlungen beeinflussten, was man daraus »lernen« konnte.

Als ein produktives Feld für diese Untersuchung eignen sich insbesondere die sogenannten liturgischen Tänze, in denen die kontrastierenden Tendenzen der »himmlischen« Tanzmodelle mit der irdischen Aufführungspraxis – zumal wenn sie im Kirchengebäude selbst inszeniert wurden – in Einklang gebracht werden mussten. In der Trias von Theatertanz, geselligem Tanz und rituellem Tanz bzw. Sakraltanz bezeichnen letztere alle Tanzformen, die eine religiöse Funktion innehaben und einen Bestandteil der rituellen Frömmigkeitspraxis bilden.[15] Diese Kategorie ist weiter einzugrenzen auf diejenigen Tänze, die Aufnahme in die Liturgie der Kirche fanden und von den dortigen Amtsträgern praktiziert wurden.[16] Ausgeklammert sind damit die seit der Spätantike bekannten kollektiven Tänze der Gläubigen, die sich im unmittelbaren Umkreis der Kirche, beispielsweise auf den Friedhöfen, ereigneten.[17] Auf diese sei als Kontrastfolie verwiesen, denn sie gehören zu den rituellen Ausdrucksformen, die von der Kirche als spontane, unkontrollierte Ausbrüche abgelehnt und verboten wurden.[18]

---

13 Buc, Philippe: »Political Ritual. Medieval and modern interpretations«, in: Goetz, Hans-Werner (Hrsg.): *Die Aktualität des Mittelalters* (= *Herausforderungen. Historisch-politische Analysen* 10), Bochum 2000, S. 255–272, insbes. S. 272. Vgl. des Weiteren Ders.: *The Dangers of Ritual. Between early medieval texts and social scientific theory*, Princeton 2001; zu Bucs Erwiderung auf seine Kritiker vgl. ders.: »The Monster and the Critics. A ritual reply«, in: *Early Medieval Europe* 15 (2007), S. 441–452.

14 Buc, Philippe: »Warum weniger die Handelnden selbst als eher die Chronisten das politische Ritual erzeugten – und warum es niemandem auf die wahre Geschichte ankam«, in: Bernhard Jussen (Hrsg.): *Die Macht des Königs. Herrschaft in Europa vom Frühmittelalter bis in die Neuzeit*, München 2005, S. 27–37.

15 Schröder, Edward: »Brautlauf und Tanz«, in: *Zeitschrift für deutsches Altertum und Literatur* 61 (1924), S. 27–34, hier S. 27. Zur kritischen Reflexion bzw. zur Umbildung in »Sakraltanz« vgl. Zimmermann: *Teufelsreigen – Engelstänze*, S. 27, Anm. 3; zum »Sakraltanz« und seiner Genese vgl. ebd., S. 54f.; vgl. des Weiteren auch Gerlitz, Peter/Fermor, Gotthard: »Tanz«, in: *Theologische Realenzyklopädie* 32, Berlin/New York 2001, S. 642–655, hier S. 642f.

16 Vgl. zu dieser Kategorienbildung Horowitz, Jeannine: »Les danses cléricales dans les églises au Moyen Âge«, in: *Le Moyen Âge* 95 (1989), S. 279–292, S. 280f.

17 Sachs, Curt: *Eine Weltgeschichte des Tanzes*, Hildesheim 2007 (OA Berlin 1933), S. 170.

18 Zum Verbot dieser Form des Tanzens auf den allgemeinen Konzilien des Mittelalters sowie seinen Ursachen vgl. Knäble: *Kirche*, S. 171–180.

Um die hier umrissene Fragestellung für diese Kategorie von Tänzen fruchtbar zu machen, ist es zunächst notwendig, einige grundsätzliche Beobachtungen zur Wahrnehmung und Bewertung des Tanzens im Mittelalter voranzustellen. Anschließend soll die im 12. Jahrhundert vermehrt einsetzende Verbindung von Liturgie und theologischen Interpretationen wie dem Engelstanz und dem Tanz Davids in den Blick gefasst werden, um diese abschließend als Vorbilder für die Tanzpraxis in der Kirche zu untersuchen.

Tanzen in der theologischen Literatur des Mittelalters: zwischen irdischem Vergnügen und symbolischer Spiritualisierung

Die Einstellung der Kirche zum Tanzen ist seit der Zeit der Kirchenväter von einer gewissen Ambivalenz gekennzeichnet.[19] Auf der einen Seite steht die Ablehnung der Tanzpraxis, die von kritischer Reserviertheit bis hin zur scharfen Verurteilung reicht. So geißelte Johannes Chrysostomos, Erzbischof von Konstantinopel und populärer Prediger des 4. Jahrhunderts, das Tanzen als Teufelswerk. Er gestehe zwar zu, dass Gott den Menschen mit Füßen erschaffen habe, dies jedoch nur um aufrecht zu wandeln, und nicht um damit Tanzsprünge zu tun wie ein Kamel.[20] Zahlreiche spätantike Konzilserlasse richteten sich gegen das Tanzen im sakralen Raum, das – so suggeriert zumindest die Häufigkeit der Verbote – zu dieser Zeit besonders im Umfeld der Märtyrerfeste üblich war.[21] Der Widerstand der Autoritäten gegen eine Integration des Tanzens in die kultischen Feiern fußte zum einen auf dem Bestreben, die damals noch junge Religion durch eine strikte Abgrenzung von den paganen Traditionen zu schützen.[22] Sakraltänze wurden als Erbe der antiken, heidnischen Vergangenheit betrachtet und daher abgelehnt. Des Weiteren kennzeichnet die nach der konstantinischen Wen-

19 Horowitz: »Les danses cléricales«, S. 279f.

20 »Neque enim ideo pedes nobis dedit Deus, ut iis turpiter utamur, sed ut recte gradiamur; non ut perinde atque cameli saltemus«, siehe Johannes Chrysostomos, *In Matthaeum homiliae I–XC*, in: *Patrologiae cursus completus, series Graeca*, hrsg. von Jacques-Paul Migne (zit. als Migne PG), Bd. 57–58, Paris 1862, Sp. 13–794, Bd. 58, Sp. 491. Programmatisch auch seine Aussage: »Ubi enim saltatio, ibi diabolus«, ebd. Zu Johannes Chrysostomos' Vergleich des Tanzes der jungen Mädchen mit dem Gebaren von Eseln und Maultieren vgl. Zimmermann, Julia: »Histrio fit David... König Davids Tanz vor der Bundeslade in der Ikonographie und Literatur des Mittelalters«, in: Dietrich, Walter (Hrsg.): *König David – biblische Schlüsselfigur und europäische Leitgestalt. 19. Colloquium der Schweizerischen Akademie der Geistes- und Sozialwissenschaften*, Freiburg i. d. Schweiz 2003, S. 531–561, hier S. 557. Zur besseren Verständlichkeit werden die griechischen Schriften der kirchlichen Autoren der Ausgabe der *Patrologia Graeca* folgend im lateinischen Text wiedergegeben.

21 Horowitz: »Les danses cléricales«, S. 280; Zimmermann: *Teufelsreigen – Engelstänze*, S. 52f.; vgl. auch Schroeder: »Ursprung«, S. 245f.

22 Koch: »Gottesdienst und Tanz«, S. 65; Zimmermann: *Teufelsreigen – Engelstänze*, S. 60.

de ausgebildete Liturgie ein starker Fokus auf das spirituelle Erleben und damit einhergehend die Verdammung der Körperlichkeit, Joh. 4,24 folgend: »Gott ist Geist, und die ihn anbeten, die müssen ihn im Geist und in der Wahrheit anbeten.«[23]

Diese Tanzfeindlichkeit setzte sich in den Schriften der mittelalterlichen Gelehrten fort, insbesondere im direkten Einflussbereich der Kirche. Hinkmar von Reims († 882) beispielsweise versagte den Klerikern, bei Totenmählern den Tanzaufführungen auch nur mit den Augen zu folgen, da sie sich so dem unmittelbaren Einfluss des Teufels aussetzen würden.[24] Der Kreuzzugsprediger Jacques de Vitry († 1240) stellte zu Beginn des 13. Jahrhunderts die Bedrohung durch das Tanzen für das geistliche Wohl des Menschen folgendermaßen heraus:

> Der Tanz ist nämlich ein Kreis, in dessen Zentrum man den Teufel antrifft; und alle richten sich nach links, weil sich alle dem ewig währenden Tod zuwenden. Wo sich Fuß an Fuß presst oder die Hand einer Frau diejenige eines Mannes berührt, dort wird das Feuer des Teufels entfacht.[25]

Tanzen wird hier zum gefährlichen weltlichen Vergnügen erklärt, das der unmoralischen Beziehung zwischen Mann und Frau Vorschub leiste. Die Tänzer wenden sich nach links, in der mittelalterlichen Auffassung die Richtung des Bösen. In nominalistischer Tradition wurde in der Symbolsprache »links« in den Zusammenhang mit sinister, irrig und finster gebracht, »rechts« mit richtig oder gerecht.[26] Christus, gegebenenfalls Maria, saß zur Rechten Gottes, die rechte Seite verkörperte den Himmel

---

23 Ebd., S. 54.

24 »Ut nullus presbyterorum ad anniversariam diem, vel tricesimam tertiam, vel septimam alicujus defuncti, aut quacunque vocatione ad collectam presbyteri convenerint, se inebriare praesumat, nec precari in amore sanctorum vel ipsius animae bibere, aut alios ad bibendum cogere, vel se aliena precatione ingurgitare: nec plausus et risus inconditos, et fabulas inanes ibi referre aut cantare praesumat, nec turpia joca cum urso vel tornatricibus ante se facere permittat, nec larvas daemonum, quas vulgo talamascas dicunt, ibi anteferre consentiat: quia hoc diabolicum est, et a sacris canonibus prohibitum«, siehe *Hincmari archiepiscopi Rhemensis Capitula synodica*, in: *Patrologiae cursus completus, series Latina*, hrsg. von Jacques-Paul Migne (zit. als Migne PL), Bd. 125, Paris 1879, Sp. 773–804, Sp. 776, cap. XIV.

25 »Chorea enim circulus est, cujus centrum est diabolus; et omnes vergunt in sinistram, quia omnes tendunt ad mortem eternam. Dum autem pes pede comprimittur vel manus mulieris manu viri tangitur, ignis dyaboli succenditur«, siehe Sermones vulgares domini Jacobi Vitricensis, Paris, BNF, Ms. lat. 17509, fol. 146, in: *Anecdotes historiques, légends et apologues, tirés du recueil inédit d'Etienne de Bourbon*, hrsg. von Richard Albert Lecoy de la Marche, Paris 1877, S. 162, Anm. 1; vgl. Mullally, Robert: *The Carole. A study of medieval dance*, Farnham 2001, S. 49. Zu der nicht gesicherten Zuschreibung dieses Satzes an Augustinus vgl. Zimmermann: *Teufelsreigen – Engelstänze*, S. 87, Anm. 118.

26 Vgl. Deitmaring, Ursula: »Die Bedeutung von Rechts und Links in theologischen und literarischen Texten bis 1200«, in: *Zeitschrift für deutsches Altertum und deutsche Literatur* 98 (1969), S. 265–292; Elze, Reinhard: »Rechts und Links. Bemerkungen zu einem banalen Problem«, in: Kintzinger, Martin/Stürner, Wolfgang/Zahlten, Johannes (Hrsg.): *Das Andere Wahrnehmen. Beiträge zur europäischen Geschichte. August Nitschke zum 65. Geburtstag gewidmet*, Köln/Weimar/Wien 1991, S. 75–82; Goetz, Werner: »Der ›rechte‹ Sitz. Die Symbolik von Rang und Herrschaft im Hohen Mittelalter im Spiegel der Sitzordnung«, in: Blaschitz, Gertrud/Hundsbichler, Helmut/Jaritz, Gerhard et al. (Hrsg.): *Symbole des Alltags, Alltag der Symbole. Festschrift für Harry Kühnel zum 65. Geburtstag*, Graz 1992, S. 11–47.

oder das ewige Leben, die Linke das irdische, vergängliche Glück oder auch die Hölle. Am Tag des Jüngsten Gerichts werden die Geretteten auf der rechten Seite, die Verdammten auf der linken positioniert.[27] Das Tanzen wird damit als ein Vergehen gebrandmarkt, das der Rettung des Seelenheils zuwider läuft.

Nicht nur in Predigten, sondern auch in der volkssprachlichen, didaktischen Literatur wurde vor dem Tanzen gewarnt.[28] Ein bekanntes Beispiel hierfür ist der *Renner* Hugos von Trimberg (nach † 1313), ein umfangreiches Kompendium aus dem 13. Jahrhundert zur mittelalterlichen Bildung und Erziehung, angereichert mit moralischen Auslegungen.[29] Über das Tanzen schrieb der Rektor des Stifts St. Gangolf:

> Wir beobachten sehr viele Menschen sich mit Freuden regen, als ob sie ewig leben würden. Doch gerade wenn für sie alles zum Besten steht, dann ereilt sie in kurzer Zeit entweder eine Schwäche, ein Überfall oder eine Feuersbrunst, Krankheit oder ein Unglück, auf dass sie begreifen mögen, dass der Glanz dieser Welt porös ist und ein Affentanz, der junge Menschen gar schmerzlich verführt und auch bisweilen die alten trügt.[30]

27 Diese symbolische Zweiteilung kommuniziert auf anschauliche Weise das um 1230 entstandene Tympanonrelief am sog. Fürstenportal des Bamberger Doms. In der Darstellung des Jüngsten Gerichts thront Christus in der Mitte, dem von ihm aus gesehen rechts die geretteten Auferstandenen zugeführt werden. Die Verdammten auf der anderen Seite werden von einem Dämon in die Hölle gezogen. Während die Seligen ein mildes Lächeln und eine maßvolle Körperhaltung auszeichnen, wird die andere Personengruppe mit verzerrten Gesichtszügen, grimassenhaftem Lachen und exaltierten Körperbewegungen dargestellt, vgl. Krohm, Hartmut/Kunde, Holger (Hrsg.): *Der Naumburger Meister. Bildhauer und Architekt im Europa der Kathedralen* (= *Schriftenreihe der Vereinigten Domstifter zu Merseburg und Naumburg und des Kollegiatstifts Zeitz* 4), Bd. 2, Petersberg 2011, Kat.-Nr. XIII.5, S. 1194–1197. Zur Mimik der Figuren vgl. Wilhelmy, Winfried (Hrsg.): *Seliges Lächeln und Höllisches Gelächter. Das Lachen in Kunst und Kultur des Mittelalters* (= *Publikationen des Bischöflichen Dom- und Diözesanmuseums Mainz* 1), Regensburg 2012, Katalog-Nr. 9, S. 132–135. Zum historischen und geistesgeschichtlichen Hintergrund des Kunstwerks vgl. Ders.: »Das leise Lachen des Mittelalters – Lächeln, Lachen und Gelächter in den Schriften christlicher Gelehrter (300–1500)«, in: ebd., S. 38–55; Müller, Monika E.: »Das Lachen ist dem Menschen eigen … seine Darstellung in der Kunst des Mittelalters«, in: ebd., S. 68–91; Rehm, Ulrich: »Zur Geschichtlichkeit des Lachens im Bild«, in: Nitschke, August/Stagl, Justin/Baur, Dietrich R. (Hrsg.): *Überraschendes Lachen, gefordertes Weinen. Gefühle und Prozesse. Kulturen und Epochen im Vergleich* (= *Veröffentlichungen des Instituts für Historische Anthropologie e.V.* 11), Wien/Köln/ Weimar 2009, S. 641–676, hier S. 644–646.

28 Zur Verurteilung des Tanzens in Predigten und Traktaten des Mittelalters vgl. Koal, Valeska: »›Detestatio choreae‹. Eine anonyme Predigt des 14. Jahrhunderts im Kontext der mittelalterlichen Tanzpolemik«, in: *Francia* 34 (2007), S. 19–38; Zimmermann: *Teufelsreigen – Engelstänze*, S. 65–93.

29 Zu Hugo von Trimberg und dem *Renner* vgl. Weigand, Rudolf K.: *Der »Renner« des Hugo von Trimberg. Überlieferung, Quellenabhängigkeit und Struktur einer spätmittelalterlichen Lehrdichtung* (= *Wissensliteratur im Mittelalter* 35), Wiesbaden 2000.

30 »Wir sehen vil liute in fröuden sweben, / Als ob si süllen immer leben: / Und sô in aller senftest ist, / Sô kumt zuo in kurzer frist / Eintweder siuche, roup oder brant, / Schelm oder hagel, daz in bekannt / Werde daz dirre werlde glanz / Sî dürkel und ein affen tanz, / Der junge liute sêre betriuget / Und etswenne ouch den alten liuget«, siehe Ehrismann, Gustav (Hrsg.): *Der »Renner« von Hugo*

Das kurzweilige irdische Vergnügen täuscht die Menschen nur allzu leicht darüber hinweg, wie sehr sie damit ihr ewiges Heil aufs Spiel setzten. Der Affentanz ist hier nicht nur Ausdruck einer scharfen Parodie, sondern das Tier symbolisiert auch den Teufel.[31]

Die Kritik am Tanzen konzentrierte sich vornehmlich auf seine Performanz; auf der anderen Seite lässt sich schon sehr früh eine Spiritualisierung des Tanzens beobachten, bei der es als Symbol für Gottesnähe, Ewigkeit oder harmonische Reinheit zitiert wird. Das früheste Beispiel dieser Art bildet der in den apokryphen Johannesakten geschilderte Kreistanz Jesu Christi aus dem 2. Jahrhundert.[32] Am Abend vor der Kreuzigung soll sich der Gottessohn mit den Aposteln zu einem Reigen vereinigt und einen Lobhymnus auf Gott angestimmt haben. Durch den Tanz sei den Jüngern die Erkenntnis der Leiden Christi sowie der Gnade Gottes vermittelt und sie dergestalt in die göttlichen Mysterien eingeführt worden. Augustinus, als Vertreter der dominierenden kirchlichen Lehrmeinung, missbilligte diese Auslegung des rituellen Tanzes durch die frühchristlichen Sekten und riet von einer intensiven Beschäftigung mit den Johannesakten ab. Die Kritik des Kirchenvaters legt weiterhin nahe, dass auch in den gnostischen Glaubensbewegungen der Kreistanz nicht tatsächlich aufgeführt, sondern eher im übertragenen Sinne gedeutet wurde.[33]

Als Gegenentwurf zum irdischen Tanz wurde der himmlische Reigen postuliert, die Ordnung der Engel, die Gott stetig singend und tanzend lobpreisen. Daneben existierten weitere sakrale Tanzmodelle wie der Tanz der Seligen oder der Tanz der himmlischen Jungfrauen.[34] Die Paradoxie liegt darin begründet, dass gerade der Verzicht auf das Tanzen im irdischen Leben als moralische Qualität gewertet wurde, die im Leben nach dem Tod den Zugang zum himmlischen Reigen eröffnen sollte.[35] Im Folgenden werden zwei dieser in der theologischen Diskussion als vorbildhaft bewertete Tänzer bzw. Tanzgruppen vorgestellt. Anschließend wird zu überprüfen sein, in welchem Maße diese in Bezug zur liturgischen Feier gesetzt wurden.

---

von Trimberg. Mit einem Nachwort und Ergänzungen von Günther Schweikle (= *Deutsche Neudrucke. Texte des Mittelalters*), 4 Bde., Bd. 2, Tübingen 1909, ND Berlin 1970, S. 37, V. 10321–10330.

31 Zimmermann: *Teufelsreigen – Engelstänze*, S. 77.

32 Horowitz: »Les danses cléricales«, S. 283f.; Zimmermann: *Teufelsreigen – Engelstänze*, S. 96–98.

33 Ebd., S. 98. Zur Wirkkraft dieses Motivs vgl. Horowitz: »Les danses cléricales«, S. 284.

34 Zimmermann: *Teufelsreigen – Engelstänze*, S. 110–119.

35 Vgl. ebd., S. 119.

Himmlische und irdische Liturgie

Die tanzenden Engel hatten eine wichtige Scharnierfunktion inne, um die antiken Traditionen, insbesondere das neoplatonische Gedankengut, in Einklang mit der christlichen Lehre zu bringen.[36] Im Timaeus entwickelte Platon die Vorstellung von den Planeten und Sternen als tanzende Gottheiten, deren komplexe Bewegungen sich zu einem wohl organisierten, harmonischen kosmischen Tanz vereinen würden. Dieses Konzept wurde von Plotinus weiter ausgedeutet, der die Vorstellung von einem hierarchisch strukturierten Universum vorantrieb. Mit der Durchsetzung des Christentums wurde diese Idee von den lateinischen Kirchenvätern adaptiert. Sie sahen die himmlische Harmonie der Sphären im wohl geordneten Engelschor verwirklicht.[37] »The move from dancing gods to dancing angels was a natural and easy transition«, fasste Françoise Syson Carter diese Entwicklung zusammen.[38]

Die für das Mittelalter prägende Vorstellung von der Hierarchie der Engel basiert auf der Schrift *De Hierarchia coelesti* des Pseudo-Dionysius Areopagita aus dem 5./6. Jahrhundert.[39] Insgesamt werden darin drei Hierarchieebenen von Himmelswesen unterschieden, die sich aus jeweils drei Gruppen zusammensetzen:[40] Zur obersten gehören die Seraphim, Cherubim und die Throne, es folgen die Kräfte, Herrschaften und Mächte und zuletzt die Prinzipien, Erzengel und Engel.[41] Die verschiedenen Ränge umkreisen tanzend den Schöpfer, wobei der oberste Reigen am göttlichen Wissen durch die direkte Betrachtung teilhat.[42] Dieses Wissen kommuniziert er über den Tanz an die jeweils nächste Hierarchieebene, die die Bewegungen der ihnen übergeordneten Engel

36 Vgl. dazu Syson Carter, Françoise: »Celestial Dance: A Search for Perfection«, in: *Dance Research* 5/2 (1987), S. 3–17.

37 Hammerstein, Reinhold: *Die Musik der Engel. Untersuchungen zur Musikanschauung des Mittelalters*, Bern/München 1962, S. 28.

38 Syson Carter: »Celestial Dance«, S. 7.

39 Zu *De Hierarchia Coelesti* vgl. Ritter, Adolf M.: »Dionysios Areopagites«, in: *»Nimm und lies«. Christliche Denker von Origines bis Erasmus von Rotterdam*, Stuttgart/Berlin/Köln 1991, S. 111–126, hier S. 117f.; Rorem, Paul: *Pseudo-Dionysius. A commentary on the texts and an introduction to their influence*, New York/Oxford 1993, S. 47–90; Hammerstein: *Die Musik der Engel*, S. 25–27.

40 »Substantias coelestes omnes theologia novem explanatoriis nominibus appellavit: has divinus noster initiator in tres ternarias distinxit distributiones«, siehe *Sancti Dionysii Areopagitae De coelesti hierarchia*, in: Migne PG 3, Paris 1857, Sp. 119–370, Sp. 199, cap. 6,2; dt. Übersetzung siehe Pseudo-Dionysius Areopagita, *Über die himmlische Hierarchie. Über die kirchliche Hierarchie*, eingeleitet, übersetzt und mit Anmerkungen versehen von Günter Heil (= *Bibliothek der griechischen Literatur* 22. Patristik), Stuttgart 1986, hier S. 42f.; gr. Text siehe *Pseudo-Dionysius Areopagita. De Coelesti Hierarchia, De Ecclesiastica Hierarchia, De Mystica Theologia, Epistulae*, hrsg. von Günter Heil/Adolf M. Ritter (= *Patristische Texte und Studien* 67), Berlin [2]2012, S. 26.

41 *De coelesti hierarchia*, Sp. 205–210, cap. 7,1–2.

42 »Merito igitur prima illa coelestium hierarchiarum a sublimissimis naturis administratur, cum hoc caeteris ordinem nacta sit, sublimiorem, quo in eam, immediate Deo assistentem, primaeve Dei apparitions et initiations, tanquam in proximam, principalius derivatur«, siehe *De coelesti hierarchia*, Sp. 206, cap. 7,1; dt. Übersetzung siehe *Über die himmlische Hierarchie*, S. 43; gr. Text siehe *Pseudo-Dionysius Areopagita. De Coelesti Hierarchia*, S. 27.

imitiert. So vermittelt der kreisförmige Umgang der Engel stufenweise die göttliche Erkenntnis.[43]

Im christlichen Abendland war die Engelshierarchie des apokryphen Verfassers seit dem 9. Jahrhundert durch die lateinische Übersetzung und den Kommentar von Johannes Scottus Eriugena verbreitet. Ihren endgültigen Durchbruch in den gelehrten Kreisen feierte sie jedoch erst ab dem beginnenden 12. Jahrhundert.[44] Neue Übersetzungen und Kommentare steigerten die Popularität des Dionysius'schen Ordnungsmodells, das von dieser Zeit an zum Sujet bedeutender Gelehrter wie Hugo von St. Victor († 1141), Robert Grosseteste († 1253), Albertus Magnus († 1280), Thomas von Aquin († 1274) und Nikolaus von Kues († 1464) wurde.[45] Dante Alighieri († 1321) verewigte die triadische Engelshierarchie und ihren Schöpfer in der Göttlichen Komödie:

> All diese Reihen blicken so nach oben;
> Und wirken abwärts, daß zu Gott sie alle
> Gezogen werden und zugleich auch ziehen.
> Und Dionysius hat mit solchem Sehnen,
> Sich der Betrachtung dieser Reihn ergeben,
> Daß er sie wie ich benennt und scheidet.[46]

---

43 Winterer, Christoph: »Stasis und Bewegung im Herrscherbild Karls des Kahlen«, in: Frese, Tobias (Hrsg.): *Habitus. Norm und Transgression in Bild und Text. Festgabe für Lieselotte E. Saurma-Jeltsch*, Berlin 2011, S. 15–36, hier S. 24.

44 Rorem: *Pseudo-Dionysius*, S. 74–77. Gregor der Große übernahm die Einteilung der Engel vom Pseudo-Dionysius, veränderte jedoch ihre Abfolge. Im Frühmittelalter dominierte die Anordnung Gregors, bis man sich im 12. Jahrhundert wieder auf das ursprüngliche Modell der *Hierarchia* besann, vgl. ebd., S. 75f. Ein Vergleich der verschiedenen Anordnungen und ihrer Bedeutung unternahm Thomas von Aquin in der Summa Theologiae, siehe *S. Thomae Aquinatis Doctoris Angelici Summa Theologiae, cum Textu et Recensione Leonina*, hrsg. von Petrus Caramello, Bd. 1: *Pars Prima et Primae Secundae*, Turin 1952, I q 108,6 co.

45 Miethke, Jürgen: *Politiktheorie im Mittelalter. Von Thomas von Aquin bis Wilhelm von Ockham* (UTB 3059: Theologie), Tübingen 2008, S. 10; zur Rezeption im Mittelalter vgl. des Weiteren die sorgfältige Auflistung edierter und nicht-edierter Quellen, die die Engelshierarchie erwähnen, als Anhang in: Eichberg Bruderer, Barbara: *Les neuf choeurs angéliques. Origine et évolution du thème dans l'art du Moyen Âge* (= *Civilisation Médievale* 6), Poitiers 1998, S. 218–248; vgl. auch Bojadžiev, Cočo (Hrsg.): *Die Dionysius-Rezeption im Mittelalter. Internationales Kolloquium in Sofia vom 8. bis 11. April 1999 unter der Schirmherrschaft der Société Internationale pour l'Étude de la Philosophie Médiévale* (= *Rencontres de philosophie médiévale* 9), Turnhout 2000.

46 »Questi ordini di su tutti s'ammirano, / E di giù vincon sì che verso Dio / Tutti tirata sono e tutti tirano. / E Dionisio con tanto disio / A contemplar questi ordini si mise, / Che li nomò e distinse com'io«, siehe Dante Alighieri, *Die göttliche Komödie. Italienisch und deutsch*, hrsg. und übers. von Hermann Gmelin, Bd. 3: *Der Läuterungsberg*, Stuttgart 1960/61, S. 340f.; auch Dante weiß um die abweichende Gliederung bei Gregor dem Großen, gibt dem Pseudo-Dionysius jedoch klar den Vorzug: »Ma Gregorio da lui poi si divise; / Onde, sì tosto come gli occhi aperse / In questo ciel, di sè medesmo rise« (»Jedoch Gregor, der sich von ihm entfernte / Hat dann sobald er hier im Himmel oben, / Das Auge auftat, sich selbst belächeln müssen«), ebd.

Abb. 1: Engel mit Leuchter in der Krypta der Kirche Saint-Nicolas de Tavant, Département Indre-et-Loire (Anfang 12. Jahrhundert?).

Auch in der mystischen und eschatologischen Literatur wurde die Vorstellung vom tanzenden Engelsreigen breit rezipiert.[47] Der Tanz der Engel wurde als Vorbild und Anleitung zur geistigen Übung gepriesen, um die Annäherung an die himmlische Sphäre zu vollziehen.[48]

Schon im griechischen Original existiert ein enger Bezug zwischen der himmlischen Hierarchie und der Ordnung der Welt. In einer weiteren Schrift *De hierarchia ecclesiastica* setzte der Pseudo-Dionysius diesen Gedanken fort und übertrug das Dreierschema der Himmelschöre auf die Ebene der kirchlichen Ämter.[49] Die Analogie der diesseitigen und der ewigen Rangstufung spielte auch für das Mittelalter eine bedeutende Rolle.[50] Die himmlische Ordnung wurde als idealisierter Spiegel der irdischen betrachtet, vor allem für die Organisation der Kirche auf Erden.[51] Die Einteilung der Engel sollte als Vorbild und Ansporn für das irdische Betreiben gelten. So wurde die englische Huldigung Gottes mit dem Dienst der Priester und Mönche, der Liturgie, verglichen, wobei deren Handlungen als stetes Streben nach der Perfektion der himmlischen gedeutet wurden.[52] Im Rahmen der Liturgie wurde die Präsenz Gottes im Kirchengebäude gefeiert und die Engel gleichsam in den diesseitigen Kult integriert.[53] Davon zeugen auch die zahlreichen Kunstwerke und z. T. der Bildschmuck in und an Sakralbauten, die der Anwesenheit der himmlischen Boten Rechnung zollen.[54]

---

47 Hammerstein: *Die Musik der Engel*, S. 28f.; Horowitz: »Les danses cléricales«, S. 281; Knäble: *Kirche*, S. 184.

48 Zimmermann: *Teufelsreigen – Engelstänze*, S. 129–131.

49 *Sancti Dionysii Areopagitae De ecclesiastica hierarchia*, in: Migne PG 3, Paris 1857, Sp. 369–584; dt. Übersetzung siehe *Über die himmlische Hierarchie*, S. 96–156; gr. Text siehe *Pseudo-Dionysius Areopagita. De Coelesti Hierarchia*, S. 61–132.

50 »[P]orro principatum, archaneglorum atque angelorum ordinem explanatorium humanis per vices praeesse hierarchiis, ut hoc ordine ad Deum sit ascensus, et conversio communioque atque unio, quae etiam a deo omnibus hierarchiis benevole affletur, communicationeque quaedam inseratur, cumque decore sacratissime promanet«, siehe *De coelesti hierarchia*, Sp. 259, cap. 9,2; dt. Übersetzung siehe *Über die himmlische Hierarchie*, S. 51; griech. Text siehe *Pseudo-Dionysius Areopagita. De Coelesti Hierarchia*, S. 36; vgl. Miethke: *Politiktheorie im Mittelalter*, S. 10–13; Hammerstein: *Die Musik der Engel*, S. 32.

51 Ebd.

52 *De coelesti hierarchia*, Sp. 372f., cap. 1,2.

53 Tischler, Matthias M.: *Die Christus- und Engelweihe im Mittelalter. Texte, Bilder und Studien zu einem ekklesiologischen Erzählmotiv* (= *Erudiri sapientia* 5), Berlin 2005, S. 21f.; Hammerstein: *Die Musik der Engel*, S. 32f.

54 Schmidt, Heinrich/Schmidt, Margarethe: *Die vergessene Bildersprache christlicher Kunst. Ein Führer zum Verständnis der Tier-, Engel- und Mariensymbolik*, München [5]1995, S. 127–192; zur Darstellung der liturgischen »Engeldienste« vgl. ebd., S. 180–185; vgl. auch den Katalogteil bzw. Bildanhang bei Eichberg Bruderer: *Les neuf choeurs angéliques*, S. 181–216 und Planche I–XCIV.

Eine frühe Darstellung dieser Art findet sich in der Kirche St. Nicholas in Tavant im heutigen französischen Departement Indre-et-Loire (Abb. 1).[55] Zum Freskenprogramm der Krypta gehören zwei auf einander gegenüberliegenden Säulen abgebildete Engel mit Leuchtern in den Händen.[56] Vermutlich dienten sie zur Markierung eines Prozessionswegs, über den der Gläubige aus dem Dunkel der Krypta, dem Bereich der Vergänglichkeit, zur Mitte der Kirche geführt wurde, wo der Sieg Jesu Christi über den Tod gefeiert wird.[57] Engel, bekannt als Lichtwesen, waren für dieses Amt eo ipso prädestiniert.[58] Durch die Zuweisung bestimmter liturgischer Dienste, die an die kirchlichen Weihegrade rückgebunden waren, wurde die Brücke zwischen der himmlischen und irdischen Liturgie geschlagen und in den bildlichen Darstellungen den Gläubigen kommuniziert.[59]

Auch dem auf den ersten Blick so tanzfeindlichen Mittelalter war keineswegs entgangen, dass neben dem Engelstanz auch die Bibel mit mehreren Stellen aufwartet, in denen von tanzenden Akteuren die Rede ist. Die mittelalterlichen Kommentatoren ordneten diese Beispiele bestimmten Kategorien des lobenswerten und des verwerflichen Tanzens zu. Zu letzteren gehörten beispielsweise der Tanz um das goldene Kalb oder die verführerische Darbietung der Salome.[60] Der laszive Tanz der Tochter der Herodias, der Johannes den Täufer den Kopf kostete, wurde als Zeichen großer Verderbtheit gewertet. Ganz anders verhielt es sich beispielsweise mit dem Tanz der Mirjam oder auch dem Tanz König Davids. Im 2. Buch Samuel wird geschildert, wie der König tanzend vor der Bundeslade in Jerusalem einzog (Abb. 2).

Dadurch provozierte er den Spott seiner Ehefrau Michal, die ihn ob seines Gebarens als einen niedrigen Spielmann unter Sklaven und Mägden schalt.[61] Davids Tanz

---

55 Zu den Fresken vgl. Michel, Paul: *Les fresques de Tavant. La crypte*, Paris 1956; Lainé, Marine/ Davy, Christian/Hermanowicz, Mariusz: *Saint-Nicolas de Tavant* (= *Images du patrimoine Ministère de la Culture, Inventaire Général des Monuments et des Richesses Artistiques de la France* 213), Orléans 2002.

56 Abbildung in Michel: *Les fresques de Tavant*, Planche VII und VIII. Zur Debatte um die Echtheit der Fresken vgl. Denny, Don: »The Tavant Crypt Frescoes«, in: *Viator* 20 (1989), S. 327–341; Costen, Michael D./Oakes, Catherine: *Romanesque Churches of the Loire & Western France*, Stroud 2000, S. 145f.

57 Cattin, Yves/Faure, Philippe: *Die Engel und ihr Bild im Mittelalter* (= *Zodiaque-Reihe. Visages du Moyen Age* 2), Regensburg 2000, S. 124.

58 Schmidt/Schmidt: *Die vergessene Bildersprache christlicher Kunst*, S. 182.

59 Ebd., S. 180.

60 Zum Tanz der Salome vgl. Hausamann, Torsten: *Die tanzende Salome in der Kunst von der christlichen Frühzeit bis um 1500. Ikonographische Studien*, Zürich 1980; Steger, Hugo: »Der unheilige Tanz der Salome. Eine bildsemiotische Studie zum mehrfachen Schriftsinn im Hochmittelalter«, in: Ders./ Kröll, Kathrin (Hrsg.): *Mein ganzer Körper ist Gesicht. Groteske Darstellungen in der europäischen Kunst und Literatur des Mittelalters* (= *Rombach Wissenschaft – Reihe Litterae* 26), Freiburg i. B. 1994, S. 131–169; Zimmermann: *Teufelsreigen – Engelstänze*, S. 231–233. Die Tänzerin wird in der Bibel nicht namentlich genannt, zur »Salome« wird sie erst in der Rezeption, vgl. Walsdorf, Hanna: »›Rasend wie ein Hexenkreise‹. Zur Salomanie bei und nach Oscar Wilde«, in: Fenger, Josephine/Birringer, Johannes (Hrsg.): *Tanz und Wahnsinn / Dance and Choreomania. Tanzforschung 2011* (= *Jahrbuch der Gesellschaft für Tanzforschung*), Berlin 2011, S. 166–182.

61 2. Samuel 6,20.

wurde im Mittelalter sowohl in der Bibelauslegung als auch in den theologischen Traktaten und der bildenden Kunst breit rezipiert. So erscheint er nicht nur als König und Prophet (*rex et proheta*), sondern häufig auch als Musiker mit der Harfe, oft Tanzbewegungen ausführend. Im Gegensatz zu Michal äußerten die mittelalterlichen Interpreten keine Kritik an Davids Verhalten, sondern deuteten seinen Tanz als eine gesteigerte emphatische Form der Gottesverehrung.[62] Indem sich der König in einem Akt der Anbetung auf eine Stufe mit dem Volk begebe, bringe er seine große Demut vor Gott zum Ausdruck. Die Vorwürfe Michals werden als gottloser, hochmütiger Spott enttarnt, für den sie ihre Strafe – ein früher, kinderloser Tod – zu Recht ereile.[63] Den Tanz Davids und den Engelstanz eint ihre Konzeption als Kreistanz. Im Falle des alttestamentarischen Königs handelt es sich jedoch nicht um eine kollektive Darbietung, sondern um eine Art Rotieren um die eigene Körperachse.[64] Darüber hinaus kann über die Gestalt König Davids auch eine Beziehung zur liturgischen Praxis hergestellt werden, da David als Begründer des alttestamentarischen Gottesdiensts im Tempel galt.[65]

Abb. 2: David tanzt vor der Bundeslade, Staatsbibliothek Bamberg, Msc. Bibl. 59, fol. 4r (Ende 12. Jahrhundert), oberer Bildausschnitt

Seit dem 12. Jahrhundert lassen sich in den liturgischen Schriften erste Hinweise ausmachen, die auf eine direkte Verbindung zwischen dem kosmischen Tanz bzw. dem himmlischen Reigen und den Feierlichkeiten der Kirche hindeuten. Der Benediktiner Honorius Augustodunensis erläuterte in seinem Werk *Gemma animae* (um 1130) die Ableitung des Wortes *chorus*, Chor, von *chorea*, Tanzreigen, weil in früheren Zeiten

62 Zimmermann: *Teufelsreigen – Engelstänze*, S. 315–318.

63 Zum Spott der Michal vgl. Kirsch, Mona: »›Das er in spottes wise hette entpfangen‹. Einblicke in die literarische Darstellung von Spott und Ironie im Mittelalter«, in: *Frühmittelalterliche Studien* 44 (2010), S. 395–418, hier S. 395–397.

64 Zimmermann: *Teufelsreigen – Engelstänze*, S. 311.

65 Winterer: »Stasis und Bewegung im Herrscherbild Karls des Kahlen«, S. 15–36, hier S. 20.

die Götzenbilder durch Tänze verehrt worden seien.[66] Die Heiden wollten die Kreisbewegungen des Firmaments nachahmen, indem sie sich bei den Händen gefasst hätten, um so die Vereinigung der Elemente abzubilden. Mit ihren Gesängen hätten sie die Harmonie der Planeten zum Ausdruck bringen und mit ihren Umgängen deren Bewegungen imitieren wollen.[67] Die Weitergabe dieser Praktiken, so Honorius, erfolgte über das Volk der Hebräer, die diese in ihren Gottesdienst übernahmen.[68] Eine zweite Bedeutungsebene von *chorus* begründet Honorius mit dem Einklang der Sänger bzw. ihrer Positionierung.[69] Auch hier rekurriert der Verfasser auf die Vergangenheit, indem er die Bezeichnung mit der früheren Gewohnheit erklärt, sich beim Singen um den Altar zu gruppieren.[70] Der Wechselgesang von zwei Teilen des Chores, so in der *Gemma animae* weiter, symbolisiere die Engel und die Auserwählten, die das himmlische Lob Gottes verkünden würden. Auf die liturgische Feier bezogen, bedeute die Prozession des Chors um den Altar, den dieser singend umringen würde, den Weg zum ewigen Leben mit Christus, um letztendlich in den Lobpreis der Engel einzustimmen.[71] Damit wird nicht nur eine Verknüpfung zwischen dem antiken kosmischen Tanz und der christlicher Auslegung hergestellt, sondern auch die Integration bestimmter koordinierter Bewegungsabläufe in die Liturgie über deren sublimierte Bedeutung erklärt.

Auch Wilhelm Durandus, Bischof von Mende und Verfasser des *Rationale divinorum officiorum*, eines Leitfadens zur Liturgie, das seit seiner Entstehung vor 1286 bis in die Neuzeit eine große Verbreitung erfuhr, bediente sich einer der *Gemma animae* sehr ähnlichen Begründung, um das Wort *chorus* zu beschreiben.[72] Eine genauere Ausdeutung erfährt es jedoch erst im weiteren Verlauf des Werkes unter der Rubrik »Über die Prozession des Priesters zum Altar«. Stärker als bei Honorius Augustodunensis wird somit eine Verbindung zwischen der theologischen Bedeutungsdimension

---

66 »*Chorus* psallentium a chorea canentium exordium sumpsit, quam antiquitas idolis ibi constituit, ut, videlicet decepti deos suos et voce laudarent, et toto corpore eis servirent«, Honorius Augustodunensis, *Gemma animae*, in: Migne PL 172, Paris 1854, Sp. 541–738, hier Sp. 587, lib 1, S. 139; vgl. auch Knäble: *Kirche*, S. 280f. Zur Entwicklung des Worts *chorus* bzw. *chorea* vgl. Hammerstein: *Die Musik der Engel*, S. 28.

67 »Per *choreas* autem circuitionem voluerunt intelligi firnamenti revolutionem: per manuum complexionem, elementorum connexionem: per sonum cantantium, harmoniam planetarum resonantium; per corporis gesticulationem, signorum motionem; per plausum manuum, vel pedum strepidum, tonitruorum crepitum«, siehe *Gemma animae*, Sp. 587, lib 1, S. 139.

68 »Quod fideles imitati sint, et in servitium veri Dei converterunt«, ebd.

69 »*Chorus* dicitur a concordia canentium, sive a corona circumstantium«, ebd., Sp. 588.

70 »Olim namque in modum coronae circa aras cantantes stabant«, ebd.

71 »Duo chori psallentium designant angelos, et spiritus justorum, quasi recipro voce Dominum laudantium. [...] Quod aliquando de choro cum processione ad aiquod altare vadunt, et ibi in statione canunt, significat quod animae de hac vita euntes ad Christum perveniunt, et in consortio angelorum Deo concinunt«, ebd.

72 »Sane chorus clericorum est consensio cantantium uel multitudo in sacris collecta. Dictus est autem chorus a chorea uel corona: olim enim in modum corone circa aras stabant et ita psalmos concorditer concinebant«, siehe *Gvillelmi Dvranti Rationale divinorvm officiorvm*, hrsg. von Anselme Davril, Bd. 1 (= *Corpus Christianorum. Continuatio mediaevalis* 140), Turnhout 1995, S. 18, lib. 1. cap. 4,18; vgl. Knäble: *Kirche*, S. 288f.

und dem tatsächlichen Geschehen während des Gottesdiensts begründet. Durandus führt an, dass der Gesang der Sänger, die beim Einzug das *Gloria in excelsis* anstimmen, auf die Engel hindeute, die Jesus Christus bei seiner Himmelfahrt mit Gloria und Lobgesängen willkommen geheißen hätten.[73] Mit der Prozession zum Altar beschreite man somit, auch in der heilsgeschichtlichen Deutung des Durandus, den Weg zum himmlischen Leben.[74]

Laut Constant Mews sind die Ausführungen des Honorius Augustodunensis in der *Gemma animae* im größeren Kontext der Bemühungen zu verstehen, die paganen Ursprünge christlicher Rituale zu legitimieren. Diese Versuche resultierten wohl aus dem auffachenden Interesse für die antiken Autoren, das sich im 12. und vor allem im beginnenden 13. Jahrhundert in den verschiedenen Wissensdisziplinen abzeichnete. Auch das Tanzen, das seit der Spätantike als heidnische Tradition gescholten wurde, erfuhr so eine Aufwertung. Indem das Tanzen durch seine Historie und seine symbolische Deutung als Moment der Kultpraxis akzeptiert wurde, erschloss sich ihm die Liturgie als möglicher Aufführungsrahmen. So lässt sich im 12. und 13. Jahrhundert allgemein ein »Wiederaufleben« liturgischer Bewegungsformen beobachten, von denen die Traktate des Johannes Beleth, Sicard von Cremona und Durandus von Mende in Anlehnung an die Interpretation Honorius' berichten.[75]

Liturgische Tänze im Mittelalter

Während Honorius Augustodunensis seine Ausführungen zum Tanzen auf die Ebene der Theorie beschränkte, nahm Sicard von Cremona die Reflexion über den Begriff *chorus* zum Ausgangspunkt für einen Ausblick auf die ihm bekannten, tatsächlich praktizierten Tänze. In seiner Schrift über die Liturgie, entstanden um 1200, beschreibt er in ähnlichen Worten wie Honorius die Tänze der Heiden, die diese dem Dienst an

73 »Cum autem productum cantores et in duo, chori suscipiunt gratulando, cantantes introitum cum ›Gloria in excelsis‹, nempe cantores siue clerici in albis exultantes angeli sunt, qui Christum ascendentem, cum gloria et laudibus in altissimis exceperunt«, siehe *Gvillelmi Dvranti Rationale divinorvm officiorvm*, S. 279, lib. 4, cap. 6,17.

74 »Ipsa uero processio est uia ad celestem patriam«, ebd. Die Prozession als Rückkehr zum himmlischen »Vaterland« auch bei Honorius Augustodunensis, siehe Suntrup, Rudolf: *Die Bedeutung der liturgischen Gebärden und Bewegungen in lateinischen und deutschen Auslegungen des 9. bis 13. Jahrhunderts* (= *Münstersche Mittelalter-Schriften* 37), München 1978, S. 246f. Im Kontext einer größeren Untersuchung wären sicherlich auch weitere Bewegungsformen des Gottesdienstes, die eine »augenfällige Ähnlichkeiten mit religiösen Tänzen aufweisen«, einzubeziehen. Zumindest kann, der Argumentation Julia Zimmermanns folgend, im 13. Jahrhundert die zunehmende Verbreitung von Prozessionen im Rahmen von Gottesdienst und Festen sowie im geistlichen Drama und Mysterienspiel konstatiert werden, Zimmermann: *Teufelsreigen – Engelstänze*, S. 105f.; vgl. Horowitz: »Les danses cléricales«, S. 281 sowie Suntrup: *Die Bedeutung der liturgischen Gebärden und Bewegungen*, S. 245–255. »Prozessionen« als »Tanzpraktiken in der Religiosität des Spätmittelalters« behandelt nun Knäble: *Kirche*, S. 187–190.

75 Vgl. Zimmermann: *Teufelsreigen – Engelstänze*, S. 104f.

ihren Göttern gewidmet hätten.[76] Wie Honorius merkt auch er an, dass die wahren Gläubigen diese Tänze in ihren eigenen Kult überführt hätten. Als Beispiel für diesen Transferprozess benennt er verschiedene Stellen aus der Bibel, in denen Tanz bzw. in enger Verbindung auch Musik und Tanz zur Ehre Gottes eingesetzt wurden: Dankestänze seien nach der Durchquerung des Rotes Meeres zelebriert worden, Maria habe vom Tamburin begleitet gesungen, und König David habe getanzt, Psalmen gedichtet und diese mit der Harfe vertont.[77]

Auch in den Festbräuchen seiner Zeit, respektive der gelösten und freudig ausgelassenen Stimmung am höchsten christlichen Festtag zu Ostern, erkennt Sicard den Einfluss heidnischer Traditionen. So würden die Klöster bestimmter Kirchen von der *decembrica libertas*, den Freiheiten des antiken Festes anlässlich der Saturnalien, profitieren und Kreis- oder Balltänze (*ludum choreae vel pilae*) abhalten.[78] Damit wird eine Kombination von Ballspiel und Tanz angesprochen, die in Frankreich trotz der insgesamt dürftigen Quellenlage unter anderem in Reims, Amiens, Sens und Auxerre belegt ist.[79] In Auxerre soll dieser Balltanz, *pelotte* genannt, bis ins 16. Jahrhundert zu Ostern aufgeführt worden sein, wohl um die Aufnahme neuer Kanoniker in die Reihen des Kapitels durch eine Art Initiationsritual öffentlich kenntlich zu machen.[80] Über die mittelalterliche Choreographie ist nichts bekannt, außer dass schon damals ein Ball zum Einsatz kam. Die früheste Beschreibung dokumentiert die Praxis im 16. Jahrhundert, jedoch handelt es sich hierbei nicht um eine direkte Überlieferung, sondern um die Niederschrift des französischen Kanonikers Jean Lebeuf († 1760) aus dem 18. Jahrhundert.[81] Dort heißt es:

76 »Et attente, quod gentilitas ad plausum idolorum choreas instituit, ut deos suos et voce laudarent, et eis toto corpore seruirent, volentes etiam in eis aliquid more suo figurare misterii«, siehe *Sicardi Cremonensis episcopi Mitralis de officiis*, hrsg. von Gábor Sarbak (= *Corpus Christianorum. Continuatio Medievalis* 228), Turnhout 2008, lib. 6,15, S. 546; an dieser Stelle nähert sich der Text stark demjenigen des Honorius Augustodunensis an, vgl. Mews: »Liturgists and Dance in the Twelfth Century«, S. 514, Anm. 4.

77 »Nam populus de mari Rubro egressus, choream duxisse, et Maria cum timpano legitur praecinuisse, et David ante arcam totis uiribus saltauit et cum cithara psalmos cecinit«, siehe *Sicardi Cremonensis episcopi Mitralis de officiis,* S. 546.

78 »Inde est quod in claustris quarundam ecclesiarum etiam episcopi cum suis clericis decembrica libertate utuntur, descendentes etiam ad ludum choreae uel pilae, [...] et dicitur haec decembrica libertas, eo quod mense decembris pastores, servi et ancillae quadam libertate apud gentiles a dominis dominarentur, et collectis messibus cum eis conuiuarentur«, ebd.

79 Horowitz: »Les danses cléricales«, S. 284; Mews: »Liturgists and Dance in the Twelfth Century«, S. 515; Zimmermann: *Teufelsreigen – Engelstänze*, S. 105. Zu den Hinweisen auf eine ähnliche Praxis in Narbonne, wo Durandus als Kanoniker gewirkt hatte, vgl. Mews: »Liturgists and Dance in the Twelfth Century«, S. 519f.

80 Knäble, Philip: »Ausgetanzt – Schwindende Akzeptanz eines kirchlichen Initiationsrituals im Spätmittelalter«, in: Büttner, Andreas/Schmidt, Andreas/Többelmann, Paul (Hrsg.): *Grenzen des Rituals: Wirkreichweiten – Geltungsbereiche – Forschungsperspektiven* (= *Norm und Struktur* 42), Köln 2014, S. 27–48; vgl. nun Ders.: *Kirche*, S. 315–324.

81 Ders.: »Ausgetanzt«, S.30; zu den Problemen bei der Datierung der Quelle vgl. Ders.: *Kirche*, S. 304.

> Der Dekan oder sein Vertreter [...] übernahm von dem Neuhinzugekommenen oder Neuling einen Ball und stimmte dann den für das Osterfest bestimmten Wechselgesang ›Victimae Paschali laudes‹ an. Dann fasste der Dekan mit der Linken den Ball und tanzte zum Metrum der gesungenen Sequenz ein tripudium, während die übrigen einander bei den Händen fassten und eine chorea um das Labyrinth tanzten. Dann wurde der Ball vom Dekan weitergegeben oder geworfen, an jeden abwechselnd, der Reihe nach an die einzelnen Tänzer, sobald sie wie Girlanden an ihm vorbeitanzten. Das war das Spiel (*lusus erat*). Und die Orgel spielte zum Metrum des Tanzes. Nachdem das Lied und der Tanz beendet waren, ging die Schar zum Essen.[82]

Bei dem hier erwähnten »Labyrinth« handelte es sich um ein kreisförmiges Labyrinthmuster, das in den Fußboden der Kirche eingelassen war. Wie geschildert wurde es, vermutlich auch schon in früheren Zeiten, als eine Abmessungslinie für den Kreistanz genutzt. Diese Art von Labyrinthen zierte wohl die Fußböden einiger Kirchen in Frankreich, Norditalien und Rom, jedoch hat sich bis heute in Frankreich nur dasjenige von Chartres erhalten. In der christlichen Kunst kann das Labyrinth-Motiv frühestens im 9. Jahrhundert nachgewiesen werden.[83] Die Abbildungen waren vermutlich durch die Antike beeinflusst, wo diese Mosaiken Fußböden von Privathäusern sowie Begräbnisstätten zierten. Der vorchristlichen Tradition folgend, traf man auch in der Mitte der mittelalterlichen Labyrinthe häufig auf eine Abbildung Theseus' und des Minotaurus, die in der Auslegung mit Christus und dem Teufel gleichgesetzt wurden.[84] Über das symbolische Potential des Labyrinths ist in der Forschung viel diskutiert worden. Aufbauend auf den Untersuchungen von Craig Wright spitzte Constant Mews die verschiedenen Interpretationen im Hinblick auf die zu Ostern begangenen Kreistänze zu: Seiner Argumentation nach symbolisiert das Labyrinth im Zentrum der Kathedrale den Weg zur Unterwelt, den der Bischof als Stellvertreter Christi ganz im Sinne der Feierlichkeiten zur Auferstehung hinter sich bringe.[85] Das Moment der Wiederkehr und der stetigen Erneuerung wird in den Kreisbewegungen des Ballspiels und des Tanzes aufgegriffen und kommuniziert. Als solche sind sie Ausdruck einer kosmischen Harmonie, die zum festlichen Höhepunkt des Kirchenjahres aufgeführt wird.[86]

Auch Johannes Beleth beschreibt in seinem Kommentar zur Liturgie *Summa de Ecclesiasticis Officis* Tänze von Mitgliedern der Kirche. Demnach begingen Repräsentanten der verschiedenen Kirchenränge *tripudia*, die anlässlich bestimmter Feiertage, die in einer Verbindung zu ihrem Amt stehen, zelebriert wurden. So würden sich die Diakone am Festtag des hl. Stephans, der ebenfalls als Diakon gewirkt hatte, zum Tanz versammeln; die Priester verführen ähnlich am Tag des hl. Johannes, denn dieser sei als Priester bekannt gewesen. Für die Subdiakone seien solche Bräuche entweder

82 Zit. in Übersetzung nach Knäble: »Ausgetanzt«, S. 30.

83 Mews: »Liturgists and Dance in the Twelfth Century«, S. 517; zu den französischen Kirchenlabyrinthen vgl. nun Knäble: *Kirche*, S. 291–302.

84 Mews: »Liturgists and Dance in the Twelfth Century«, S. 517; Knäble: *Kirche*, S. 300f.

85 Ebd., S. 520.

86 Ebd., S. 520f.

am Fest der Beschneidung des Herrn, Epiphanias oder während der Oktav von Epiphanias und für die Chorknaben am Fest der Unschuldigen Kinder bekannt.[87] Aus diesen und anderen Belegen kann man schließen, dass liturgische Tänze trotz ihres schlechten Rufs allgemein in vielen Diözesen eine eher übliche Praxis waren, bei der regionale Bräuche und Traditionen sicherlich eine bedeutende Rolle spielten.[88] Als Elemente der Liturgie wurden andere Deutungsmodellen herangezogen als diejenigen, die den Theatertanz oder den geselligen Tanz abstraften. Schon seit frühchristlicher Zeit wirkte die Engelshierarchie als Leitmotiv und Vorbild. So stärkte beispielsweise Johannes Chrysostomos, auf dessen Abneigung gegenüber dem Tanzen zu Beginn dieser Untersuchung bereits hingewiesen wurde, den Engelsreigen als Gegenmodell zum weltlichen Tanz: Anstatt wilde Sprünge zu tun wie die Kamele und sich verabscheuungswürdigen Tänzen wie die Frauen hinzugeben, sollten die Gläubigen dem Kreistanz der Engel beitreten.[89] Dieses Nachahmungsgebot ist hier jedoch auf die Ebene einer spirituellen Aneignung zu begrenzen und nicht als Aufforderung einer Überführung in die Praxis zu verstehen. Der Engelstanz, die Vorstellung von einer kosmischen Harmonie, vom steten Gotteslob, von Tod und Auferstehung sind Konzepte, die in den Kommentaren zur Liturgie erst im 12. Jahrhundert auf den liturgischen Tanz bezogen wurden. Verbindendes Element war die Kreisbewegung, deren symbolischer Gehalt im Tanz in den tatsächlichen Bewegungsablauf umgesetzt werden konnte.

An dieser Stelle gilt es jedoch zu relativieren: Da diese Argumentation auf Konzepten, Vorstellungen und theoretischen Reflexionen beruht, sei hier kritisch angemerkt, dass daraus nicht zwangsläufig folgen muss, dass die Tänzer, die »Choreographen« oder die Initiatoren der Tänze um diese Deutungen wussten und sich auf diese Vorbilder bezogen. Zu einem gewissen Grad kann man diesem Einspruch entgegenhalten, dass es sich bei den behandelten Kommentaren durchaus um populäre und weithin verbreitete Schriften handelte, die aufgrund ihres z. T. handbuchartigen Funktion in den Kirchen bekannt waren. Das *Rationale divinorum* des Durandus von Mende

87 »Sequitur de festiuitatibus sequentibus natiuitatem Vespere natalis debent primo celebrari tote, postea conueniunt diaconi in tripudio et cantant Magnificat cum antiphona de sancto Stephano, et sacerdos dicit collectam. Nocturnos et officium crastinum celebrant ipsi diaconi, quia Stephanus diaconus fuit [...] Sic et diem modo facient sacerdotes de festo beati Iohannis, quia sacerdos fuit Iohannes, et pueri de festo Innocentum«, siehe Iohannis Beleth, *Summa de ecclesiasticis officiis*, hrsg. von Herbert Douteil, Bd. 2: *Textus, indices (Corpus Christianorum. Continuatio medievalis 41A)*, Turnhout 1976, S. 130, cap. 72. »De festo subdiaconorum. Festum subdiaconorum, quod uocamus stultorum, a quibusdam fit in circumcisione, a quibusdam in Epiphania uel in octauis Epiphanie. Fiunt autem quatuor tripudia post natiuitatem Domini in ecclesia: leuitarum, sacerdotum, puerorum, id est minorum etate et ordine, et subdiaconorum, qui ordo incertus est«, ebd., S. 133f.

88 Salmen: *Tanz und Tanzen vom Mittelalter bis zur Renaissance*, S. 24–27.

89 »... non ut perinde atque cameli saltemus (nam et cameli saltantes ingratum spectaculum edunt, multeque magis mulieres), sed ut cum angelis choreas agamus«, siehe Johannes Chrysostomos, Bd. 58, Sp. 491.

beispielsweise gehörte neben der Bibel zu den am häufigsten abgeschriebenen Werken im Mittelalter.[90] Zudem waren auch die liturgischen Tänze nicht vor Anfeindungen geschützt. Schon Sicard von Cremona distanziert sich von der geschilderten Tanzpraxis als Usus, den man zwar vielerorts praktiziere, den es aber besser zu unterlassen gälte.[91] Einen Schritt weiter mit seiner Kritik geht Johannes Beleth: Würde ein Teilnehmer während der *pila* sterben, so dürfe er zwar innerhalb des Friedhofs begraben werden, jedoch ohne die üblichen Exequien.[92] Bei Durandus indes hat die *pila* ihren liturgischen Charakter verloren und ist zu einem Spiel der Prälaten umgedeutet worden, dass nicht mehr in der Kirche, sondern in ihren Häusern durchgeführt wird.[93] Durandus übernimmt den Passus Johannes Beleths in Bezug auf die eingeschränkten Begräbnisfeierlichkeiten, lässt jedoch die antiken Ursprünge des Rituals aus.[94] An diesen Modifikationen zeichnet sich recht deutlich die zunehmend ablehnende Haltung gegenüber diesem liturgischen Tanz ab.[95]

Für Auxerre lässt sich erstmals gegen Ende des 15. Jahrhunderts eine Kritik an der bis zu diesem Zeitpunkt wohl regelmäßig abgehaltenen *pelotte* nachweisen. Der Tanz bildete in der französischen Diözese einen essentiellen Bestandteil eines »elaborierten Initiationsrituals und möglicherweise eines Rechtsakts unter Klerikern«.[96] Neben dem Schwur auf die hiesigen Gewohnheiten und Rechte sowie einer einjährigen Probezeit bildete auch die Stiftung des Balls für die *pelotte* eine Voraussetzung für die Aufnahme in die Kanonikergemeinschaft. 1471 jedoch war der für den Erwerb des Balls zuständigen Neukanoniker Gerard Royer ohne diesen in der Kirche erschienen. Royer verwies auf das *Rationale Divinorum Officiorum* des Durandus, dem zufolge diese Praxis nicht statthaft sei. Im Kapitel jedoch fand er keine Unterstützung, sodass er gezwungen war, sich zu entschuldigen, und dem zuletzt aufgenommenen Mitglied seinen Ball abzukaufen. Eine neuerliche Kritik an der *pelotte* wird in den Quellen erst 1531 erwähnt. Diesmal jedoch kam der Widerstand von einem alteingesessenen Mitglied der Kanoniker. Laurent Bretel lehnte es nicht nur ab, am Tanz teilzunehmen, sondern brachte den Fall sogar vor den Bailliage Auxerres. Dort teilte man die Ablehnung Bretels und verbot Tanz und Ballspiel im Rahmen der Feierlichkeiten. Auch der

---

90 Horowitz: »Les danses cléricales«, S. 284f.

91 »... descendentes etiam ad ludum choreae uel pilae, quamuis non ludere laudabilius sit«, siehe *Sicardi Cremonensis Mitralis de officiis*, lib. 6,15, S. 546.

92 »Si vero subito moriatur in ludis consuetis ut in ludo pile, potest sepiliri in cimiterio, et sine psalmis et sine obsequis«, siehe Iohannis Beleth, *Summa de ecclesiasticis officiis*, cap. 159, S. 308.

93 »In quibusdam quoque locis hac die, in aliis, in Natali, prelati cum suis clericis ludunt, uel in claustris, uel in domibus episcopalibus, ita ut etiam descendant ad ludum pile, uel etiam ad choreas et cantus. Quod uocatur libertas decembrica«, siehe *Gvillelmi Dvranti Rationale divinorvm officiorvm*, hrsg. von Anselme Davril, Bd. 2 (= *Corpus Christianorum. Continuatio mediaevalis* 140A), Turnhout 1998, S. 445, lib. 6, cap. 86,9.

94 *Gvillelmi Dvranti Rationale divinorvm officiorvm*, Bd. 1, lib 1, cap. 5,14, S. 62.

95 Mews: »Liturgists and Dance in the Twelfth Century«, S. 518.

96 Knäble: »Ausgetanzt«, S. 32.

Protest in Auxerre und die Berufung an das Pariser Parlament konnten nichts ausrichten, vielmehr wurde die Entscheidung dort 1538 bestätigt.[97] Wie der *pelotte d'Auxerre* erging es im 15./16. Jahrhundert vielerorts den liturgischen Tänzen. Als Teilnehmer an einer zunehmend umstrittenen Praxis mag es, zumindest in den höheren Kirchenrängen, daher sicher von Vorteil gewesen sein, um die positiv konnotierten Auslegungen des Tanzens zu wissen, um sich gegebenenfalls vor seinen Kritikern zu rechtfertigen. Eine explizit daran anknüpfende Argumentation ist dem Anschein nach nicht überliefert.

Bezüglich der Wahrnehmung des mittelalterlichen Kirchgängers ist man auf Spekulationen angewiesen. Ihre Reaktionen finden sich sehr selten in den Briefen der Autoritäten dokumentiert, so z. B. in einem Schreiben Papst Alexanders III. an den Abt Pierre von Saint-Rémy in Reims, verfasst zwischen 1170 und 1172. Der Papst habe, so heißt es, Nachricht erhalten, dass ein Priester an einem Sonntag in der Anwesenheit von Laien und Klerikern einen Kreistanz aufgeführt habe.[98] Alexander war mit diesem Vorgehen offensichtlich nicht einverstanden und kritisierte es als Vergehen gegen die Zurückhaltung des klerikalen Standes. Auch einer Gruppe von Studenten unter den Zuschauern blieb die tiefere Bedeutung des Tanzes wohl verschlossen – sie quittierten die Aufführung mit Spott und Gelächter.[99] Handelte es sich hierbei um einen nicht unüblichen Fall studentischer Ausgelassenheit und Spottlust, persönlicher Antipathie oder war der liturgische Tanz dem Publikum derart fremd, dass er zum Verlachen herausforderte? Hier eine Entscheidung zu fällen, ist schwerlich möglich. In der überwiegenden Mehrheit wird der Besucher um die theologischen Diskurse zum Tanz wohl nicht gewusst haben; der Einblick in die Bedeutung des Engelstanzes oder die Allegorese vom tanzenden David blieb ihnen vermutlich verschlossen. Dennoch war es vielleicht auch ihm möglich, eine Verbindung zwischen dem himmlischen Reigen und der irdischen Liturgie über die Ausschmückung des Kirchenbaus herzustellen. Engel und Engelschöre gehörten zum festen Vokabular der christlichen Sakralkunst. Seit dem 14. Jahrhundert, ausgehend von Italien, trat mit der Darstellung der Engelsprozession ein »bewegungsmäßiges Element« hinzu – besonders tanzende Engel gehören zu den beliebten Themen des Trecento.[100] Zumindest dass die Kirchgänger ihren Blick öfters

97 Ebd., S. 33–36.

98 »Audivimus ex transmissa conquestione quorumdam scolarium, qui in burgo S. remigii consistunt, quod cum I. presbyter de Burgo S. Remigii in die Dominico coram clericis et laicis, postposita modestia clericali, choreas duceret«, siehe Papst Alexander III. an Pierre, Abt von Saint-Remy vom 8. November 1170–1172, in: *Chartularium Universitatis Parisiensis sub auspiciis Consilii generalis facultatum Parisiensium*, hrsg. von Heinrich Denifle, Bd 1: *Ab anno 1200 usque ad annum 1286*, Paris 1899, ND Brüssel 1964, Nr. 5, hier S. 5.

99 Zur weiteren Entwicklung dieser Episode vgl. Mews: »Liturgists and Dance in the Twelfth Century«, S. 536f.

100 Hammerstein: *Die Musik der Engel*, S. 203f. und 239f. Eine sehr frühe Darstellung des tanzenden Davids findet sich in der Krypta der Kirche St. Nicholas von Tavant, vgl. Michel: *Les fresques de Tavant*, Planche VI. Zur Kritik an dieser Lesart bzw. an der Authentizität der Darstellung vgl. Denny: »The Tavant Crypt Frescoes«, S. 330. Eine Art Engelstanz kann man bei den Wandmalereien in der Ostapsis von Saint-Gilles in Montoire vermuten. Trotz des schlechten Erhaltungszustands sind hier deutlich vier Engel zu erkennen, die mit ihren Händen die

einmal wandern ließen und ihre Aufmerksamkeit auf die Ausschmückungen der Kirchen, mit Vorliebe auf groteske Tier- und Fabelgestalten, richteten, wird von geistlicher Seite verschiedentlich in anklagendem Ton berichtet.[101] Vielfach zitiert findet sich auch der Topos von der Malerei als »Buch der Laien« oder »Buch der Analphabeten«, die den einfachen Leuten das Göttliche näherzubringen vermag.[102] In Bezug auf die Ausgangsfrage nach dem Lernen vom himmlischen Reigen ließe sich somit eine Vermittlung dieses positiven Tanzmodells über die bildliche Darstellung vermuten, auch wenn sich Lernen hier ganz im Einklang mit dem theologisch-liturgischen Diskurs nicht auf ein nachahmendes, sondern ein betrachtendes Lernen beschränkt.

Referenzen

Quellen

Anecdotes historiques, légends et apologues, tirés du recueil inédit d'Etienne de Bourbon, hrsg. von Richard Albert Lecoy de la Marche, Paris 1877.

Chartularium Universitatis Parisiensis sub auspiciis Consilii generalis facultatum Parisiensium, hrsg. von Heinrich Denifle, Bd 1: *Ab anno 1200 usque ad annum 1286*, Paris 1899, ND Brüssel 1964.

Dante Alighieri, *Die göttliche Komödie. Italienisch und deutsch*, hrsg. und übers. von Hermann Gmelin, Bd. 3: *Der Läuterungsberg*, Stuttgart 1960/1961.

Der »Renner« von Hugo von Trimberg, Bd. 1–4, hrsg. von Gustav Ehrismann. Mit einem Nachwort und Ergänzungen von Günther Schweikle (= *Deutsche Neudrucke. Texte des Mittelalters*), Bd. 2, Tübingen 1909, ND Berlin 1970.

Gvillelmi Dvranti Rationale divinorvm officiorvm, hrsg. von Anselme Davril, Bd. 1 (= *Corpus Christianorum. Continuatio mediaevalis* 140), Turnhout 1995 und Bd. 2 (= *Corpus Christianorum. Continuatio mediaevalis* 140A), Turnhout 1998.

Hincmari archiepiscopi Rhemensis Capitula synodica, in: *Patrologiae cursus completus, series Latina*, hrsg. von Jacques-Paul Migne (zit. als Migne PL), Bd. 125, Paris 1879, Sp. 773–804.

Mandorla mit Christus in der Mitte stützen. Die über ihre Körperhaltung ausgedrückte Bewegung und Dynamik verleiht ihnen zumindest den Anschein, als ob sie tanzen würden, vgl. Cattin/Faure: *Die Engel und ihr Bild im Mittelalter*, S. 123f; Abbildung ebd., S. 128f., Nr. 60–64; Demus, Otto: *Romanesque Mural Painting*, New York 1970, S. 426.

101 Vgl. Kröll, Katrin: »Die Komik des grotesken Körpers in der christlichen Bildkunst des Mittelalters (Einführung)«, in: Dies./Steger, Hugo (Hrsg.): *Mein ganzer Körper ist Gesicht. Groteske Darstellungen in der europäischen Kunst und Literatur des Mittelalters* (= *Rombach Wissenschaft – Reihe Litterae* 26), Freiburg i. B. 1994, S. 11–93, hier S. 73–79.

102 [E]xcusabilem arbitror indulgentiam, si vel eiusmodi picturis delectentur, que tanquam libri laicorum simplicibus divina suggerant, et literatos ad amorem excitent scripturarum, siehe *Pictor in carmine. Ein Handbuch der Typologie aus der Zeit um 1200. Nach MS 300 des Corpus Christi College in Cambridge*, hrsg. von Karl-August Wirth (= *Veröffentlichungen des Zentralinstituts für Kunstgeschichte* 17), Berlin 2006, S. 109; vgl. Eco, Umberto: *Kunst und Schönheit im Mittelalter*, übers. aus dem Ital. von Günter Memmert, München/Wien 1991, S. 32f.; Kröll: »Komik«, S. 75–77.

Honorius Augustodunensis, Gemma animae, in: Migne PL 172, Paris 1854, Sp. 541–738.
Iohannis Beleth Summa de ecclesiasticis officiis, hrsg. von Herbert Douteil, Bd. 2: *Textus, indices* (= *Corpus Christianorum. Continuatio medievalis* 41A), Turnhout 1976.
Johannes Chrysostomos, *In Matthaeum homiliae I–XC*, in: *Patrologiae cursus completus, series Graeca*, hrsg. von Jacques-Paul Migne (zit. als Migne PG), Bd. 57–58, Paris 1862, Sp. 13–794.
Pictor in carmine. Ein Handbuch der Typologie aus der Zeit um 1200. Nach MS 300 des Corpus Christi College in Cambridge, hrsg. von Karl-August Wirth (= *Veröffentlichungen des Zentralinstituts für Kunstgeschichte* 17), Berlin 2006.
Pseudo-Dionysius Areopagita, *Über die himmlische Hierarchie. Über die kirchliche Hierarchie,* eingeleitet, übersetzt und mit Anmerkungen versehen von Günter Heil (= *Bibliothek der griechischen Literatur* 22. Patristik), Stuttgart 1986.
S. Thomae Aquinatis Doctoris Angelici Summa Theologiae, cum Textu et Recensione Leonina, hrsg. von Petrus Caramello, Bd. 1: *Pars Prima et Primae Secundae*, Turin 1952.
Sancti Dionysii Areopagitae De coelesti hierarchia, in: Migne PG 3, Paris 1857, Sp. 119–370.
Sancti Dionysii Areopagitae De ecclesiastica hierarchia, in: Migne PG 3, Paris 1857, Sp. 369–584.
Sicardi Cremonensis episcopi Mitralis de officiis, hrsg. von Gábor Sarbak (= *Corpus Christianorum. Continuatio Medievalis* 228), Turnhout 2008.

Literatur

Bojadžiev, Cočo (Hrsg.): *Die Dionysius-Rezeption im Mittelalter. Internationales Kolloquium in Sofia vom 8. bis 11. April 1999 unter der Schirmherrschaft der Société Internationale pour l'Étude de la Philosophie Médiévale* (= *Rencontres de philosophie médiévale* 9), Turnhout 2000.
Buc, Philippe: »Political Ritual. Medieval and modern interpretations«, in: Goetz, Hans-Werner (Hrsg.): *Die Aktualität des Mittelalters* (= *Herausforderungen. Historisch-politische Analysen* 10), Bochum 2000, S. 255–272.
—: *The Dangers of Ritual. Between early medieval texts and social scientific theory*, Princeton 2001.
—: »Warum weniger die Handelnden selbst als eher die Chronisten das politische Ritual erzeugten – und warum es niemandem auf die wahre Geschichte ankam«, in: Jussen, Bernhard (Hrsg.): *Die Macht des Königs. Herrschaft in Europa vom Frühmittelalter bis in die Neuzeit*, München 2005, S. 27–37.
—: »The Monster and the Critics. A ritual reply«, in: *Early Medieval Europe* 15 (2007), S. 441–452.
Cattin, Yves/Faure, Philippe: *Die Engel und ihr Bild im Mittelalter* (= *Zodiaque-Reihe. Visages du Moyen Age* 2), Regensburg 2000.
Costen, Michael D./Oakes, Catherine: *Romanesque Churches of the Loire & Western France*, Stroud, Gloucestershire 2000.
Davies, John G.: »Toward a Theology of the Dance«, in: Ders. (Hrsg.): *Worship and Dance*, Birmingham 1975, S. 43–63.
Deitmaring, Ursula: »Die Bedeutung von Rechts und Links in theologischen und literarischen Texten bis 1200«, in: *Zeitschrift für deutsches Altertum und deutsche Literatur* 98 (1969), S. 265–292.
Demus, Otto: *Romanesque Mural Painting*, New York 1970.

Denny, Don: »The Tavant Crypt Frescoes«, in: *Viator* 20 (1989), S. 327–341.

Eco, Umberto: *Kunst und Schönheit im Mittelalter*, übers. aus dem Ital. von Günter Memmert, München/Wien 1991.

Elze, Reinhard: »Rechts und Links. Bemerkungen zu einem banalen Problem«, in: Kintzinger, Martin/Stürner, Wolfgang/Zahlten, Johannes (Hrsg.): *Das Andere Wahrnehmen. Beiträge zur europäischen Geschichte. August Nitschke zum 65. Geburtstag gewidmet*, Köln/Weimar/Wien 1991, S. 75–82.

Esch, Arnold: »Überlieferungs-Chance und Überlieferungs-Zufall als methodisches Problem des Historikers«, in: *Historische Zeitschrift* 240 (1985), S. 529–570.

Eichberg Bruderer, Barbara: *Les neuf choeurs angéliques. Origine et évolution du thème dans l'art du Moyen Âge* (= *Civilisation Médievale* 6), Poitiers 1998.

Falke, Sara: »Schritt für Schritt der Hölle entgegen – mittelalterliche Tänze im Fokus der kirchlichen Kritik«, in: Dies./Wisotzki, Sara R. (Hrsg.): *Böse Macht Musik. Zur Ästhetik des Bösen in der Musik* (= *Kultur- und Medientheorie*), Bielefeld 2012, S. 49–59.

Gerlitz, Peter/Fermor, Gotthard: »Tanz«, in: *Theologische Realenzyklopädie* 32, Berlin/New York 2001, S. 642–655.

Goetz, Werner: »Der ›rechte‹ Sitz. Die Symbolik von Rang und Herrschaft im Hohen Mittelalter im Spiegel der Sitzordnung«, in: Blaschitz, Gertrud/Hundsbichler, Helmut/Jaritz, Gerhard et al. (Hrsg.): *Symbole des Alltags, Alltag der Symbole. Festschrift für Harry Kühnel zum 65. Geburtstag*, Graz 1992, S. 11–47.

Gundlach, Helga: »Tanz als Gegenstand religionswissenschaftlicher Forschung in Deutschland«, in: Klein, Gabriele/Zipprich, Christa (Hrsg.): *Tanz. Theorie. Text* (= *Jahrbuch Tanzforschung* 12), Münster 2002, S. 173–192.

Hammerstein, Reinhold: *Die Musik der Engel. Untersuchungen zur Musikanschauung des Mittelalters*, Bern/München 1962.

Hausamann, Torsten: *Die tanzende Salome in der Kunst von der christlichen Frühzeit bis um 1500. Ikonographische Studien*, Zürich 1980.

Horowitz, Jeannine: »Les danses cléricales dans les églises au Moyen Âge«, in: *Le Moyen Âge* 95 (1989), S. 279–292.

Kauthen, Pierre/Metz, Anise: *Die Geschichte der Springprozession*, URL: http://web.cathol.lu/991/mouvements/oeuvre-saint-willibrord/willibrordus-bauverein/springprozession/article/die-geschichte-der (19. 6. 2016).

Knäble, Philip: »Ausgetanzt – Schwindende Akzeptanz eines kirchlichen Initiationsrituals im Spätmittelalter«, in: Büttner, Andreas/Schmidt, Andreas/Töbelmann, Paul (Hrsg.): *Grenzen des Rituals: Wirkreichweiten – Geltungsbereiche – Forschungsperspektiven* (= *Norm und Struktur. Studien zum sozialen Wandel in Mittelalter und früher Neuzeit* 42), Köln 2014, S. 27–48.

—: *Eine tanzende Kirche. Initiation, Ritual und Liturgie im spätmittelalterlichen Frankreich* (= *Symbolische Kommunikation in der Vormoderne*), Köln/Weimar/Wien 2016.

Koal, Valeska: »›Detestatio choreae‹. Eine anonyme Predigt des 14. Jahrhunderts im Kontext der mittelalterlichen Tanzpolemik«, in: *Francia* 34 (2007), S. 19–38.

Koch, Kurt: »Gottesdienst und Tanz. Marginalien zu einer noch immer problematischen Verknüpfung«, in: *Liturgisches Jahrbuch* 42 (1992), S. 63–69.

Krohm, Hartmut/Kunde, Holger (Hrsg.): *Der Naumburger Meister. Bildhauer und Architekt im Europa der Kathedralen* (= *Schriftenreihe der Vereinigten Domstifter zu Merseburg und Naumburg und des Kollegiatstifts Zeitz* 4), Bd. 2, Petersberg 2011.

Kröll, Katrin: »Die Komik des grotesken Körpers in der christlichen Bildkunst des Mittelalters (Einführung)«, in: Dies./Steger, Hugo (Hrsg.): *Mein ganzer Körper ist Gesicht. Groteske Darstellungen in der europäischen Kunst und Literatur des Mittelalters* (= *Rombach Wissenschaft – Reihe Litterae* 26), Freiburg i. B. 1994, S. 11–93.

Lainé, Marine/Davy, Christian/Hermanowicz, Mariusz: *Saint-Nicolas de Tavant* (= *Images du patrimoine Ministère de la Culture, Inventaire Général des Monuments et des Richesses Artistiques de la France* 213), Orléans 2002.

Langini, Alex: *La Procession dansante d'Echternach. Son origine et son histoire*, Echternach 1977.

Leutzsch, Martin: »Der tanzende Christus«, in: Keuchen, Marion/Lenz, Matthias/Leutzsch, Martin et al. (Hrsg.): *Tanz und Religion. Theologische Perspektiven*, Frankfurt a. M. 2008, S. 101–143.

Matluck Brooks, Lynn: »›Los Seises‹ in the Golden Age of Seville«, in: *Dance Chronicle* 5/2 (1982), S. 121–155.

—: *The Dances of the Processions of Seville in Spain's Golden Age* (= *Teatro del Siglo del Oro. Estudios de literatura* 4), Kassel 1988.

Mews, Constant J.: »Liturgists and Dance in the Twelfth Century. The witness of John Beleth and Sicard of Cremona«, in: *Church History* 78 (2009), S. 512–548.

Michel, Paul: *Les fresques de Tavant. La crypte*, Paris 1956.

Miethke, Jürgen: *Politiktheorie im Mittelalter. Von Thomas von Aquin bis Wilhelm von Ockham* (UTB 3059: Theologie), Tübingen 2008.

Mullally, Robert: *The Carole. A study of medieval dance*, Farnham 2001.

Müller, Jan-Dirk: »Vorbemerkungen«, in: Ders. (Hrsg.): *»Aufführung« und »Schrift« in Mittelalter und Früher Neuzeit. DFG-Symposion 1994* (= *Germanistische Symposien-Berichtsbände* 17), Stuttgart/Weimar 1996.

Müller, Monika E.: »Das Lachen ist dem Menschen eigen … seine Darstellung in der Kunst des Mittelalters«, in: Wilhelmy, Winfried (Hrsg.): *Seliges Lächeln und Höllisches Gelächter. Das Lachen in Kunst und Kultur des Mittelalters* (= *Publikationen des Bischöflichen Dom- und Diözesanmuseums Mainz* 1), Regensburg 2012, S. 68–91.

Rehm, Ulrich: »Zur Geschichtlichkeit des Lachens im Bild«, in: Nitschke, August/Stagl, Justin/Baur, Dietrich R. (Hrsg.): *Überraschendes Lachen, gefordertes Weinen. Gefühle und Prozesse. Kulturen und Epochen im Vergleich*, (= *Veröffentlichungen des Instituts für Historische Anthropologie e.V.* 11), Wien/Köln/Weimar 2009, S. 641–676.

Reiners, Adam: *Die Springprozession zu Echternach* (= *Frankfurter zeitgemäße Broschüren* N. F. 5,8), Frankfurt a. M. 1884.

Ritter, Adolf M.: »Dionysios Areopagites«, in: *»Nimm und lies«. Christliche Denker von Origines bis Erasmus von Rotterdam*, Stuttgart/Berlin/Köln 1991, S. 111–126.

Rohmann, Gregor: *Tanzwut. Kosmos, Kirche und Mensch in der Bedeutungsgeschichte eines mittelalterlichen Krankheitskonzepts* (= *Historische Semantik* 19), Göttingen 2013.

Rorem, Paul: *Pseudo-Dionysius. A commentary on the texts and an introduction to their influence*, New York/Oxford 1993

Sachs, Curt: *Eine Weltgeschichte des Tanzes*, Hildesheim 2007 (OA Berlin 1933).

Salmen, Walter: *Tanz und Tanzen vom Mittelalter bis zur Renaissance* (= *Terpsichore* 3), Hildesheim/Zürich/New York 1999.

Schmidt, Heinrich/Schmidt, Margarethe: *Die vergessene Bildersprache christlicher Kunst. Ein Führer zum Verständnis der Tier-, Engel- und Mariensymbolik*, München ^{5}1995.

Schröder, Edward: »Brautlauf und Tanz«, in: *Zeitschrift für deutsches Altertum und Literatur* 61 (1924), S. 27–34.

Schroeder, Jean: »Vom Ursprung der Echternacher Springprozession«, in: Plötz, Robert/ Rückert, Peter (Hrsg.): *Jakobuskult im Rheinland* (= *Jakobus-Studien 13*), Tübingen 2004, S. 221–246.

Steger, Hugo: *David rex et propheta. König David als vorbildliche Verkörperung des Herrschers und Dichters im Mittelalter, nach Bilddarstellungen des achten bis zwölften Jahrhunderts* (= *Erlanger Beiträge zur Sprach- und Kunstwissenschaft* 6), Nürnberg 1961.

Steger, Hugo: »Der unheilige Tanz der Salome. Eine bildsemiotische Studie zum mehrfachen Schriftsinn im Hochmittelalter«, in: Ders./Kröll, Katrin (Hrsg.): *Mein ganzer Körper ist Gesicht. Groteske Darstellungen in der europäischen Kunst und Literatur des Mittelalters* (= *Rombach Wissenschaft – Reihe Litterae* 26), Freiburg i. B. 1994, S. 131–169.

Suntrup, Rudolf: *Die Bedeutung der liturgischen Gebärden und Bewegungen in lateinischen und deutschen Auslegungen des 9. bis 13. Jahrhunderts* (= *Münstersche Mittelalter-Schriften* 37), München 1978.

Syson Carter, Françoise: »Celestial Dance: A Search for Perfection«, in: *Dance Research* 5/2 (1987), S. 3–17.

Tischler, Matthias M.: *Die Christus- und Engelweihe im Mittelalter. Texte, Bilder und Studien zu einem ekklesiologischen Erzählmotiv* (= *Erudiri sapientia* 5), Berlin 2005.

Walsdorf, Hanna: »›Rasend wie ein Hexenkreise‹. Zur Salomanie bei und nach Oscar Wilde«, in: Fenger, Josephine/Birringer, Johannes (Hrsg.): *Tanz und Wahnsinn/ Dance and Choreomania. Tanzforschung 2011* (= *Jahrbuch der Gesellschaft für Tanzforschung*), Berlin 2011, S. 166–182.

Weigand, Rudolf K.: *Der »Renner« des Hugo von Trimberg. Überlieferung, Quellenabhängigkeit und Struktur einer spätmittelalterlichen Lehrdichtung* (= *Wissensliteratur im Mittelalter* 35), Wiesbaden 2000.

Wilhelmy, Winfried: »Das leise Lachen des Mittelalters – Lächeln, Lachen und Gelächter in den Schriften christlicher Gelehrter (300–1500)«, in: Ders. (Hrsg.): *Seliges Lächeln und Höllisches Gelächter. Das Lachen in Kunst und Kultur des Mittelalters* (= *Publikationen des Bischöflichen Dom- und Diözesanmuseums Mainz* 1), Regensburg 2012, S. 38–55.

—: (Hrsg.): *Seliges Lächeln und Höllisches Gelächter. Das Lachen in Kunst und Kultur des Mittelalters* (= *Publikationen des Bischöflichen Dom- und Diözesanmuseums Mainz* 1), Regensburg 2012.

Winterer, Christoph: »Stasis und Bewegung im Herrscherbild Karls des Kahlen«, in: Frese, Tobias (Hrsg.): *Habitus. Norm und Transgression in Bild und Text. Festgabe für Lieselotte E. Saurma-Jeltsch*, Berlin 2011, S. 15–36.

Zimmermann, Julia: »Histrio fit David. König Davids Tanz vor der Bundeslade in der Ikonographie und Literatur des Mittelalters«, in: Dietrich, Walter (Hrsg.): *König David – biblische Schlüsselfigur und europäische Leitgestalt. 19. Colloquium der Schweizerischen Akademie der Geistes- und Sozialwissenschaften*, Freiburg i. d. Schweiz 2003, S. 531–561.

—: *Teufelsreigen – Engelstänze. Kontinuität und Wandel in mittelalterlichen Tanzdarstellungen* (= *Mikrokosmos* 76), Frankfurt a. M./Berlin/Bern et al. 2007.

Rituelles Lernen in ritueller Praxis: Kinästhetisch-mimetisches Lernen am Beispiel nordindischer Ritualpraktiken

Karin Polit

Viele Performanzen in Südasien und speziell die Performanzen im Garhwal Himalaya, die ich im Folgenden näher beschreiben will, werden dort vor allem als Arbeit für die lokalen Gottheiten konzeptualisiert. Das bedeutet nicht, dass sie keinen besonderen Unterhaltungswert hätten. Im Gegenteil: Viele der rituellen Performanzen, die im Garhwal Himalaya praktiziert werden, sind außerordentlich amüsant. Allerdings ist Bildung oder Amüsement nicht die Hauptmotivation für die Durchführung und Organisation dieser rituellen Performanzen. Sie werden veranstaltet, um Gottheiten zu ehren, um Gottheiten um ihre Anwesenheit zu bitten, um mit ihnen zu kommunizieren und um diesen Gottheiten eine Freude zu bereiten. Das bedeutet, dass rituelle Performanzen im Garhwal Himalaya ganz spezifische lokale Bedürfnisse ansprechen und damit auf ein Wissen zurückgreifen, dass so etwas wie das kulturelle Repertoire der Region ausmacht.[1] Dieses Wissen ist kein rein kognitives Wissen, sondern auch eine Form von verkörpertem Wissen, das es den Tänzern und Medien der Gottheiten ermöglicht, Bewegungsabfolgen, Gesten und Gesichtsausdrücke präzise so auszuführen, dass die Zuschauer bestimmte Gottheiten als präsent erkennen können, ohne dass diese Bewegungen vorher eingeübt oder geprobt werden müssen.[2] Dabei sind die einzelnen Elemente der rituellen Performanzen zwar erlernt, jedoch nur zum Teil durch bewusstes Training bestimmter Bewegungsabfolgen. Stattdessen ist der Lernprozess um dieses verkörperte Wissen ein kinästhetisch-mimetischer Prozess. Lernen erfolgt also zum Teil durch wiederholtes Beobachten und die Teilnahme an ähnlichen Ereignissen sowie deren Einordnung in eine bestimmte Sicht auf die Welt. Damit ist dieses Wissen auch eng mit Emotionen und lokalen Identitäten verknüpft und nur bedingt mit kognitiven, reflexiven Prozessen. Das kulturelle Repertoire, von dem ich hier spreche, ist also auch an Erinnerungen gebunden, die an kinästhetische Erfahrungen anknüpfen. Die Bewegungen der hier beschriebenen rituellen Performanzen unterscheiden sich

1 Hier beziehe ich mich auf das Konzept des kulturellen Repertoires von *Taylor, Diana: The Archive and the Repertoire. Performing Cultural Memory in the Americas*, Durham and London 2003.

2 Polit, Karin: »Verkörperung«, in: Brosius, Christiane/Michaels, Axel/Schrode, Paula (Hrsg.): *Ritual und Ritualdynamik. Schlüsselbegriffe, Theorien, Diskussionen*, Stuttgart 2013, S. 215–221.

damit auch stark vom klassischen Repertoire der modernen urbanen indischen Gesellschaft, das sich, ebenso wie das europäische, durch eine hohe Professionalität in der Performanz und streng hierarchisiertes und reguliertes Lernen auszeichnet. Die Performanzen, die ich in Garhwal beobachtet habe, sind weniger eine Zurschaustellung des eigenen Körpers, der durch Training zu Höchstleistungen gebracht wird, als verkörperte Beziehung zum Transzendenten.[3] Der Körper eines Mediums wird hier in der rituellen Performanz zum Instrument der Beziehung mit dem Göttlichen. Die Handlungsmacht der Bewegung in Garhwal wird dabei nicht einer menschlichen Person zugeschrieben, sondern der göttlichen Macht selbst, die einen menschlichen Körper bewegt.[4] So sind sowohl die Bewegungsabläufe als auch die Interpretation derselben dabei vor allem Ergebnis mimetischer und verkörperter Lernprozesse, in der eine Beziehung zu göttlichen Wesen durch verkörpertes Wissen und verkörpertes Gedächtnis (*body memory*) möglich wird.[5]

Im Folgenden werde ich anhand von Beispielen aus dem nordindischen Himalaya diskutieren, wie in der Ritualpraxis bestimmtes Wissen neu verhandelt und gleichzeitig weitergegeben wird. Dabei lege ich mein Augenmerk auf die Analyse von Bewegungen, die in besonderen Bewusstseinszuständen ausgeführt werden, welche in der deutschen Sprache oft als Trance, Besessenheit oder Ekstase umschrieben werden.[6] Das Vermögen, diese Bewusstseinszustände zu erreichen, wird hier auch als Ergebnis

3 Ähnliche Prozesse spielen sich in vielen rituellen Performanzen auf der Welt ab, auch ohne direkte göttliche Präsenz im Körper der Tanzenden. Zum Beispiel bei Tempeltänzen in Bali, auch wenn sich hier Prozesse des institutionalisierten Lernens mit verkörpertem Lernen vermischen. Beschrieben in Hornbacher, Annette: *Zuschreibung und Befremden. Postmoderne Repräsentationskrise und Verkörpertes Wissen im balinesischen Tanz*, Berlin 2005. Hornbacher sieht den Kunstbegriff in der Bedeutung einer vernunftgeleiteten planmäßigen Technik, die sich so von der Praxis absetzt, als problematisch an. Im westlichen Kunstverständnis zeige sich »die Vollendung künstlerischer Darstellung darin [...], dass diese allgemein menschliche Ideen kommuniziert, die der Künstler vernunftgeleitet entwirft und die seine Nähe zum Philosophen ausmachen« (ebd., S. 47). Aber »[a]us der Sicht von desa-kala-patra (Dorf-Zeit-Situation) erscheint es prinzipiell unangemessen, menschliches Handeln aufgrund allgemeiner Prinzipien zu interpretieren oder als Abbild allgemeiner Ideen zu analysieren. Dies gilt nicht nur für rituelle Handlungen, die in jüngster Zeit häufig als Ausnahmeform eines bedeutungslosen Handelns beschrieben worden sind (Staal 1990, Humphrey and Laidlaw 1994, Michaels 1999), es trifft ebenso auf alltägliche Handlungen zu, deren Bedeutung je nach Kontext variieren kann. In keinem dieser Fälle erscheint aus balinesischer Sicht eine Interpretation sinnvoll, die menschliches Handeln oder Sprechen von seinen Umständen ablöst, um es als symbolischen Ausdruck intelligibler Ideen oder Begriffe zu verstehen und als systematischen ›Text‹ einer Kultur zu fixieren« (Hornbacher: *Zuschreibung und Befremden*, S. 48).

4 Vgl. Polit, Karin: *When Gods Set out to Wander: The Value of Art, Heritage and Ritual in Uttarakhand, India*. Habilitationsschrift, Universität Heidelberg, 2015, Chapter 4.

5 Vgl. Sax, William S./Polit, Karin: »Moved by God: Performance and Memory in the Western Himalayas«, in: Fuchs, Thomas/Koch, Sabine C./Summa, Michela/Müller, Cornelia (Hrsg.): *Body Memory, Metaphor and Movement*, New York 2012, S. 227–242.

6 Für eine ausführliche Diskussion der Problematik von Zuschreibungen, die in diesen Begriffen geschehen, siehe Schömbucher, Elisabeth: *Wo Götter durch Menschen sprechen. Besessenheit in Indien*, Berlin 2006.

eines mimetisch-kinästhetischen Lernprozesses begriffen. Die Fähigkeiten, die notwendig sind, um in diese Zustände zu kommen, sind das Resultat des Zusammenspiels erlernter Wahrnehmungs- und Handlungsmuster und so Teil des kulturellen Repertoires der Region, in denen ich diese rituellen Performanzen beobachten konnte.

Abb. 1: Karte des indischen Bundesstaates Uttarakhand.

Medien, Götter und ihre Tänze

Die rituellen Performanzen, die mir hier als Fallbeispiel dienen, finden in unregelmäßigen Abständen im Distrikt Chamoli im Bundesstaat Uttarakhand in Nordindien statt (Abb. 1). In dieser Region spielen Rituale eine sehr große und vor allem eine alltägliche Rolle. In den Dörfern um die kleine Stadt Gopeshwar herum haben viele Familien einen eigenen Hausschrein (Abb. 2), jedes Dorf hat eigene Schutzgötter, die so genannten *Bhumiyals* (Schützer des Bodens), und in der Gegend stehen allgemein viele größere und kleinere Tempel (Abb. 3). Wie viele Bergregionen des Himalayas sieht sich auch Garhwal als *Dev Bhumi* – als Land der Götter. Zur Ehrung und Verehrung dieser Götter werden regelmäßig kleinere und größere Feste durchgeführt, die ich zum leichteren Textverständnis im Folgenden als »Rituale« bezeichnen werde. Lokal gibt es kein entsprechendes Wort. Jede dieser Festivitäten hat einen eigenen Namen, und alle haben unterschiedliche Bedeutungen. Der Ritualbegriff ist also eine Vereinfachung eines komplexen lokalen Systems und dementsprechend problematisch. Ich verwende ihn hier trotzdem, um dem Leser einen Zugang zu den Praktiken Garhwals zu ermöglichen, denn es gibt eine wichtige Gemeinsamkeit all dieser Aktivitäten, die diese Verallgemeinerung zumindest zulässig macht: Sie alle werden zur Verehrung von Göttern abgehalten. Zwischen Oktober und November jeden Jahres ziehen zum Beispiel viele der hinduistischen Göttinnen und Götter in Pilgerreisen durch ihre Hoheitsgebiete und besuchen dabei die Dörfer ihrer Anhänger. Für die Beschützer des Dorfes werden regelmäßige Rituale abgehalten, und auch die Familiengötter werden regelmäßig mit großen Ritualen gütig gestimmt. Die meisten dieser Rituale haben stark performative Elemente. Sie kombinieren Musik und Rhythmus mit mythischen Texten und Tanz mit Trance. Oft werden mit den Rhythmen der Trommeln und den mythischen Liedtexten Götter herbeigerufen, die dann in den Körpern ihrer menschlichen Medien tanzen, mit ihren Verehrern sprechen und ihnen bei bestimmten Problemen helfen können. Diese öffentlichen Rituale einer Gottheit spielen mit ihrem stark performativen Charakter bei der Identitätsbildung der Gruppen eine große Rolle. Die tanzende Gottheit mit ihrer bestimmten Ästhetik verkörpert immer auch die Gruppe von Menschen, von der sie verehrt wird.[7] Dabei sind die tanzenden Körper der Verehrer auch Medien ritueller Wirksamkeit. Die tanzende Gottheit ist eine Gottheit der Leute, die durch ihre Präsenz während der Rituale zugänglich wird und die ihre Göttlichkeit für einen Moment mit ihren Verehrern teilt. Genau aus diesem Grund sind diese rituellen Performanzen als »Arbeit für die Götter« zu verstehen und eben nicht als Freizeitbeschäftigung oder Kunst im Sinne einer künstlerischen Performanz. Sie sind Teil der für die Verehrung der lokalen Götter notwendigen rituellen Pflichten, denen die Dorfbewohner nachkommen müssen, um die wohlwollende Beziehung zu ihrer Schutzgottheit aufrecht zu erhalten.

Die ritualisierten Performanzen sind so auch verkörperte, mimetische Prozesse, die weder durch linguistische Untersuchungen noch durch die Suche nach unterliegenden Regeln und Strukturen zufriedenstellend erkannt und erklärt werden können, sondern nur in der Beschäftigung mit den Dimensionen von »Verkörperung« und Praxis. Im Sinne von Judith Butler[8] ist die rituelle Performativität hier Teil eines Prozesses, der auch in der sozialen Produktion von Gruppenidentitäten greift. Die Eigenheiten der

---

7 Siehe dazu Polit, Karin: »The Effects of Inequalities and Relative Marginality to the Wellbeing of Low Caste People in Central Uttaranchal«, in: *Anthropology and Medicine* 12/3 (2005), S. 225–237; Polit, Karin: *Women of Honour: Gender and Agency among Dalit Women in the Central Himalayas*, Hyderabad 2012; Polit, Karin: »Performative Ritual as Sensual Experience of Body, Place and Sociality«, in: *Exploring the senses* (2014), S. 280–293; Polit: *When Gods Set out to Wander*.

8 Butler, Judith: *Excitable Speech: A Politics of the Performative*, London 1997.

Zugehörigkeit zu einer bestimmten Gruppe und einer bestimmten *Jati* (Subkaste) drückt sich auch in verkörperten Dispositionen aus, die durch die wiederholte Teilnahme an rituellen Performanzen entstehen. In den großen performativen Ritualen der Gottheiten werden diese Dispositionen besonders deutlich. In sehr vielen Ritualen Garhwals kommen bestimmte Gottheiten in, oder besser: auf den Körpern bestimmter Menschen zu ihren Verehrern und sprechen zu ihnen. In den Erklärungsmodellen der Garhwalis werden die Götter durch die Macht der Trommel und der Stimme des rituellen Spezialisten in die Welt der Menschen gerufen. Die Musik und der Gesang locken sie dabei an, zeigen ihnen den Weg, und der Körper eines ausgewählten Menschen dient ihnen als Pferd, auf dem sie reiten und durch dessen Mund sie sprechen können. Jede Gottheit hat dabei ein spezifisches Repertoire an Bewegungen, die es den anwesenden Menschen ermöglicht, sie zu erkennen. Während der Anwesenheit des Göttlichen unter den Menschen kontrollieren wiederum die Stimme des rituellen Spezialisten und der Rhythmus der Trommeln die Macht des Göttlichen, so dass sie wohlwollend und ungefährlich bleiben kann.

Abb. 2: Hausschrein.

Dabei gibt es verschiedene Arten der rituellen Performanz. Im Zuge der Prozessionen für die Gottheit Jakh zum Beispiel werden am Tage immer wieder kleinere Performanzen veranstaltet, in denen die Gottheit Jakh in ihrem Medium tanzt und dadurch mit ihren Verehrern sprechen, sie anfassen und ihnen göttliche Geschenke (*Prasad*) direkt überreichen kann. Nachts dagegen tanzen andere Götter, um den Gottkönig Jakh zu unterhalten. Dieses nächtliche Spiel (*Lila*) beinhaltet typischerweise sowohl die Verehrung der Gottheit in verschiedenen Formen als auch ludische Elemente. Ehrfurcht einflößende göttliche Präsenz wechselt sich ab mit sketchhaften Episoden, in denen sich das Publikum vor Lachen auf dem Boden wälzt.

Abb. 3: Tempel.

Die Prozession des Gottkönigs

Diese Performanzen gehören zu einem größeren Ritualkomplex; in meinem Fallbeispiel zu der sechsmonatigen Prozession für die lokale Gottheit Jakh. Ähnliche Prozessionen und Performanzen gibt es aber auch für andere Gottheiten der Region. Die hier im Detail beschriebene rituelle Prozession ist also nicht unbedingt alltäglich, wird aber auf diese oder ähnliche Weise so oft durchgeführt, dass sie den Menschen, die in den Dörfern um die kleine Stadt Gopeshwar im Chamoli Distrikt leben, sehr gut bekannt ist. Wie viele der anderen Götter des Garhwal Himalaya wird Jakh, eine Schutzgottheit (*Bhumiyal*) einzelner Dörfer, nach Ablauf einer bestimmten Anzahl von Jahren (zwölf, 36 oder 72 Jahre) durch eine Prozession verehrt. Die Subkasten und Varna-

Zugehörigkeiten[9] der beteiligten Menschen spielen dabei eine große Rolle. Jakh ist eine den Rajputen[10] zugerechnete Gottheit. Die rituelle Prozession wird also auch von Rajputenfamilien ausgerichtet, die wiederum sowohl Priester aus einer der hochangesehenen lokalen Brahmanenkasten als auch Trommler, die in der Kastenhierarchie als niedrigstehend eingeordnet werden, anstellen, um bestimmte rituelle Funktionen zu erfüllen. Die Brahmanen übernehmen den Teil der rituellen Verehrung, die der lokalen Tradition nach nur Brahmanen ausüben dürfen, während die Trommler für die Präsenz der Gottheiten in den täglichen und des Nachts stattfindenden Performanzen zuständig sind. Sechs Monate lang wird der Gott, der auch als Herrscher eines kleinen Territoriums von Dörfern angesehen wird, durch diese Region getragen. Dabei werden Dörfer besucht, in denen verheiratete Töchter des Dorfes leben. Die Prozession trägt den Gottkönig außerdem zu Tempeln wichtiger anderer Gottheiten, die in der eigenen Hierarchie höher oder niedriger stehen als der Gottkönig selbst, und in Dörfer, die den Besuch der Gottheit explizit anfordern. Tagsüber finden verschiedene Rituale statt, die die Gottheit feiern und ehren, und nachts wird zu Ehren und zur Belustigung Jakhs eine theatrale Performanz mit Maskentänzen aufgeführt. Die Prozession ist notwendig, um die Beziehung zwischen Gottheit, Land und Menschen zu stärken, zu festigen und neu auszuhandeln. Diese Verbundenheit zwischen Land, Menschen und Gottheit spiegelt sich auch in der Geschichte des Gottes wieder, die zu der oben angesprochenen Sicht auf die Welt beiträgt. Jakh spielt in dem großen, in ganz Südasien bekannten Epos *Mahabharata*[11] eine kleine Nebenrolle. Der starke und unbesiegbare Krieger entschließt sich, zu dem großen Schlachtfeld von Kurukshetra zu ziehen, um für die Seite, die zu verlieren droht, zu kämpfen und dadurch den Sieg für diese Seite zu sichern. Krishna, der unbedingt den Sieg der fünf Pandava-Brüder sichern will, fängt den jungen Krieger auf dem Weg ab. Mit einem Trick bekommt er Jakh, den man in Garhwal auch Babarubahan nennt, dazu, sich selbst den Kopf abzuschneiden und verhindert so

9 Varna bedeutet wörtlich Farbe und bezeichnet die vier Kategorien Priester (Brahmanen), Krieger (Kshatriyas), Händler (Vaishyas) und Dienende (Shudras), in die die Subkasten grob eingeordnet werden können.

10 Rajput ist eine Sammelbezeichnung für verschiedene lokale Subkasten (*jatis*), die ihre Abstammung auf Königsfamilien aus Rajasthan zurückführen und Teil der Kriegerkasten (*Kshatriyas*) sind. In Garhwal sind sie die dominanten Subkasten, denen auch das meiste Land gehört. Für sie arbeiten die verschiedenen Subkasten von Priestern (*Brahmanen*) sowie die Artisanen und Musiker (*Dalits* oder *Harijans*).

11 Das Mahabharata-Epos erzählt die Geschichte des Geschlechts der Bharata-Familie – sie mündet in einen Streit um den Thron zwischen Cousins, den 100 Kaurava-Brüdern und den fünf Pandava-Brüdern. In der großen Schlacht bei Kurukshetra besiegen die Pandavas schließlich ihre Cousins. Da diese Schlacht aber auch das Ende ihres Geschlechts bedeutet, da alle anderen großen Krieger dieser Zeit in ihr den Tod finden, markiert sie auch den Beginn des dunklen Zeitalters, in dem wir uns heute befinden. Für ausführliche Abhandlungen der lokalen Mahabharata in Uttarakhand, siehe Zoller, Claus Peter: »Oral Epic Poetry in the Central Himalayas (Garhwal and Kumaon)«, in: *European Bulletin of Himalayan Research* 9/2001 (1995), S. 1–7; *Die Paṇḍuaṇ. Ein mündliches Mahābhārata-Epos aus dem Garhwal-Himalaya*, Universität Heidelberg, 1997; Leavitt, John H.: »On the Complexity of Oral Tradition: A Reply to Claus Peter Zoller's Review Essay Oral Epic Poetry in the Central Himalayas«, in: *European Bulletin of Himalayan Research* 18 (2000), S. 58–77; Polit: *When Gods Set out to Wander*.

sein Eingreifen auf dem Schlachtfeld. Govind Singh Rawat, ein Lehrer aus dem Dorf Maikot Kujaum in der Nähe von Gopeshwar, erzählte mir die Geschichte während der Reise des Jakhs seines Dorfes wie folgt:

> Babarubahan sagte: »Ich werde in Kurukshetra das Zünglein an der Waage des Mahabharata sein. Der verlierenden Partei werde ich den Sieg und der siegenden Partei die Niederlage verschaffen.« Deshalb prüfte Krishna Babarubahan. Er kam zu dem Schluss, Babarubahan könnte etwas Derartiges bewirken. Darüber musste Krishna nachdenken. Als Babarubahan nach Kurukshetra kam, hatte er auf seinem Bogen einen Pfeil aufgespannt, dessen unterer Teil sich auf Höhe seines Nabels und dessen oberer Teil sich auf Höhe seines Kinns befand, der also direkt nach unten schaute. Zu diesem Zeitpunkt kämpften Arjun und Duryodhana. Shri Krishna sah, dass Duryodhana im Begriff war, zu verlieren und Arjun siegen würde. Was würde dann Babarubahan anrichten? Würde er Arjun die Niederlage einbringen, dann gewännen die Kauravas im Mahabharata. Deshalb verwandelte Krishna sich schnell in eine Maus. Von unten ließ er eine schöne Melodie erklingen, und heimlich knabberte er die Bogensehne an. Der Pfeil löste sich und durchschnitt glatt die Kehle des Königs (Jakh). Manche Leute behaupten, dass Shri Krishna den Kopf mit seinem schönen Diskus abgetrennt hat, aber das ist falsch.[12]

Krishna wusste, dass es im Grunde ungerecht war, Jakh für seine eigenen Pläne zu opfern, deshalb bot er ihm zum Ausgleich einen Dienst an:

> Shri Krishna sagte: »Die Arbeit, die getan werden musste, ist verrichtet.« Er rief alle Pandavas zu sich und sprach: »Oh Pandavas, die Tat, die ich vollbrachte, war zu Eurem Besten.« Dann wies er sie an, Babarubahans Leiche zu begraben. Bhima (einem der Pandava-Brüder) befahl er, Jakhs Kopf in einem Korb zu verwahren und damit jeden Pilgerort, jeden Tempel und jeden heiligen Platz, den es auf dem indischen Kontinent gebe, aufzusuchen. Dies würde Babarubahans menschlicher Form einen gerechten Ausgleich verschaffen und ihn zu einer göttlichen Gestalt werden lassen. Bhima tat, wie ihm befohlen, und Shri Krishna sprach zu Babarubahan: »Schau, ich habe Dich hier eingerichtet. Welches Zeitalter auch kommen mag, ich werde dafür sorgen, dass man Dich an vielen Orten als Schutzgott der Erde (*Bhumiyal*) einsetzt. Diese Leute werden zu einer sechsmonatigen Reise mit Dir aufbrechen, und in vielen Häusern wird man Dich verehren. Man wird Dich zu heiligen Orten und Pilgerzentren bringen.« Und als er dann ging, war Babarubahan zufrieden. Deshalb halten wir ihn für den Schutzgott unserer Dörfer und Äcker. Eigentlich findet die Prozession alle zwölf Jahre statt, damit er uns beschützt und niemand uns und unserer Erde schaden kann. […]

Bezüglich der langen Zeit, die seit der letzten Pilgerreise Jakhs verstrichen war, sagte er:

> Wegen unserer Liederlichkeit haben wir es nicht geschafft, das rechtzeitig zu organisieren. Die alten Leute sind losgezogen, und seitdem ist es jetzt erst wieder geschehen, nach siebzig Jahren. Auch der Gott nahm hin und wieder Schaden, wie ein Musikinstrument, das nicht gespielt wird. Über Kühe und Menschen kam Verlust und Zerstörung.

12 Ich danke Sandra Ludwig für ihre Unterstützung bei der Übersetzung all dieser Texte.

> Die Ernte war verdorben. Unter uns Männern herrschte Streit. Da ließen wir fragen[13] und erfuhren, dass der Gott Schaden genommen hatte. Auf unseren Feldern wächst seit vielen Jahren kein Getreide mehr und zwischen den Männern herrscht Streit. Wir fragten also den Gott selbst (durch sein Medium) und es kam heraus, dass unser Jakh Schaden erlitten hat. Er sprach: »Ich möchte sechs Monate lang eine Reise machen.«

Die Entscheidung, eine rituelle Prozession für Jakh durchzuführen, wird also auch dem Gott selbst zugesprochen. Er verlangt sie von seiner Gemeinde als Tribut für sein anhaltendes Wohlwollen.

Die Diener Jakhs und die göttliche Handlungsmacht

Die oben angesprochenen Performanzen sind Teil dieser sechs Monate dauernden Reise. Die ausführende Gemeinde wählt zur Aus- und Durchführung dieser Performanzen verschiedene männliche Mitglieder aus den eigenen Reihen aus. Die wichtigsten Beteiligten an der Prozession sind die drei Diener der Gottheit (*dharis*), der aus einer Rajputen-Familie abstammende Priester und das menschliche Medium von Jakh. Ein Mann, der ebenfalls aus einer Familie von Rajputen kommen muss. Die Diener der Gottheit übernehmen alle wichtigen täglichen Dienste für Jakh. Sie tragen ihn oder seine Prozessionsmanifestation in Form von Stab und Maske (*nishan*) (Abb. 4) nach dem Auszug aus seinem Heimattempel zu den verschiedenen Destinationen. Sie bauen jeden Abend einen neuen temporären Tempel in den wechselnden Lokalitäten auf, um ihn dort zur Nachtruhe zu betten. Sie singen ihm abends Schlaflieder und wecken ihn morgens mit Liedern wieder auf. Sie ermöglichen es dieser Manifestation des Gottes – als Bronzemaske auf einem Stab (*nishan*) –, zwischen seinen Verehrern zu tanzen, und nachts verkörpern sie in der nächtlichen Aufführung verschiedene Figuren und Gottheiten zu seinem Amüsement. Der Priester führt die notwenigen Rituale zu seiner Verehrung durch, und das Medium ermöglicht die Manifestation des Gottes in seinem Körper.

Jede dieser Rollen – Priester, Medium und Diener – ist eine performative Dienstleistung an die Gottheit, beziehungsweise an die eigene Gemeinschaft. Jeder erfüllte Dienst an der Gottheit ermöglicht der Gemeinschaft der Verehrer von Jakh eine enge, verkörperte und anhaltende Beziehung zu ihm. Keine dieser Aufgaben wurde formal erlernt. Die Menschen, die diese Rollen erfüllen, kamen entweder durch Abstammung oder durch Auswahl der Gemeinde zu ihrer Aufgabe. Das Wissen um die richtige Ausführung wird dabei oft vorausgesetzt. Tatsächlich wissen die Menschen zu Beginn ihrer Aufgabe oft recht genau, wie sie sie erfüllen müssen, schreiben das Wissen darum aber wiederum dem Göttlichen zu, das sie lenkt, ihre Bewegungen und Handlungen in die-

13 Das bedeutet, dass einige Männer aus dem Dorf das Medium der Gottheit befragten. Dabei wird die Gottheit in einem rituellen Rahmen angerufen und aufgefordert, sich in dem Körper des Mediums zu manifestieren, damit die menschlichen Verehrer mit ihr sprechen können.

ser Rolle bestimmt. Im Folgenden werde ich diese Erklärungen zur göttlichen Handlungsmacht (*agency*) in Bezug auf Ritual und Performanz anhand der Rollen Priester, Medium und Diener der Gottheit Jakh näher beschreiben.

Abb. 4: Der *nishan* der Gottheit Jakh – die am Stab befestigte Maske – tanzt.

Die drei Diener (dharis) werden von der Gemeinde und dem Gott zusammen auserwählt. Die Handlungsmacht Jakhs ist hier am wenigsten deutlich zu erkennen. So hat Narendar Singh Rawat, ein führendes Mitglied des Tempelkomitees aus dem Dorf Maikot Kujaum, die Auswahl der Diener beschrieben:

> Die Diener der Gottheit wurden von uns ausgewählt, dem Tempelkomitee. Es sind Söhne unseres Dorfes, die für die Zeit der Pilgerreise zu den Dienern der Gottheit werden. Sie bekommen ein kleines Gehalt, damit sie sich keine Sorgen um ihre Familien machen müssen und sich ganz auf ihre spirituelle Aufgabe konzentrieren können. Sie sind immer dabei. Die gesamten sechs Monate. Nach dem Ritual, am Tag vor dem Auszug, schneiden sie sich nicht mehr die Fingernägel oder die Haare, sie müssen sich zweimal am Tag waschen und essen nur einmal – und sie sind die ganzen sechs Monate barfuß, müssen den Weg barfuß zurücklegen. Sie gehören ganz Jakh. Ich war auch manchmal da[14], bin aber immer wieder nach Hause gekommen.

Trotzdem wird die finale Entscheidung zur Auswahl der Diener wiederum dem Gott selbst zugeschrieben, dem sich die Auserwählten dann auch nicht mehr entziehen können. Mohan Singh Bhandari, einer der Diener der Gottheit Jakh aus Maikot Kujaum erzählte, wie Jakh ihn dazu brachte, den Wünschen der Gemeinde zu folgen und seinen Dienst anzutreten:

> Normalerweise arbeite ich mit Autos. Die anderen aus dem Dorf haben uns ausgewählt, unseren Gottkönig zu tanzen. Nach neunundsechzig Jahren kam er wieder aus seinem Tempel hervor, und wir sollten ihn nun für sechs Monate tragen. Die Reise begann am zweiten Oktober, und Jakh ging von hier nach Rudranath und nach Badrinath[15]. Als die Leute zuerst vorschlugen, dass ich diese Aufgabe übernehme, wollte ich nicht. Ich musste an meinen Haushalt denken. Ich lehnte zunächst einmal ab. Aber dann kam der Gott, König Jakh zweimal in meine Träume. Er sagte mir, dass ich nicht ablehnen solle. In meinen Träumen hatte ich ihn zwei Tage lang getanzt. In meinen Träumen trug ich ihn in dieses Dorf dort unten und dann wieder nach hier oben! Ich weigerte mich am dritten und vierten Tag. Aber dann kam er wieder in meine Träume. Der Gott Jakh. Er tanzte auf meinen Schultern. Wir stiegen hinab in dieses Dorf, um einen anderen Gott zu besuchen. Wir nennen diesen Ort Lam Dunga. In meinen Träumen liefen wir gemeinsam dorthin. Dann kamen wir hierher zu dem Tempel. Und an diesem Tag sagte ich schließlich: »Mag mein Haushalt sein wie er ist. Ich werde dem Gott für sechs Monate dienen!« So habe ich meine Meinung geändert. Und seitdem hat der Gott auch auf mich aufgepasst. Ich bereue es nicht!

14 An den Orten, an denen sich Jakh mit seiner Entourage während der sechsmonatigen Prozession kurzfristig aufhielt.

15 Rudranath ist ein kleinerer Pilgerort, der zu den fünf Shiva zugeordneten Pilgerorten »Panch Kedar« gehört. In Rudranath soll das Haar Shivas liegen, das er auf der Flucht vor den Pandavas dort verloren hat. Für eine ausführlichere Beschreibung der Assoziation der Gegend mit dem Körper Shivas und der Mahabharata, siehe Polit: *When Gods Set out to Wander*, S. 11. Badrinath ist einer der größten Pilgerorte Indiens. Der Tempel ist heute dem hinduistischen Gott Vishnu gewidmet und ist der nördlichste der vier wichtigsten Tempel in Indien.

Mohan Singh unterstreicht hier erst einmal seine Rolle als verantwortungsvoller Hausvorstand. Als Familienvater sollte er zu Hause sein und für Haus und Familie sorgen, und kein Asket, egal wie zeitlich begrenzt diese Rolle auch sein mag. Dies steht in enger Verbindung zu der Art, wie die Entscheidung letztendlich getroffen wurde. Für Mohan Singh ist es wichtig, dass er sich diese Rolle nicht selbst ausgesucht hat, sondern dass er vom Gott Jakh dazu auserwählt und sogar überredet wurde. Indem er diesen Punkt hervorhebt, zeigt er gleichzeitig, dass er selbst sich nicht für etwas Besonderes hält. Die Rolle des göttlichen Dieners wurde ihm zugetragen, und er hat letztlich dem Drängen nachgegeben. Damit verrichtet er seinen Dienst mit Hingabe, aber seine Motivation ist Pflichtgefühl. Er hat sich darauf eingelassen, seine persönliche Handlungsmacht (*agency*) für die Zeit der Pilgerreise dem Gott unterzuordnen und als Mittler für den Gott zu agieren. Die Dienste, die er dabei verrichten muss, werden ihm gleichfalls durch die direkte Kommunikation mit Jakh vorgegeben. Trägt er ihn auf seinen Schultern, ist es die göttliche Macht, die ihn lenkt, die ihm sagt, in welche Richtung er gehen muss. Dabei verkörpert er zusammen mit den anderen zwei Dienern die enge, emotionale und auch körperliche Verbindung, die die Gemeinde der Jakh-Verehrer mit ihrem Gott haben. Diese Verbindung wird fast symbiotisch über die Monate der Prozession, so dass für den Abschied auch bestimmte Rituale notwendig sind, um das enge Band zwischen Diener und Gott wieder zu lösen. Kurz vor dem Ende der Pilgerreise, als der Abschied von Jakh bevorstand, sagte Mohan Singh über den zu erwartenden Abschiedsschmerz,

> Das ist doch alles seine Gabe. [...] Die letzten Tage sind angebrochen, nun müssen wir weiterziehen. Und wir werden weinen. Alle Leute weinen für sich. Sie werden sehen, auch Sie werden zu weinen anfangen, da Sie hier einige Tage verbracht haben, nicht wahr? An jenem Tag, an dem Gott sich von hier verabschieden wird, da werden auch Sie Tränen vergießen. Es wird hier ruhig werden. Das Dorf wird leer werden. Jetzt ist im Dorf doch Betrieb, die Leute kommen. Gäste und auch verheiratete Töchter kommen. Wenn Gott sich verabschieden wird, werden alle Leute gehen und jeder wird Tränen vergießen. Jetzt sind nur noch drei Nächte geblieben: heute, morgen und übermorgen. Übermorgen ist der letzte Tag, da wird die Speisung der Brahmanen stattfinden, und keinem wird der Sinn danach stehen, das Zelt abzubauen. [...] Als Gott herauskam, waren alle Leute begeistert. Sechs Monate lang waren wir in einem Ausnahmezustand. [...] Übermorgen ist die Speisung der Töchter (Dhiyan Bhatta). Danach wird es hier vollkommen öde werden. Die Götter werden sich einer nach dem anderen verabschieden. Dann werden sie nicht mehr hierherkommen. Wenn sie[16] verpackt sind, werden sie am nächsten Tag dorthin gebracht, von wo man sie geholt hat. Die ganze Macht Gottes wird dorthin mitgenommen. [...] Das heißt, bis zur Rückkehr in den Tempel verbleibt noch eine gewisse Macht auf der Wandermaske des Gottes. Das sehenswerte Ereignis des Abschieds dauert drei Tage lang. Wenn wir Maskenträger uns dann voneinander verabschieden, dann dürfen wir einander drei Tage lang nicht sehen. [...] So lautet die Regel. Denn falls wir uns untereinander treffen, dann werden wir uns erinnern. Nach den drei Tagen werden wir drei Maskenträger zum Tempel hier kommen und eine Verehrung

16 Die Masken, in denen die göttliche Kraft liegen soll.

> (*puja*) vollziehen. Gleich darauf werden wir das von unseren Familien zubereitete Essen zu uns nehmen. Die drei Tage lang essen wir von uns selbst zubereitete Gerichte. Wir können kein Wasser von unseren Familien trinken, drei Tage lang bereiten wir unser Essen selbst zu.

Die enge Bindung zum Gott muss also rituell gelöst werden. Die Erinnerung muss verblassen, damit die Diener zurückkehren können in ihr Alltagsleben. Tatsächlich wurden an dem Tag des Abschieds bittere Tränen vergossen. Männer aus dem Dorf nahmen sich der Diener an. Sie nahmen sie liebevoll in die Arme und ließen sie weinen, schnitten ihnen die Fingernägel ab und rasierten ihnen die Bärte, um ihnen zu helfen, die Verbindung zu ihrem Gott wieder auf ein Niveau zu bringen, das sie wieder in ihr tägliches Leben zurückführen würde. Diese enge Verbindung zu Jakh ist notwendig gewesen, damit sie ihm richtig dienen konnten, damit sie seine Beine und seine Arme sein konnten während der Reise. Zu diesem Zweck wurden sie zu temporären Asketen. Sie durchlaufen eine dramatische Selbstkasteiung, um sich selbst rein und dem Gott würdig zu erweisen. Damit sind sie die Mittler, die die Erneuerung der Beziehung zwischen Menschen und Gott ermöglichen.[17] Dieses Stadium muss aber wegen der Intensität der Beziehung kurzfristig bleiben. Die permanente und nicht ganz so intensive Beziehung zum Gott wird dagegen durch Priester und Medien aufrechterhalten.

Der Priester Jakhs ist auch immer ein Mann aus einer Rajputen-Familie des Dorfes. Das ist ungewöhnlich, sind doch Priester in der Regel aus brahmanischen Familien. Es hängt aber damit zusammen, dass Jakh nicht nur als eine Gottheit, sondern auch als ein Vorfahre verstanden wird. Auch dies erklärt sich aus der Mythologie, wie Govind Singh Rawat erläuterte:

> Die Priester von Jakh können also immer nur Angehörige der Thakur- (Rajputen-) Gemeinschaft sein, weil Jakh in seiner menschlichen Gestalt selbst ein Thakur war. Deshalb befahl er, dass sein Priester auch ein Ṭhakur sein sollte. Zuerst war es der Urgroßvater, der Großvater, dann ist es der Vater und nach ihm der Sohn. Auf diese Weise geht Tradition von einer Generation auf die nächste über.

Das Priesteramt ist also ein ererbtes Amt. Dabei versteht sich die Priesterfamilie auch als eine von Jakh erwählte Familie. Daher geht das Amt auch nicht unbedingt direkt vom Vater auf den Sohn über. Ist ein Priester zu alt oder stirbt, muss zunächst wieder ein neuer Priester von Jakh ausgewählt werden. Devar Singh Mundari, der während der Reise des Jakh aus Maikot Kujaum das Priesteramt innehatte, erinnerte sich, dass das Priesteramt für einige Zeit nicht besetzt war, nachdem sein Großvater gestorben war:

17 Ähnliche Prozesse wurden von Nicholas beschrieben: In den Riten des Frühlings in Bengalen werden Männer der Gemeinschaft zu temporären Asketen, um Fruchtbarkeit, Reichtum und Wohlstand ihrer Gemeinschaft zu sichern. Siehe Nicholas, Ralph W./Curley, David L.: *Rites of Spring: Gājan in Village Bengal*, New Delhi [u.a.] 2008.

> Ich bin der Pujari (Priester) von Jakh devta. Und ein Pujari tut den Dienst, den normalerweise Brahmanen tun. Ich bin ein Rajput, ein Kshatriya. Ich mache das jetzt schon seit zwei oder drei Jahren. Aber als mein Großvater starb, hatten wir erst mal keinen Pujari. In dieser Zeit übernahm der Brahmane, der im selben Tempel auch der Göttin dient, die regelmäßigen Dienste für Jakh mit.

Er erzählte dann, wie er von Jakh ernannt wurde und wie es sein Leben veränderte:

> Dass ich der Priester wurde, war mehr oder weniger ein Zufall. Eines Tages tanzte Jakh in seinem Medium und Jakh sagte mir, dass ich nun sein Priester sein sollte. An diesem Tag veränderte sich mein Leben. Ich habe aufgehört zu trinken und esse kein Fleisch mehr. Ich lebe rein. Wenn man die Dienste für Jakh verrichtet, dann muss man aufpassen, was man isst und trinkt. Ich muss das nun immer sein, für den Rest meines Lebens. [...] Ich bade immer bevor ich die Verehrung (*puja*) beginne oder wenn ein besonderes Fest für Jakh ansteht.

Der Priester übernimmt also die permanente Aufgabe, den Gott regelmäßig zu verehren. Damit ist er einer der kontinuierlichen Institutionen, die die Beziehung zwischen Gemeinde und Gott bestimmen. Er wird zu einem Asketen, um diese Beziehung aufrechterhalten und ehren zu können. Ähnlich wie die Rolle des Priesters ist die des Mediums für die Gottheit eine langfristige Aufgabe in der Gemeinschaft der Jakh-Verehrer. Auch der Mann, der für diese Rolle ersehen wird, muss aus einer Rajputen-Familie stammen und ist ab dem Tag der Auserwählung bestimmten rituellen Regeln unterworfen. In ihm manifestiert sich die Gottheit und kann so, in menschlicher Gestalt und mit menschlicher Stimme, mit seinen Verehrern reden. Auch dieser performative Akt folgt einem mimetisch-kinästhetischen Lernprozess. Die Verkörperung der Gottheit folgt ganz bestimmten Regeln, was Bewegungsabläufe, Stimmlage und Körperhaltung angeht. Die Handlungsmacht (*agency*) über die Bewegungsabfolgen und die Worte, die in diesem Bewusstseinszustand gesprochen oder gesungen werden, wird hier der Gottheit zugesprochen und nicht der Person, die im alltäglichen Leben diesen menschlichen Körper beherrscht.

Dabei sind die Bewegungen im Ritual oft stark reguliert. Alle wissen zwar vorher, in wem sich die göttliche Präsenz manifestieren wird, aber es gibt auch unausgesprochene Verhaltensvorschriften, was die Bewegungen, den Bewegungsradius, die Gesten und die gesprochenen Worte betrifft. Trotzdem ist diese Art der göttlichen Verkörperung keine symbolische und metaphorische Handlung. Die Ritualakteure sehen sich für gewöhnlich nicht als Schauspieler, sondern sie und die anderen Teilnehmer des Rituals gehen von einer realen göttlichen Präsenz aus. Häufig konstituiert die Präsenz einer Entität im Körper des Mediums überhaupt erst die Gültigkeit und Wirksamkeit des Rituals. Aus dieser Zuschreibung göttlicher Handlungsmacht und Präsenz erklärt sich die Autorität der gesprochenen Worte.

Da Kinder in Garhwal nur sehr selten von Ritualhandlungen ausgeschlossen werden, wachsen sie sozusagen in diese rituellen Praktiken, die sie in verschiedenen Manifestationen mehrmals im Jahr erleben, hinein. Sie erlernen also ihr Ritualverhalten nicht durch einen religiösen Diskurs, sondern durch die Teilnahme an vielen rituellen

Ereignissen. Dabei lernen sie, göttliche Präsenz zu erkennen und als alltägliches Ereignis wahrzunehmen. Sie lernen auch geschlechtsspezifische Verhaltensweisen und solche, die auf Erwartungen aus ihrem sozialen oder familiären Status beruhen. Kinder in Garhwal lernen gleichzeitig zwischen den verschiedenen Manifestationen von Gottheiten zu unterscheiden, um sich ihnen gegenüber entsprechend verhalten zu können. Sie erkennen sie an der Körperhaltung und der Gestik des Tanzenden. Gleichzeitig wachsen sie in das Wissen um die eigene familiäre Verstrickung in dieses System hinein. So ist es in der Regel so, dass sich die Gottheiten zwar ihre »Pferde« selbst aussuchen, dies aber oft innerhalb von einer Patrilinie tun. Der Sohn eines regelmäßig betanzten Vaters kann also seit früher Kindheit damit rechnen, dass die Gottheit irgendwann auf ihn überwechseln wird.

Das Medium der Gottheit Jakh aus dem Dorf Maikot Kujaum, Khishan Singh Bandari, erklärte mir seine Erfahrung, von der Gottheit erwählt zu werden, folgendermaßen:

> Madame, das war so... eigentlich passierte es einfach so... Zuerst war es mein Vater. Er wurde alt und so, eines Tages, ich weiß auch nicht genau wie, sagte die Gottheit: »Das Pferd hier ist alt geworden, er ist nicht mehr geeignet für mich.« Also beschloss er, sich ein neues Pferd zu suchen. Hm, und zu dieser Zeit wusste ich gar nichts. Ich wusste nicht, was geschah oder wie es geschah. Der Gott fing mich ein, stand einfach auf und tanzte dort. Ich stand auf und die Gemeinde sagte: »Das ist unser neues Medium (*Pasva*).« Also nahm ich meine Stellung ein und wurde das neue Medium. Das ist jetzt vielleicht acht oder neun Jahre her.

Kishan Singh sagt also, dass seine Ernennung zum göttlichen Medium spontan erfolgte. Ein Lernprozess wird hier mehr oder weniger negiert. Dabei basiert das Wissen um das Verhalten als Medium, Priester oder Diener der Gottheit jedoch auf langwierigen Lernprozessen, die mimetisch und verkörpert sind. Durch mimetisches Lernen, verknüpft mit wiederkehrenden performativen Erfahrungen der göttlichen Präsenz und dem Wissen um mythologische Zusammenhänge, verfügen viele Ritualteilnehmer in Garhwal über das Wissen, wie verschiedene Gottheiten aussehen und wie man sich bewegt, wenn sie einen Körper besetzt halten, aber auch, wie man sich ihnen gegenüber verhält. Kinder lernen dieses Verhalten mimetisch und üben es im alltäglichen Spiel, indem sie untereinander so tun, als ob sie vom Göttlichen ergriffen wären, oder als ob sie Ritualexperten wären. Dabei ist diese Form des Lernens weder standardisiert noch ritualisiert. Sie beruht eben nicht auf Training und gezielter Ausbildung, sondern ist der Effekt von alltäglicher Performativität im weitesten Sinne nach Judith Butler. Dabei wird die Performanz des Tanzens im Lernprozess nie wirklich geübt. Es ist vielmehr in den Alltag eingebettet und so vorhanden, wie anderes Wissen um richtiges Verhalten, wie zum Beispiel die richtige Begrüßung von Fremden und Familienmitgliedern oder gemeinsames Essen. Durch die Teilnahme an Ritualen wird das Verhalten Teil der Person. Sobald ein Mensch performativ in das Ritual eingebunden ist, weiß er[18] intuitiv, wie er sich bewegen sollte.

Rituell-mimetisches Lernen

Dieser Lernprozess ist einer der wesentlichen Unterschiede, die diese Art der Performanz von professionellen Tänzern als Künstlern abhebt. Die Verehrung des Gottes wird zur Pflicht, zur Arbeit für den Gott, die den verschiedenen Rollen und den Ritualteilnehmern eine bestimmte Beziehung zum Göttlichen ermöglicht. Eine Beziehung, die vor allem eine verkörperte ist. Christoph Wulf und Gunter Gebauer[19] haben ähnliche Lernprozesse als kulturelles mimetisches Lernen bezeichnet. Für sie ist jede Form des kulturellen Lernens vor allem ein mimetischer Prozess. Dieser Prozess ist dabei nicht festgelegt, standardisiert oder institutionalisiert, sondern beständiger Veränderung unterworfen. In Bezug auf Adornos ästhetische Theorie und Wittgensteins Idee der Familienähnlichkeit sehen sie mimetische Prozesse nicht als direkte Kopie der beobachteten Handlung. Vielmehr beschreibt Mimesis hier einen Prozess der Anähnlichung. Die Auslegung der individuellen Handlungen werden so auch Aushandlungsprozesse, die in der Handlung selbst entstehen. Im Prozess der Anähnlichung liegt also der kreative Moment, der es den einzelnen handelnden Menschen ermöglicht, selbst zum Teil der rituellen Tradition und ihrer Auslegung zu werden, die ihr Handeln bestimmt. Nach Wulf und Gebauer erfolgt in der mimetischen Aneignung von Wissen eine Anähnlichung an das Außen und eine Übernahme dieses Außen in die Welt des Imaginären. Dieser Prozess vollziehe sich auch in der anderen Richtung. Erinnerungen, Vorstellungen, Erfahrungen und Wissen werden in einem mimetischen Prozess nach außen gebracht, vergegenständlicht oder eben, wie in meinen Beispielen, im eigenen Körper ausagiert. Diese Prozesse sind dabei vor allem kinästhetische Erfahrungen, die an die Person und ihre bisherigen Erlebnisse anknüpfen. Die Menschen selbst sprechen dann oft von einem Gefühl für die richtige Handlung. Catherine Bell[20] hat dieses Gefühl für das richtige Handeln in rituellen Ereignissen in Bezug auf Bourdieus Konzept des habituellen Erlebens als »ritual mastery« beschrieben. Das Wissen um bestimmte Handlungen in Ritualen ist oft ein verkörpertes Wissen, das es Menschen ermöglicht, sich den Erwartungen entsprechend zu verhalten, ohne über ihre Handlungen nachdenken zu müssen. Die vorgestellten performativen Handlungen sind in die-

18 Oder sie, aber in diesem Fall sind die Ritualteilnehmer tatsächlich meistens ausschließlich Männer, daher wähle ich hier die männliche Form.

19 Gebauer, Gunter/Wulf, Christoph (Hrsg.): *Mimesis. Kultur, Kunst, Gesellschaft*, Reinbek bei Hamburg 1998.

20 Catherine Bell, Catherine: *Ritual Theory, Ritual Practice*, New York/Oxford 1992.

sem Zusammenhang also als das Resultat bestimmter mimetischer, verkörperter Lernprozesse zu verstehen und Teil des kulturellen Repertoires einer bestimmten Gruppe von Menschen in Garhwal.

Die performativen Handlungen sind im Sinne der Religionsästhetik auch als Praktiken zu verstehen, mit denen das, was von den Akteuren als »Transzendentes«, »Heiliges« oder »außerhalb des säkularen menschlichen Einflussbereiches Stehendes« vorgestellt wird, für sie in religiöser Praxis und Ritual kognitiv und sinnlich erfahrbar und greifbar wird. Dabei vermischen sich im Beispiel des Mediums kinästhetisch-mimetisch erlernte Handlungen mit den Erwartungen der Anderen in einer Art, die es Kishan Singh ermöglicht, die Trancezustände, die für seine Performanz notwendig sind, immer wieder zu erreichen. Er berichtete:

> Es ist so: Wenn wir da stehen, ist erst mal gar nichts da. Da ist erst mal nichts. Dann fangen die Leute an, mich zu drängen. Sie sagen: »Jetzt mach endlich! Auf was wartest Du? Warum stehst Du da nur rum? Du hast es vorher schon getan! Jetzt mach halt!« So setzen sie mich unter Druck. Und ich stehe da und höre ihnen zu, und ich weiß nie, wann und wie die Gottheit kommen wird. Und dann beginnt es unter dem Bauchnabel zu prickeln. Dann weiß ich, dass er bald kommt. Meine Hände und meine Füße werden heiß. Dann, endlich, höre ich auf, mich zu fragen, was passieren wird. Ich überlasse alles der Gottheit. Ich sorge mich um nichts mehr. Die Gottheit übernimmt. Und er sagt uns dann, was er möchte und was er von uns braucht. Er sagt uns, dass wir für ihn arbeiten sollen. Er sagt uns, wie wir für ihn arbeiten sollen. So geben wir den Göttern unsere Körper. Ich bin ein Gefäß. Ist er in mir, kann dieser Körper Dinge tun, die ich nicht kann. Wenn er auf mir sitzt, kann ich alles tragen, alles ertragen. Ich selbst bin nicht so stark. So einfach ist das.

Solche komplexen Ritualhandlungen wurden in der Vergangenheit oft als unverständliche und exotische Praktiken beschrieben. Besonders Ethnologen legen hier oft eine Faszination gegenüber den rituellen Spektakeln an den Tag, die zu einem großen Teil zur Mystifizierung dieser und ähnlicher Praktiken beitragen. Elisabeth Schömbucher[21] hat in einer historischen Betrachtung dieser Phänomene festgestellt, dass die negative Konnotation dieser Praktiken aus dem europäischen Umgang mit Besessenheit hervorgingen, die bis weit in das 20. Jahrhundert hinein mit von Dämonen verursachten Krankheiten verknüpft war. Diese negative Konnotation blieb bestehen, selbst als die Wissenschaft die Möglichkeit einer Besessenheit schon längst ausschloss. Trancezustände werden in der damit im Zusammenhang stehenden Rationalitätsdebatte also als eine Form der Performanz im Sinne von Theater oder Betrug angesehen. Die negativen Emotionen, die durch die Verbindung mit dem Dämonischen hervorgerufen werden, blieben dennoch bestehen. Dabei wurde übersehen, dass auch die dominante wissenschaftliche Sicht auf die Welt selbst auf naturalisierten Normen basiert, die sich mit der Zeit im Wandel befinden. So ist auch die aufgeklärte Sicht auf die Welt das

21 Schömbucher: *Wo Götter durch Menschen sprechen*.

Resultat eines nicht unbedingt immer reflektierenden Lernprozesses.[22] Die performativen Rituale der Menschen in Garhwal gehören genauso einer bestimmten Zeit an einem bestimmten Platz an. Sowohl ihre Performanz als auch ihre Interpretation ist so als Teil eines kulturellen Lernprozesses denkbar und greifbar. Trance ist also auch und vor allem ein erlerntes Verhalten, das in einem performativen Prozess lokalen Werten und Normen angepasst wird. So schrieb Janice Boddy in ihrem berühmten Buch über einen Kult in Afrika:

> […] possession is a holistic social reality. It penetrates all facets and levels of human life, resisting analytic reduction to a single component dimension, whether psychological, aesthetic, religious, social, or medical. Studies that focus on one of these to the virtual exclusion of others cannot but derogate the complexity with which such factors interweave. Works of this sort may be read most comfortably, perhaps, by Western cultures, but ultimately they distort and impoverish what they seek to understand. Possession has numerous significances and countless implications: it defies simple explanation. It has no necessary cause, no necessary outcome.[23]

In diesem Zusammenhang geht auch Hacking davon aus, dass Menschen in der Regel stark von eigenen und anderen Erwartungen beeinflusst werden. Es kommt also darauf an, wie wir verstanden, beschrieben und bestimmt werden von unseren sozialen Netzwerken und Milieus, in denen wir uns alltäglich bewegen. Während unser individuelles Bewusstsein also sehr persönlich ist, gibt es auch eine Bewusstheit, die geteilt und von einer Gruppe entwickelt wird. Diese Bewusstheit ist stark eingebettet in verkörperte Praktiken und Institutionen, die wir in einer bestimmten Art und Weise klassifizieren. So sind die Interaktion zwischen Menschen und unsere Beziehungen zueinander bestimmend für unser emotionales Repertoire und unsere kulturellen und sozialen Praktiken. Wenn also eine Person auf eine bestimmte Art klassifiziert wird, sei es negativ oder positiv, ist es sehr wahrscheinlich, dass diese Person die zu dieser Klasse zugehörigen Emotionen und Handlungen an den Tag legt und als real erlebt. Klassifizierung und Zuteilung von Handlungen und Emotionen sind demnach auch erlerntes Verhalten. In diesem Sinne wird also ein Kind, das mit dem Wissen aufwächst, dass es später das Pferd einer Gottheit sein wird, sehr wahrscheinlich das Pferd einer Gottheit werden und damit die an es gestellten Erwartungen erfüllen. Dabei sind diese Prozesse oft weder reflexiv noch verbalisierbar. Das bedeutet jedoch nicht, dass die Handlungsmacht des Einzelnen dabei ausgeschlossen wird. Bestehende Klassifikationen

---

22 Hacking, Ian: *Multiple Persönlichkeit. Zur Geschichte der Seele in der Moderne,* München [u.a.] 1996. Hacking hat z.B. aufgezeigt, dass der Fakt, dass unsere Welt und bestimmte Zustände sozial konstruiert sind, nicht bedeutet, dass sie deswegen weniger real sind. So hat er gezeigt, dass es auch auf dem Gebiet der Medizin flüchtige Erscheinungen gibt, die nur zu bestimmten Zeiten und an bestimmten Orten als gültig anerkannt werden und mitunter wieder verschwinden können. Wenn diese Phänomene allerdings untersucht werden, ist die Frage danach, ob die Leiden wirklich sind, irrelevant. Denn in dem Moment, in dem ein Leiden wie z.B. eine multiple Persönlichkeitsstörung als solches anerkannt wird, mag es zwar in dieser Form vorher nicht existiert haben, wird aber dadurch nicht weniger real.

23 Boddy, Janice: *Wombs and Alien Spirits: Women, Men, and the Zar Cult in Northern Sudan*, Madison 1989, S. 136.

können durchaus verändert werden. Auch dies ist Teil des mimetischen Lernprozesses. Erlerntes Verhalten wird nicht einfach kopiert, sondern angeeignet, sich zu Eigen gemacht. So scheint die Teilnahme an performativen Ritualen zu einer Art hegemonialen Matrix von alltäglicher Performativität zu gehören, die den Menschen in Garhwal so normal und natürlich erscheint, wie es für einen durchschnittlichen deutschen Katholiken natürlich ist, sich beim Eintreten in ein mit einem Tabernakel ausgestattetem Gotteshaus zu bekreuzigen.

So ist die Manifestation des Göttlichen im menschlichen Körper also kein Resultat falschen Aberglaubens oder exotischer Ideen, sondern Teil des rituellen, verkörperten Repertoires einer Gruppe. Damit ist sie alltägliche Handlung. Die meisten Anwesenden wissen intuitiv – weil sie es gelernt haben –, wie sie sich in einem routinierten Ritualablauf kompetent zu verhalten haben. Dieses Wissen ist oft ein verkörpertes Wissen, das sich nicht verbalisieren lässt, sondern sich in Handlungsabläufen zeigt. Menschen sind dazu in der Lage, bestimmte Gottheiten zu erkennen und sie von Geistern zu unterscheiden. Sie wissen, wie sie sich respektvoll verhalten sollten, wie Opfergaben erbracht werden oder wie göttliche Gaben in Empfang genommen werden. Gleichzeitig vermitteln solcherart Rituale genau dieses Wissen an alle Beteiligten. Rituelle Performanzen und rituelle Bewegungen wie Knien, Tanzen, Singen oder eine Gottheit zu verkörpern sind also ein Weg, kulturelles Wissen und kollektive Erinnerungen zu erfahren und weiterzugeben. Dies geschieht in sinnlichen und verkörperten Praktiken, die selten reflektiert werden (müssen). So können also Rituale auch als Träger von verkörpertem Wissen verstanden werden, das sich von sprachlich vermittelbarem Wissen unterscheidet. Das verkörperte Wissen basiert stattdessen auf einer Form der sinnlichen Wahrnehmung und Erinnerung. Die Teilnehmer eines Rituals wissen, sich zu einem bestimmten Rhythmus und kollektiven Erwartungen entsprechend zu bewegen, sie wissen, wie die Verkörperung einer Gottheit aussieht oder wann der Zeitpunkt gekommen ist, vor ihr niederzuknien. Solch ein Verständnis erlaubt beispielsweise, Phänomene der göttlichen Präsenz im menschlichen Körper nicht als abergläubisch oder rückständig zu bewerten, sondern sie als Aspekte ritueller Praxis und als Teil des verkörperten rituellen Gedächtnisses einer Gruppe zu verstehen. Die Annahme von göttlicher Handlungsmacht wird so zu einem Element einer selbstverständlichen Erfahrung des Seins-in-der Welt. Spirituelle Präsenzen in religiösen Ritualen sind so Teil des lokal konstituierten Verständnisses der eigenen Person und Ausdruck der Zugehörigkeit zu einer bestimmten Gruppe. Sie sind so auch Teil einer lokalen Wissenskultur und Wissenspraktik, die keineswegs starr, traditionell oder unveränderlich in der Vergangenheit verhaftet ist. Vielmehr sind die vorgestellten Rituale selbst Praktiken der Selbstreflexion und situativer Interpretation.

Referenzen

Bell, Catherine: *Ritual Theory, Ritual Practice*, New York/Oxford 1992.

Boddy, Janice: *Wombs and Alien Spirits: Women, Men, and the Zar Cult in Northern Sudan*, Madison 1989.

Butler, Judith: *Excitable Speech: A Politics of the Performative*, London 1997.

Gebauer, Gunter/Wulf, Christoph: *Mimesis. Kultur, Kunst, Gesellschaft*, Reinbek bei Hamburg 1998.

Hacking, Ian: *Multiple Persönlichkeit. Zur Geschichte der Seele in der Moderne*, München [u.a.] 1996.

Humphrey, Caroline & James Laidlaw: *The Archetypal Actions of Ritual. A Theory of Ritual Illustrated by the Jain Rite of Worship,* Oxford 1994.

Hornbacher, Annette: *Zuschreibung und Befremden. Postmoderne Repräsentationskrise und Verkörpertes Wissen im balinesischen Tanz*, Berlin 2005.

Leavitt, John H.: »On the Complexity of Oral Tradition: A Reply to Claus Peter Zoller's Review Essay ›Oral Epic Poetry in the Central Himalayas‹«, in: *European Bulletin of Himalayan Research* 18 (2000), S. 58–77.

Michaels, Axel: »Le rituel pour le rituel? Oder Wie sinnlos sind Rituale?« In: *Rituale heute* (1999), S. 23–48.

Nicholas, Ralph W./Curley, David L.: *Rites of Spring: Gājan in Village Bengal*, New Delhi [u.a.] 2008.

Polit, Karin: »Performative Ritual as Sensual Experience of Body, Place and Sociality«, in: *Exploring the senses* (2014), S. 280–293.

—: »Verkörperung«, in: Brosius, Christiane/Michaels, Axel/Schrode, Paula (Hrsg.): *Ritual und Ritualdynamik. Schlüsselbegriffe, Theorien, Diskussionen*, Stuttgart 2013, S. 215–221.

—: *When Gods Set out to Wander: The Value of Art, Heritage and Ritual in Uttarakhand, India*. Habilitationsschrift, Universität Heidelberg 2015.

—: *Women of Honour: Gender and Agency among Dalit Women in the Central Himalayas*, Hyderabad 2012.

—: »The Effects of Inequalities and Relative Marginality to the Wellbeing of Low Caste People in Central Uttaranchal«, in: *Anthropology and Medicine* 12/3 (2005), S. 225–237.

Sax, William S./Polit, Karin: »Moved by God: Performance and Memory in the Western Himalayas«, in: Fuchs, Thomas/Koch, Sabine C./Summa, Michela/Müller, Cornelia (Hrsg.): *Body Memory, Metaphor and Movement*, New York 2012, S. 227–242.

Staal, Frits: *Rules without Meaning: Ritual, Mantras, and the Human Sciences*, New York 1990.

Schömbucher, Elisabeth: *Wo Götter durch Menschen sprechen. Besessenheit in Indien*, Berlin 2006.

Taylor, Diana: *The Archive and the Repertoire: Performing Cultural Memory in the Americas*, Durham and London 2003.

Zoller, Claus Peter: *Die Panduan. Ein mündliches Mahābhārata-Epos aus dem Garhwal-Himalaya*, Universität Heidelberg 1997.

—: »Oral Epic Poetry in the Central Himalayas (Garhwal and Kumaon)«, in: *European Bulletin of Himalayan Research* 9/2001 (1995), S. 1–7.

Wie wir zueinander stehen: Verkörperte Lernprozesse in Systemaufstellungen

Jan Weinhold

Rezente Modelle von Heilritualen gehen davon aus, dass in Ritualen kulturelle Phänomene nicht nur symbolisch repräsentiert werden. Vielmehr wird angenommen, dass durch körperliche Handlungen bestimmte Realitäten, zum Beispiel soziale Strukturen, eine bestimmte Identität oder der Status als ›krank‹ oder ›gesund‹ performativ erschaffen werden.[1] Heilrituale, die häufig auf einer Vielfalt sensorischer Stimuli und Aktivitäten beruhen – beispielsweise Trommeln, Tänze, manuelle Manipulationen oder das Entfernen von Objekten aus Körpern – verweisen dabei nicht nur symbolisch auf etwas Anderes, sondern verändern *direkt* den Körper und damit auch die Psyche.[2]

Die westliche Psychotherapie hingegen nimmt ausgehend von Sigmund Freuds ›Redekur‹ und ihren vielen Entwicklungen an, dass sich psychische, psychosomatische – und damit auch somatische – Veränderungen durch verbale Methoden entwickeln.[3] Mittels des Gesprächs zwischen Therapeut und Klient, das in der Regel 50 Minuten dauert und in Abhängigkeit von der Ausrichtung der Therapieschule in unterschiedlichen Settings und Frequenzen durchgeführt wird, werden korrigierende Beziehungserfahrungen, Einsichten in psychische Konflikte oder kognitive Umstrukturierungen – allgemein formuliert: Erlebens- und Verhaltensänderungen – angestrebt.

Neben verbal orientierten Psychotherapieverfahren finden sich – besonders im weiten Spektrum des freien Beratungs- und Therapiemarktes – auch psychologische

1 Vgl. Csordas, TJ: *Body, Meaning, Healing*, New York 2002.

2 Vgl. Sax, William S./Polit, Karin: »Moved by God: Performance and Memory in the Western Himalayas«, in: Fuchs, Thomas/Koch, Sabine C./Summa, Michela/Müller, Cornelia (Hrsg.): *Body Memory, Metaphor and Movement*, New York 2012, S. 227–242.

3 Diese Position reduziert bewusst die Komplexität westlicher Psychotherapien und wird denjenigen Therapieschulen und Methoden nicht gerecht, in denen auch nonverbale und handlungsorientierte Methoden zum Einsatz kommen. Dazu zählen beispielsweise Richtungen wie Körpertherapie, Gestalttherapie, Autogenes Training oder MBSR. Weiterhin arbeiten viele komplementärmedizinische Behandlungsmethoden wie Yoga oder schamanisch orientierte Rituale – möglicherweise als kulturelle Reaktion auf eine Vernachlässigung des Körpers in der Mainstream-Psychotherapie – mit dem Körper und dem Körpererleben von Klienten. Nichtsdestotrotz vollzieht sich ein Großteil psychotherapeutischer Behandlungen primär über das Gespräch. Die Krankenkassen in Deutschland tragen derzeit beispielsweise nur die Verfahren Verhaltenstherapie, tiefenpsychologische Therapie und Psychoanalyse, die primär auf verbalen Interaktionen zwischen Klient und Psychotherapeut beruhen.

Interventionen, die explizit den Körper und das Körpererleben des Klienten zur psychologischen Veränderung nutzen. Eine der bekanntesten und kontroversesten Methoden sind Systemaufstellungen. System- oder Familienaufstellungen sind eine psychosoziale Intervention im Gruppenkontext, die ritualisierte Merkmale aufweist. Im Unterschied zu verbal orientierten Formen der Psychotherapie/Beratung wird in Systemaufstellungen relativ wenig gesprochen. Vielmehr steht die verkörperte Darstellung von sozialen Systemen im Fokus. Fremde Gruppenteilnehmer, die als sogenannte *Stellvertreter* für reale, aber nicht anwesende Systemmitglieder agieren, werden durch einen Klienten in einer räumlichen Anordnung positioniert. Durch körperliche Empfindungen der Stellvertreter, deren Positionswechsel, rituelle Sprechakte und Gesten sollen Systemdynamiken sichtbar und erlebbar gemacht werden.[4]

Systemaufstellungen stellen eine Interventionsform dar, die sowohl mit einem performativen Verständnis von Heilritualen als auch mit Modellen der Psychotherapie- und Beratungsforschung beschrieben werden kann.[5] Folgend wird unter Berücksichtigung beider Ansätze analysiert, wie die ritualisierte Praxis von Systemaufstellungen Lernprozesse – und damit psychische Veränderungsprozesse – bei Klienten ermöglichen kann. Da Lern- und Gedächtnisprozesse zwei Seiten einer Medaille darstellen, wird spezifiziert, *was* Klienten in Systemaufstellungen lernen können, *wie* sie es lernen und *welche Gedächtnisformen* dabei bedeutsam sein könnten. Zunächst wird die Methode ›Aufstellung‹ skizziert.

Hintergrund und Praxis von Familienaufstellungen

Allgemein lassen sich Systemaufstellungen als räumliche Darstellung von Beziehungsstrukturen und -dynamiken eines sozialen Systems beschreiben. Der Begriff »Systemaufstellung« beschreibt verschiedene Aufstellungsformate, dazu gehören Familien-, Organisations- oder Strukturaufstellungen. Das bekannteste dieser Formate, die Familienaufstellung, wurde von Bert Hellinger entwickelt. Hellinger integrierte eine Reihe von psychotherapeutischen Techniken verschiedener Therapieansätze (z.B. Gruppentherapie, Psychodrama, Familientherapie, Hypnotherapie) und entwickelte das Familienstellen als eigenständiges Verfahren.[6]

Prototypisch werden Familienaufstellungen als mehrtägige Seminare durchgeführt, die ca. 30 Teilnehmer umfassen und von einem Aufstellungsleiter geführt und mode-

4 Weinhold, Jan, Bornhäuser, Annette, Hunger, Christina & Schweitzer, Jochen (2014). *Dreierlei Wirksamkeit – Die Heidelberger Studie zu Systemaufstellungen*. Heidelberg: Carl Auer Verlag.

5 Sax, William/Weinhold, Jan Weinhold/Schweitzer, Jochen: »Ritual Healing East and West: A Comparison of Ritual Healing in the Garwhal Himalayas and ›Family Constellation‹ in Germany«, in: *Journal of Ritual Studies 24/1* (2010), S. 61–77.

6 Weber, Gunthard (Hrsg.): *Zweierlei Glück. Die systemische Psychotherapie Bert Hellingers*, Heidelberg 1995.

riert werden. Aufstellungsleiter haben häufig, aber nicht immer, einen psychotherapeutischen Hintergrund. Bei den Teilnehmenden wird unterschieden zwischen ca. 15 »aktiven« oder aufstellenden Teilnehmern, die jeweils ein Problem oder Anliegen einbringen, welches anschließend aufgestellt wird, und den übrigen »teilnehmenden Beobachtern«. Letztgenannte absolvieren keine eigene Aufstellung, sind jedoch während des gesamten Seminars anwesend. In den Aufstellungen der aktiven Teilnehmer stellen sich die teilnehmenden Beobachter als Repräsentanten oder *Stellvertreter* für Familienmitglieder zur Verfügung, die – anders als bei einer konventionellen Familientherapie – nicht anwesend sind. Den Teilnehmenden liegen zu Beginn eines Aufstellungsseminares in der Regel keine Informationen über andere Teilnehmer und deren Familiensysteme vor.

Alle Seminarteilnehmer sitzen in einem großen Stuhlkreis, in der Mitte des Raums bleibt so ein freier Raum, in dem die Aufstellungen durchgeführt werden. Unter der Anleitung des Aufstellungsleiters werden im Seminar nacheinander Einzelaufstellungen für jeden aktiven Teilnehmer durchgeführt. Die Aufstellungsprozedur ist formal jedes Mal ähnlich und dauert in der Regel zwischen 30 bis 60 Minuten.

Zunächst schildert ein aktiver Teilnehmer in einem kurzen Vorgespräch mit dem Aufstellungsleiter sein ›Anliegen‹. Dieses kann ein gesundheitliches oder familienbezogenes Problem sein, es kann auch als subjektiv bedeutsame Frage formuliert sein. Der Aufstellungsleiter erkundet in der Auftragsklärung mögliche Zusammenhänge des Anliegens zur geplanten Aufstellung. Erfragt werden dabei wenige, aber grundlegende Informationen über die Familiengeschichte. Dazu zählen vor allem, wer zur Familie dazugehört(e), wer ausgeschlossen wurde und welche signifikanten Ereignisse es in der Familiengeschichte gab, z.B. früher Tod oder Selbstmord von Familienmitgliedern, Abtreibungen, ›uneheliche‹ oder unbekannte Elternteile, Missbrauchserzählungen, Kriegstraumata, Flucht und Vertreibung oder zur Adoption freigegebene Kinder. Zukunftsweisend werden auch lösungsorientierte Fragen verwendet, z.B. »Was wäre nach der Aufstellung für Dich anders?« oder »Woran würdest Du merken, dass die Aufstellung von Nutzen war?«

Anschließend wird gemeinsam von Aufstellungsleiter und aktivem Teilnehmer, dem Fallgeber, entschieden, welche Personen oder Elemente positioniert werden sollen. In der Regel sind dies – neben einem Stellvertreter für die Person des Fallgebers selbst – lebende oder bereits verstorbene Familienmitglieder. Zusätzlich können auch abstrakte Elemente aufgestellt werden, z.B. »das Elternhaus«, »ein Symptom« oder »die Zukunft«. Im nächsten Schritt wählt der Fallgeber Stellvertreter für die Personen und Elemente aus der Gruppe aus, indem er diese bittet, sich für seine Aufstellung zur Verfügung stellen. Die gewählten Stellvertreter werden dann durch den Fallgeber möglichst zügig und intuitiv im Raum positioniert bzw. ›aufgestellt‹. Dazu fasst der Fallgeber die sich passiv und ohne eigene Bewegungsimpulse verhaltenden Personen an den Schultern und führt sie an eine für ihn stimmige Position. An der jeweiligen Stelle bleiben die Stellvertreter zunächst reglos stehen. Das entstehende Szenario der Stellvertreter und ihrer Positionierungen im Raum entspricht dem externalisierten, ›inneren Bild‹ bzw. der Vorstellung des Fallgebers von seinem jeweiligen System. Wenn das

Ausgangsbild gestellt ist, wird der Fallgeber gebeten, den nun stattfindenden Prozess von einem Platz im Stuhlkreis aus zu beobachten und auf sich wirken zu lassen.

Im nächsten Schritt befragt der Aufstellungsleiter die Stellvertreter über ihre Wahrnehmungen und Empfindungen in der jeweiligen Position, häufig mit der einfachen Frage: »Wie geht es Dir an diesem Platz?« Oft antworten die Stellvertreter mit naheliegenden Empfindungen, beispielsweise »Ich stehe hier fest und sicher.«, »Mir geht's hier nicht gut.« oder »Ein guter Platz.« Ebenso werden Wahrnehmungen berichtet, die interpersonale Qualitäten der Aufstellung und Bewegungstendenzen beinhalten, beispielsweise »Ich fühl mich außerhalb stehend«, »Ich kann meine Schwester nicht sehen« oder »Es zieht mich zu meinem Großvater.« Als weitere Informationen für die Veranschaulichung eines Systems werden die Distanz zwischen den Stellvertretern (nah – fern), die körperliche Ausrichtung (zugewandt – abgewandt) und die Blickrichtung betrachtet. Durch die Positionierungen und Äußerungen der Stellvertreter sollen wesentliche Systemmerkmale verdeutlicht werden.

Anschließend verändert der Aufstellungsleiter die Positionen der Stellvertreter entsprechend ihrer Äußerungen und seinen Theorien über Familiendynamiken wie Zugehörigkeit, Autonomie und die Rangordnung innerhalb der Familie. Gelegentlich bittet der Aufstellungsleiter Stellvertreter auch, eigenen Impulsen zu folgen und sich zu einem für sie stimmigeren Platz zu bewegen. Nach und nach verändert sich die Konstellation im Raum.[7]

Neben der Veränderung der räumlichen Position der Stellvertreter werden in der Entwicklung der Aufstellung optional bestimmte Interventionen verwendet. Beispielsweise werden zusätzliche Stellvertreter für weitere als relevant erachtete Personen oder Elemente hinzugefügt. Teilweise werden vom Aufstellungsleiter ritualisierte Sätze vorgeschlagen, die von den Stellvertretern nachgesprochen werden und als Ausdruck von Anerkennung oder Abgrenzung fungieren. So kann der Satz – gesprochen von einem Stellvertreter zu einem anderen – »Du gehörst dazu, wie ich auch.« die Zugehörigkeit von Ausgeschlossenen symbolisieren. Als Zeichen von Abgrenzung kann zum Beispiel geäußert werden: »Du hast deinen Platz und ich habe meinen«. Weiterhin kann der Aufstellungsleiter die Stellvertreter zur Durchführung ritualisierter Gesten anregen, zum Beispiel Verneigungen als Symbol für Anerkennung. Durch die Umstellungsarbeit und mit Hilfe von ritualisierten Sätzen und Gesten, der sogenannten ›Prozessarbeit‹, soll eine Konstellation gefunden werden, die für den Fallgeber weniger problembelastet ist und ein positives Bild darstellt. Gegen Ende der Aufstellung nimmt der Fallgeber häufig seine eigene Position in der aus dem Prozess entstandenen Konstellation ein und erhält damit die Gelegenheit, den Aufstellungsprozess einschließlich der für ihn wichtigen ritualisierten Sätze und Gesten nochmals selbst nachzuvollziehen.

7 Schneider, Jakob Robert: *Das Familienstellen. Grundlagen und Vorgehensweisen*, Heidelberg 2006.

Durch den Prozess und die finale Aufstellung, das sogenannte ›Lösungsbild‹, sollen dem Fallgeber neue Perspektiven, Lösungsansätze und Handlungsspielräume hinsichtlich des eingebrachten Anliegens ermöglicht werden. Haltungen und Gefühle im Hinblick auf die Mitglieder des Systems sollen positiv verändert werden. Ein allgemeines Ziel von Aufstellungen ist die Herstellung von Rahmenbedingungen, innerhalb derer Belastendes einerseits bewusst gemacht werden, und andererseits so transformiert werden kann, dass es entweder als Ressource zugänglich oder wertschätzend zum Abschluss gebracht wird.

Lernprozesse in Familienaufstellungen

Sowohl das Bewusstwerden von Familien- und Systemdynamiken als auch die Kreation zukunftsgerichteter Handlungsoptionen können als Lernprozesse verstanden werden, die sich durch die Aufstellungsarbeit vollziehen. Folgend wird analysiert, was Teilnehmer in Aufstellungsseminaren lernen können und in welchen Formen, zusammenhängend mit bestimmten Gedächtnisformen, sich diese Lernprozesse entfalten. Dazu werden einzelne Elemente und Prozesse einer Aufstellung genauer betrachtet. Zusätzlich wird zwischen aktiven und beobachtenden Teilnehmern unterschieden.

Externalisierung

Nach der Auftragsklärung ist der erste Schritt in einer Einzelaufstellung die Auswahl von Stellvertretern aus der Gruppe durch den aufstellenden Klienten und die Positionierung dieser zum Ausgangsbild. Der Fallgeber wird dabei gebeten, nicht explizit darüber nachzudenken, wie Mitglieder der Familie ›zueinander stehen‹, sondern die Stellvertreter intuitiv so zu positionieren, so wie es sich für den Moment und bezogen auf sein Anliegen ›richtig anfühlt‹.

Inhaltlich lassen sich im Ausgangsbild entsprechend dem Sprichwort ›Ein Bild sagt mehr als tausend Worte‹ eine Vielfalt an Informationen über die Repräsentation der jeweiligen Systemstruktur finden, z.B. wie fern oder nah sich Personen sind, wer außerhalb steht und wer sich voneinander abwendet. Hier ist zu betonen, dass die räumliche Positionierung von Stellvertretern nicht nur symbolische Qualitäten aufweist. Vielmehr erkennen Fallgeber in der Stellung zwischen zwei Stellvertretern teilweise auch zwischenleibliche Qualitäten der realen früheren Beziehungskonstellation. Fuchs[8] gibt als Beispiel ein Kind, dessen Vater tatsächlich ›hinter ihm gestanden hat‹. Wenn sich der Vater zum Beispiel beim Spielen hinter dem Sohn befand, ihm anerkennend auf die Schultern geklopft hat, mit dem Blick oder der Stimme wiederholt im Rücken des Sohnes war, dann entwickelt sich beim Kind ein vages »Vater-im-Rücken-Gefühl«. Ein derartiges, implizites Körperempfinden wird – vom dann erwachsenen Kind – möglicherweise in einer Aufstellung so positioniert, dass der Stellvertreter des Vaters

8 Fuchs, Thomas: »Familienaufstellungen aus phänomenologischer Sicht«, in: *Praxis der Systemaufstellung* 1 (2000), S. 13–16.

hinter dem Stellvertreter seines Sohnes bzw. des Klienten positioniert wird. Wenn ein Stellvertreter in einem Aufstellungsbild weit weg oder verdeckt steht, so dass ein anderer Stellvertreter äußert ›Ich kann ihn nicht richtig sehen.‹ mag dies möglicherweise mit einer realen »Unsichtbarkeit« eines aus der Familie Ausgeschlossenen korrespondieren.

Formal drücken sich im Ausgangsbild vage und implizite Befindlichkeiten aus. Intrapsychische Repräsentationen werden intuitiv und spontan in einer räumlichen Szene externalisiert. Teilnehmer können lernen, dass sie die implizite Erinnerung an ihr System nach Außen bringen können. Mit dem Prinzip der Externalisierung, der Entäußerung von inneren Bildern oder Gefühlen, nutzen Systemaufstellungen eine Technik, die sich in einer Vielfalt von therapeutischen Methoden findet. Dazu zählen u.a. Malen, Bewegungs- und Tanztherapie, die Verwendung von Handpuppen in der therapeutischen Arbeit mit Kindern sowie bestimmte Elemente von Heilritualen, beispielsweise indem ein krankmachendes Objekt aus dem Körper des Klienten entfernt wird.

Mit dieser Entäußerung erfolgt auch eine Transformation des psychischen Systems des Klienten – in Form von unbestimmten und vagen Erinnerungen – in ein soziales System – in Form von Kommunikationsprozessen in der Aufstellung. Dies ist verbunden mit einer Transformation zu interpersonellen, visuellen und kinästhetischen Modalitäten. In der Externalisierung scheint eine räumlich-körperlich wahrnehmbare Distanz und ›Objektivierung‹ eines Problemzustandes geschaffen zu werden. Dieser kann dann – außerhalb des Klienten liegend – bearbeitet werden. Aktive Teilnehmer von Systemaufstellungen lernen somit, dass sie ihre Probleme externalisieren, sich davon distanzieren und schließlich auch bearbeiten und verändern können.

Leibgedächtnis und Familienaufstellungen

Im weiteren Prozess nach der Externalisierung des Ausgangsbildes verändert sich die Aufstellung: Die Stellvertreter werden nach ihren Empfindungen und Wahrnehmungen an ihren Positionen befragt, es kommt zu Umstellungen/Positionswechseln aufgrund von Impulsen der Stellvertreter selbst oder diese werden durch den Aufstellungsleiter angeregt. Stellvertreter werden wiederholt nach ihrem Befinden gefragt, z.B. ob es ihnen in der neuen Position besser, schlechter oder gleich gut gehen würde. Der Aufstellungsleiter verständigt sich dabei kurz mit dem Fallgeber, ob die jeweiligen Veränderungen für ihn bedeutungsvoll sind.

In dieser Phase der Einzelaufstellung bestätigen Klienten teilweise, dass Empfindungen oder Bewegungen der Stellvertreter Parallelen zu realen biographischen Ereignissen aufweisen. Wir konnten beispielsweise beobachten, dass der Stellvertreter des Großvaters eines Klienten sich »taub« fühlte, weil er in der Aufstellung abseits und abgewandt von anderen Familienmitgliedern stand. Auf Nachfragen durch die Aufstellungsleitung bestätigte der Klient, dass über diesen Großvater in der Familie kaum gesprochen wurde, weil er mit Kriegsverbrechen in der Nazizeit belastet war. Ein anderes Beispiel ist das Auftauchen von plötzlicher Trauer, wenn durch den Fallgeber beobachtet wird, wie sich die beiden Stellvertreter der Eltern in der Aufstellung von einander weg bewegen, was mit einer realen früheren Trennung der Eltern korrespondierte.

Als interessantes und kontroverses Phänomen in Aufstellungen werden häufig Empfindungen der Stellvertreter beschrieben, die sich gelegentlich so verhalten und äußern, als ob sie wüssten, was sich im Familiensystem ereignet hat. Derartige Berichte führten zu verschiedenen, teilweise spekulativen Theorien, die bisher kaum überprüft wurden[9] oder kaum überprüfbar sind.

In diesem Text liegt der Fokus verstärkt auf Lern- und Gedächtnisprozessen der aktiven Teilnehmer. Ich folge der These, dass es in Aufstellungen zur Explikation von familienbezogenen impliziten Gedächtnisinhalten kommt. Der Externalisierung von Gedächtnisinhalten – den inneren Bildern und Empfindungen des Klienten – im ersten Schritt folgt eine Elaboration dieser Inhalte im weiteren Aufstellungsverlauf. Für die Analyse von Lern- bzw. Gedächtnisprozessen in diesem Abschnitt der Aufstellung bietet sich das Modell des Leibgedächtnisses von Thomas Fuchs[10] an.

Exkurs: Das implizite Gedächtnis

In der Psychologie wird zwischen zwei Hauptfunktionen des menschlichen Langzeitgedächtnisses unterschieden. Das explizite Gedächtnis, auch deklaratives oder Wissensgedächtnis, vermittelt die Erinnerung von Ereignissen, die bewusst erinnert werden können. Dazu zählen das semantische Gedächtnis, das personenunabhängige Informationen und Faktenwissen abbildet, und das autobiographische oder episodische Gedächtnis, das Ereignisse aus dem eigenen Leben abbildet. Hingegen umfasst das implizite Gedächtnis automatisierte oder unbewusste Handlungsabläufe und Wahrnehmungen. Fuchs definiert dies als »die Summe aller leiblichen Dispositionen, Fähigkeiten und Gewohnheiten, die meist implizit, also vor- oder unbewusst das gegenwärtige Erleben und Verhalten bestimmen«. Da sich diese Gedächtnisform auf körperliche und sensorische Modi bezieht, die leiblich erfahren und ausgeführt werden, wird diese Form des Gedächtnisses als »Leibgedächtnis« bezeichnet.[11]

Neben motorischen Gewohnheiten, z.B. Laufen, Sprechen, Lesen, Schreiben, Tanzen oder ein zu Instrument spielen, gehören dazu auch grundlegende perzeptive Fähigkeiten. Diese beinhalten die Fähigkeit, etwas Bekanntes zu kennen bzw. wiederzuerkennen, z.B. zu wissen, welches das eigene Fahrrad ist, wo die eigene Wohnung ist, oder das (Wieder-) Erkennen von vertrauten Personen. Das Leibgedächtnis stellt eine Gewohnheitsstruktur dar. Es enthält automatisierte Bewegungsabläufe und wiederkehrende Wahrnehmungsgestalten: »man weiß nicht mehr, wie man tut, was man tut«.[12] Das Vorhandensein des impliziten Gedächtnisses zeigt sich am ehesten bei einer Störung, z.B. wenn beim Autofahren von Gangschaltung auf Automatik umgestellt wird,

9 Schlötter, Peter: *Vertraute Sprache und ihre Entdeckung: Systemaufstellungen sind kein Zufallsprodukt – der empirische Nachweis,* Heidelberg [2]2005.

10 Fuchs, Thomas: *Leib und Lebenswelt,* Kusterdingen 2008.

11 Ebd., S. 37.

12 Fuchs: *Leib und Lebenswelt*, S. 40

wenn man in England über die Straße gehen und aufgrund des Linksverkehrs zuerst nach rechts schauen muss oder wenn zu Hause ein Bild an der Wand fehlt.

Das Leibgedächtnis tritt in verschiedenen Formen auf. Neben dem prozeduralen Gedächtnis, in dem sich sensomotorische Fertigkeiten manifestieren, unterscheidet Fuchs[13] das situative Leibgedächtnis, welches das unbewusste Wiederkennen von bestimmten Situationen beinhaltet, z.B. die eigene Wohnung, das inkorporative Leibgedächtnis, in dem sich soziale Rollen manifestieren, das Schmerzgedächtnis und das zwischenleibliche Gedächtnis. Letzteres erweist sich als besonders relevant für Systemaufstellungen. Das zwischenleibliche Gedächtnis enthält implizites Beziehungswissen, das auf affektiv-motorischen Schemata von Interaktionserfahrungen mit wichtigen Bezugspersonen basiert, zumeist mit Familienmitgliedern wie den eigenen Eltern.

Das Leibgedächtnis formiert sich durch den Niederschlag wiederholter Erfahrungen, in dem explizites Wissen und Handeln in das implizite Gedächtnis eingehen, beispielsweise beim Fahrradfahren lernen. Dabei werden ähnliche Handlungen, Wahrnehmungen und Interaktionen als *Implikate* gespeichert, ohne dass sich Einzelerinnerungen herausheben. Im Leibgedächtnis bildet sich die Vergangenheit in der Gegenwart im Handeln (Wahrnehmen, Bewegen, Interaktionen) ab. Im Gegensatz dazu ist das explizite, episodische Gedächtnis in einer diachronen Zeit strukturiert. Man erinnert sich bewusst, zu einer bestimmten Zeit an einem bestimmten Ort bestimmte Erfahrungen gemacht zu haben. Hier ist die Erinnerung rückläufig und richtet sich nicht nur auf das Ereignis, sondern hat auch einen Selbstbezug, was sich beispielsweise in Sätzen ausdrückt wie: »Ich erinnere mich. Das habe ich erlebt.« Fuchs[14] beschreibt als Unterschied zwischen expliziten und impliziten Gedächtnisprozessen, dass Menschen im autobiographischen Gedächtnis Erinnerungen *haben,* während sie im Leibgedächtnis diese Erinnerungen *sind.* Beim Bewusstwerden von Implikaten kann es zu einer subjektiven Entfremdung von Vertrautheit kommen, zum Beispiel wird beim Korrekturlesen der Sinn der Wörter und Sätze nicht mehr beachtet. Der Prozess der Explikation beschreibt somit die Transformation kumulierter Erfahrungen in konkrete und bewusste Erinnerungen im autobiographischen Gedächtnis.

Prinzipien des Leibgedächtnisses

Das Leibgedächtnis manifestiert sich in Situationen, in denen etwas perzeptiv wiedererkannt oder motorisch wiederholt wird, das bereits bekannt ist. Implizites Erinnern folgt dem grundlegenden Prinzip der Ähnlichkeit. Es wird etwas im Handeln erinnert, das an etwas bereits Bekanntes anschließt. Prinzipiell ist jede Wahrnehmung, in der eine Vorgestalt an einen Sinneseindruck oder eine Bewegung herangetragen wird, implizites Erinnern und bedeutet auch ein Wiedererkennen von etwas als ähnlich Bekannten.[15]

13 Fuchs: *Leib und Lebenswelt,* a.a.O.
14 Ebd., S. 43.
15 Ebd.

Bei einer entsprechenden sensorischen Konstellation können Prozesse des Leibgedächtnisses zur Explikation führen, d.h. zur bewussten Erinnerung an bestimmte Situationen, Atmosphären, Interaktionen oder Handlungen. Fuchs[16] nennt ein literarisches Beispiel von Marcel Proust, in dem sich der Protagonist aufgrund des Geschmacks eines Gebäcks mit dem Namen *Madelaine* plötzlich, detailliert und mit allen Sinnen an seine Kindheitserlebnisse erinnert. Ein anderes Beispiel für diesen Effekt ist das Aufsteigen plastischer Erinnerungen beim zufälligen Hören eines Musikstücks im Radio, das zu einer bestimmten Zeit populär war, vielleicht beim ersten Verliebtsein oder in einem bestimmten Sommer. Ebenso können Gerüche als sensorische Schlüsselreize das Tor zur expliziten Erinnerung sein, beispielsweise kann der Geruch eines Parfüms zu einer plastischen Erinnerung an die Interaktionen mit der entsprechenden Person führen.

Diese Form der Explikation erfolgt durch ein plötzliches, überraschendes und frappierendes Wiedererkennen und drückt sich in einem zeitlosen Erlebenszustand aus. In gewisser Weise taucht die entsprechende Szenerie wieder auf, man *ist* zunächst teilweise in der Vergangenheit, bevor eine autobiographische Einordnung und Distanzierung im Sinne von ›Das habe ich dann und dann erlebt.‹ erfolgt.

Mimesis und Transposition

Wie erfolgt die Erfahrung, dass etwas Ähnliches auch wirklich ähnlich ist? Die Wahrnehmung von Ähnlichkeit basiert auf mimetischen und leiblichen Prozessen. Zueinander ähnlich ist, was sich ähnlich anfühlt und sich in einer übereinstimmenden Befindlichkeit, Haltung oder Bewegung manifestiert. Die Fähigkeit zur leiblichen Mimesis ermöglicht auch die Transposition von Gestalten. Fuchs[17] gibt das Beispiel des Crescendo einer Musik, eines aufziehenden Gewitters und einer gespannten Erwartungshaltung. Alle diese Wahrnehmungen weisen eine ähnliche Qualität auf, weil der Leib in eine übereinstimmende Resonanz versetzt wird, die in diesem Fall im Brustraum spürbar ist. Die Fähigkeit zur mimetischen Resonanz drückt sich auch in sprachlichen Metaphern aus, z.B. kann man von Wasser, Licht, Tönen oder Freude überflutet werden, was auf ein ähnliches Befinden des Eingehülltseins in einen Stoff oder eine Atmosphäre verweist. Auch können beispielsweise Farben, Personen oder Interaktionen eine »warme Qualität« aufweisen, jemand kann sich »wie ein Fisch im Wasser« bewegen oder eine Begegnung kann als »Zusammenstoß« empfunden werden. Das Prinzip der Ähnlichkeit von Wahrnehmungen ist somit durch eine ähnliche Gestaltqualität und die Fähigkeit zur Transposition begründet, die beide auf der mimetischen Resonanz des Körpers basieren.

16 Fuchs: *Leib und Lebenswelt*, a.a.O.
17 Ebd., S. 49.

Explikation des Leibgedächtnisses in Familienaufstellungen

Teilnehmer besuchen Aufstellungsseminare primär mit interpersonellen Fragen und Anliegen oder um eine neue Orientierung im Leben zu finden.[18] Dabei wird angenommen, dass Hinweise für Lösungen aktueller Probleme vor allem in der familiären Vergangenheit liegen, ohne dass diese schon bekannt wären. Relevante Informationen über die eigene Familiendynamik und Bezüge zu aktuellen Problemen liegen nur begrenzt in expliziter, autobiographischer Form vor (sonst bräuchte es kein Aufstellungsseminar). Es wird jedoch angenommen, dass derartige Informationen und Bezüge der eigenen Familiendynamik in Aufstellungen erkennbar sind. Das Ziel von Aufstellungen ist somit, etwas Unbekanntes zu erfahren, das bereits verfügbar ist, mit anderen Worten: etwas Implizites explizit zu machen. Hier kann vermutet werden, dass sich vergangene Familiendynamiken vor allem in implizitem Beziehungswissen widerspiegeln. Wiederholte familiäre Interaktionen schlagen sich vor allem im zwischenleiblichen Leibgedächtnis nieder und finden dort in Form von diffusen Empfindungen des Familienklimas oder bestimmter familiärer Atmosphären ihren Ausdruck.

Diesem Gedanken folgend lässt sich das intuitiv positionierte Ausgangsbild als Externalisierung des Implikates ›Erlebte Familiengeschichte‹ verstehen. Die Erinnerungen an das jeweilige System beziehen sind dabei nicht auf eine bestimmte Zeit, sondern verkörpern synchron den Niederschlag vieler Interaktionserfahrungen. Dies korrespondiert mit dem Verständnis von Praktikern. Eine Aufstellungsleiterin erwähnte beispielsweise, dass sie Aufstellungsbilder als ›zeitlos‹ versteht.

Weitere Schritte der Aufstellung, d.h. Positionswechsel und Äußerungen der Stellvertreter, können zu einer vertieften Explikation des impliziten Familiengedächtnisses führen. Wie erwähnt vollzieht sich die Explikation bzw. die Erinnerung durch Handlungen – Wahrnehmungen oder Bewegungen – in einem sensorischen Raum über das Prinzip der Ähnlichkeit. Diesen sensorischen Raum stellt hier die Aufstellung selbst dar. Die Ähnlichkeit der Komposition von Aufstellungsbildern, Stellvertreteräußerungen und -bewegungen mit der erlebten Familiendynamik und früheren familiären Atmosphären ermöglicht nach dieser Annahme das Wiedererkennen bzw. die Explikation früherer Erfahrungen. Der Zusammenschluss der beiden Phänomene durch den Klienten lässt sich durch mimetische Prozesse und Transposition interpretieren. Durch korrespondierende körperliche Empfindungen auf Seiten des Klienten wird indiziert, welches Aufstellungsbild für diesen anschlussfähig, d.h. bedeutsam hinsichtlich seiner (bis dato) impliziten Empfindungen ist. Eine Interpretation der Aufstellungsbilder im Sinne einer wahrgenommenen Ähnlichkeit mit der eigenen Familiendynamik kann durch das Prinzip der Transposition beschrieben werden. Indem Aufstellungsbilder eine als ähnlich wahrgenommene Gestalt wie die erlebte Familiendynamik aufweisen, können die beiden Phänomene durch den Klienten zueinander in Bezug gesetzt werden. Schließlich trägt die Expertise des Aufstellungsleiters dazu bei, durch Umstellungen

18 Weinhold, Jan/Bornhäuser, Annette/Hunger, Christina/Schweitzer, Jochen: *Dreierlei Wirksamkeit – Die Heidelberger Studie zu Systemaufstellungen*, Heidelberg 2014.

und in der Verständigung mit dem Klienten bestimmte Konstellationen zu schaffen, die eine Explikation ermöglichen.

Da die Explikation des Leibgedächtnisses überraschend und plötzlich sein kann, ist dieser Prozess bei Klienten teilweise mit starken Emotionen verbunden, u.a. Überraschung, Trauer, Angst oder Wut. Da es um problembezogene Konstellationen geht, ist der negativ getönte Charakter dieser Emotionen wenig überraschend. Relevant ist hier die Schnelligkeit und Intensität, mit der Klienten in dieses Erleben kommen. In Bezug auf die Explikation kann vermutet werden, dass diese Emotionen einhergehen mit dem plötzlichen und frappanten Wiedererkennen von Familiendynamiken. In gewisser Weise taucht die entsprechende Szenerie wieder auf und der Klient *ist* in seinem Erleben teilweise in der Vergangenheit, bevor eine biographische Einordnung und Distanzierung im Sinne von ›Das habe ich dann und dann erlebt‹ erfolgt.

Festgehalten werden kann, dass es in dieser Phase der Aufstellung weniger um ein rationales Verstehen im Sinne autobiographischer Erinnerungen geht – in der Regel kennen Klienten ihre Familiengeschichte – sondern vielmehr ein ›erfühltes‹ Bewusstwerden, das auf der mimetischen Resonanz des Körpers basiert: Es wird wiedererkannt, wie es sich in einer bestimmten Familienkonstellation angefühlt hat. Somit können Teilnehmer von Systemaufstellungen lernen, durch eine Explikation des primär zwischenleiblichen impliziten Gedächtnisses die Dynamiken ihres Familiensystems verkörpert zu erinnern.

Integration der Vergangenheit

Die Explikation von Familiendynamiken kann als Problemaktualisierung verstanden werden, indem sich der Klient durch die Externalisierung und Elaboration vergangener Familiendynamiken einer für ihn teilweise schmerzhaften Vergangenheit bewusst wird. Darüber hinaus wird angestrebt, diese Vergangenheit in ihrer Dynamik vertieft zu verstehen und zu beginnen, diese ins Selbstkonzept zu integrieren.

Die Äußerungen von Stellvertretern und die Umstellungsarbeit erlauben teilweise die Rekonstruktion der familiären Vergangenheit und entsprechender Entwicklungen über mehrere Generationen. Beispielsweise konnte in einer Aufstellung die unbestimmte Angst einer Klientin, es auf diesem ›Planeten nicht zu schaffen‹ daraus hergeleitet werden, dass ihr Großvater väterlicherseits ein französischer Soldat in der Besatzungszeit nach dem 2. Weltkrieg war.[19] Die Familie des französischen Soldaten erlaubte diesem nicht, die deutsche, von ihm schwangere Frau zu heiraten, die Großmutter der Klientin sollte ihr Kind abtreiben. Sie trug das Kind, den Vater der Klientin, jedoch aus und heiratete einen deutschen Mann. Später habe ihre Großmutter jedoch den französischen Soldaten idealisiert und ihren Mann, den sozialen Großvater der Klientin abgelehnt. Der Vater der Klientin wurde in eine Atmosphäre von Unerwünschtheit geboren und entwickelte später eine Alkoholabhängigkeit. In der Aufstellung zeigte

19 Vgl. Weinhold, Jan: »Family Constellation Therapy: Body Memory and the Sense of Space«, in: Michaels, Axel/Wulf, Christoph (Hrsg.): *Exploring the Senses: South Asian and European Perspectives on Rituals and Performativity*, London/New Delhi 2014, S. 265–279.

sich, dass die Angst der Klientin mit ihrem Vater verbunden war, in dem die Stellvertreter der ›Angst‹ und des ›Vaters‹ eng beieinander standen. Die Aufstellungsleiterin regte an dieser Stelle den Stellvertreter der Angst an, zur Stellvertreterin der Klientin zu sagen: ›Ich bin ein Kind deines Vaters.‹ Später lässt die Leiterin die Stellvertreterin der Klientin zum Stellvertreter ihres Vaters sagen: ›Papa, ich bin sehr mit Dir und deiner Angst verbunden. Ich trage sie für Dich.‹ Hier wird deutlich, dass die Angst der Klientin aufgrund einer Identifikation mit der Angst ihres Vaters, es »auf diesem Planeten nicht zu schaffen« assoziiert war. Das Beispiel verdeutlicht, dass für aufstellende Klienten Einsichten über die Familiendynamik über mehrere Generationen hinweg ermöglicht werden. Insofern erfolgt in dieser Phase von Aufstellungen zusätzlich zur Explikation der eigenen impliziten Erinnerungen auch die Bildung von Bezügen dieser Erinnerungen zur erweiterten Familiengeschichte. Das eigene Gewordensein kann innerhalb bestimmter Familienkonstellationen verstanden werden.

Eine Unterstützung der Integration erfolgt durch die Nutzung ritualisierter Sätze, indem verkörpert dargestellte Dynamiken auch sprachlich repräsentiert werden. Besonders hier fließen die Annahmen des Aufstellungsleiters zu transgenerationalen Familiendynamiken ein. Eine sprachliche Fassung von zum Beispiel Ausgrenzungen stellt auch eine Interpretation der familiären Vergangenheit dar. Insofern ist es nötig, dass der Aufstellungsleiter behutsam und in enger Abstimmung mit dem fallgebenden Klienten prüft, wie sich signifikante Ereignisse in der Familiengeschichte auf bestimmte Mitglieder und teilweise über Generationen hinweg ausgewirkt haben könnten. Durch die Verkörperung in den Aufstellungen und die mögliche Interpretation von Familiendynamiken – mit Aspekten wie Ausschluss/Zugehörigkeit, Verstrickung/Abgrenzung, Traumata, Tabuisierungen u.ä. – werden Kontexte und Gründe für biographische Entwicklungen des Klienten innerhalb seines Systems exploriert.

In weiteren Schritten werden ausgeschlossene Familienmitglieder in die Aufstellung integriert, Grenzen zwischen Systemen werden etabliert, und aus Loyalität übernommene Gefühle werden symbolisch zurückgegeben. Ritualisierte Sätze bei einem verstrickten Verhältnis sind beispielsweise: »Ich erkenne an, was uns verbindet. Nun lasse ich die Verantwortung für all das, was Du getan oder nicht getan hast, bei Dir. Ich kann es nicht weiter tragen.« Solche Sätze können auch mit rituellen Gesten verbunden werden, zum Beispiel die Rückgabe eines Steins als Symbol für das getragene Schicksal, das nun wieder zurückgegeben wird. Eine andere Geste ist das Hinlegen eines Schals auf den Boden im Aufstellungsraum für die symbolische Markierung von Grenzen zwischen verschiedenen Generationen oder Subsystemen. Diese sogenannte ›Prozessarbeit‹, das Verwenden ritualisierter Sätze und Gesten, kann einerseits ein vertieftes Verständnis der Vergangenheit ermöglichen, andererseits auch eine beginnende Versöhnung damit.

Dies spiegelt sich auch in häufig auftretenden emotionalen Qualitäten von Aufstellungen wieder. Familienaufstellungen sind eine erlebnisintensive und stark emotionsevozierende Intervention.[20] Während Momente der Explikation, d.h. der Erinnerung an familiäre Szenarien und Atmosphären, vor allem durch überraschend auftauchende Emotionen wie Wut oder Angst gekennzeichnet sind, zeigen Klienten während der Prozessarbeit häufig Emotionen, die eine lösende Qualität aufweisen und auf z.B. Erleichterung, Vergebung oder Akzeptanz des Geschehenen hindeuten. Derartiges Erleben indiziert auch eine kognitiv-affektive Integration der eigenen Familiendynamik in das Selbstkonzept bzw. in das autobiographische Gedächtnis.

Während die eigene Familiendynamik somit in einem ersten Schritt erinnert bzw. expliziert werden kann, kann es im Verlauf der Aufstellungen und in einem zweiten Schritt zur beginnenden Integration kommen. Die Stellung der eigenen Position im Familiensystem kann somit nicht nur verkörpert erinnert, sondern auch kognitiv verstanden und ins autobiographische Gedächtnis integriert werden.

Systemisches Verständnis

Unterstützt wird das autobiographische Verständnis durch die Möglichkeit der Perspektivenübernahme aufgrund der räumlichen Qualitäten von Aufstellungen. Durch das Szenario werden nicht nur die Beziehungen des Klienten zu anderen Familienmitgliedern, sondern auch von diesen zueinander abgebildet. Somit erlauben Aufstellungen auch die Darstellung systemischer Prozesse, d.h. die Abhängigkeiten und Wechselwirkungen verschiedener Systemmitglieder. So kann die Verbundenheit bestimmter Personen, beispielsweise von Patchwork-Eltern, deutlich werden, die gleichzeitig eine dritte oder vierte Person damit ausgrenzen, hier frühere Partner. In Aufstellungen wird es ermöglicht, die – im Wortsinne – Positionen verschiedener Personen mehrerer Generationen aufgrund einer räumlichen Darstellung zu verstehen. Klienten können somit lernen, dass einerseits ihre aktuellen Probleme aufgrund bestimmter familiärer Konstellationen mitbedingt sein können. Sie können andererseits auch verstehen, welche ›Gründe‹ anderer Systemmitglieder zu diesen Konstellationen beigetragen haben. Dieser Schritt kann dabei helfen, Ursachen für eigene Probleme nicht in Form von Schuldzuweisungen familiären Akteuren der Vergangenheit zuzuschreiben, sondern vielmehr diese Akteure auch in ihren Kontexten, das heißt Bedingtheiten, Zwängen, Begrenzungen oder positiven Absichten zu verstehen.

Das Erlernen systemischer Sichtweisen und die Integration vergangener Familiendynamiken in die Autobiographie kann durch verschiedene räumliche Positionen des Fallgebers selbst unterstützt werden. Wie erwähnt betrachtet der Fallgeber seine Aufstellung, einschließlich eines Stellvertreter für seine eigene Person, größtenteils von ›Außen‹ aus dem Stuhlkreis. So wird ermöglicht, verschiedene Positionen und Perspek-

20 Weinhold, Jan/Schweitzer, Jochen: »Induction and Control of Emotions within Family Constellation Workshops«, in: Michaels, Axel/Wulf, Christoph (Hrsg.): *Emotions in rituals and performance,* London/New Delhi 2012, S. 320–329.

tiven der Stellvertreter zu beobachten. Jedoch kann der Aufstellungsleiter den Fallgeber vor allem am Ende seiner Aufstellung bitten, sich an seinen Platz zu begeben, wodurch ein unmittelbares Erleben der eigenen Position im entsprechenden Familiensystem möglich wird. Die Beobachtung *von* und das Eintreten *in* die Aufstellung ermöglichen sowohl die direkte körperliche Erfahrung und Partizipation als auch eine Distanzierung, Perspektivenübernahme und Reflektion.

Durch die Beobachtung *von* und das verkörperte Erleben *in* verschiedenen Stadien von Aufstellungen können Fallgeber somit lernen, explizierte Systemdynamiken in das autobiographische Gedächtnis zu integrieren. Diese Integration und ein Verständnis der Systembezüge des eigenen Gewordenseins können dabei durch Perspektivenwechsel und das Erlernen eines systemischen Verständnisses vertieft werden.

Zukunftsorientierung

Die ersten Passagen einer Aufstellung können die Explikation und Integration von impliziten Gedächtnisinhalten ermöglichen. Dabei handelt es sich primär um einen Vergangenheitsbezug. Im weiteren Verlauf einer Aufstellung bis hin zum Lösungsbild können auch Zukunftsperspektiven kreiert werden. Aufstellungen bieten für Klienten im wahrsten Sinne des Wortes Möglichkeitsräume, sich im Sinne eines ›als ob‹ eine positive und in Bezug auf ihr Anliegen weniger belastete Zukunft vorzustellen. So können innerhalb einer Aufstellung verschiedene Hypothesen überprüft werden, z.B. wie es sich ohne eine ›Depression‹ leben ließe (Abwenden des Klienten vom Stellvertreter der Depression), wie es sich der Klient mit einem neuen, zukünftigen Partner ›vorstellt‹ (Positionierung eines Stellvertreters dafür) oder wie es wäre, sich einer imaginierten, ressourcenvollen ›Zukunft‹ zuzuwenden (Zugehen des Klienten auf den Stellvertreter der ›Zukunft‹). Die Beispiele verdeutlichen, dass hier sehr schnell und flexibel verschiedene Zukunftsszenarien räumlich und körperlich getestet werden können. Eine Gefahr liegt darin, dass zukünftige Lösungen positioniert werden, die zwar für den Klienten wünschenswert, jedoch nicht mit den realen Möglichkeiten kompatibel sind. So mag es beispielsweise für einen Aufstellungsleiter verführerisch sein, als Abschlussbild ein sich in Scheidung befindendes Paar wieder harmonisch nebeneinander oder ›zusammenzustellen‹. Hier bedarf es Umsicht von Seiten der Aufstellungsleitung, um keine Scheinlösungen zu produzieren, beispielsweise wenn eine Beziehung nicht mehr tragfähig ist. Als Kriterien für passende Zukunftsszenarien gelten wiederum neben der Expertise des Aufstellungsleiters das ›Bauchgefühl‹ des Klienten sowie die Äußerungen der Stellvertreter in verschiedenen Positionen. Als mögliches Lernziel der Aufstellungsmethode zeigt sich hier, dass verschiedene, in der Zukunft liegende Möglichkeiten in der Form symbolischen Probehandelns getestet werden können. Aufstellungen können somit für Klienten Zukunftsperspektiven visuell und kinästhetisch in Szene setzen, so dass diese zu inneren Bildern und Zielvorstellungen werden. Teilnehmer von Systemaufstellungen können somit lernen, lösungsorientiert neue Perspektiven für die Zukunft zu entwickeln.[21]

Was lernen teilnehmende Beobachter?

Bisher wurden vorrangig Lernprozesse von aktiven Teilnehmern diskutiert. Zunächst ist es naheliegend anzunehmen, dass diejenigen mit einer eigenen Aufstellung und spezifischen Interventionen von der Aufstellungsleitung im Vergleich zu teilnehmenden Beobachtern verstärkte Lernprozesse absolvieren. Entgegen dieser Annahme konnten wir in einer empirischen Wirksamkeitsstudie zeigen, dass teilnehmende Beobachter eines dreitägigen Aufstellungsseminars danach – ebenso wie die aktiven Teilnehmer – Verbesserungen in der psychischen Befindlichkeit aufweisen.[22] Daraus lässt sich schließen, dass bei Beobachtern auch Lernprozesse angeregt werden, *ohne* dass die eigene Familiendynamik in einer Aufstellung thematisiert wird.

Teilnehmende Beobachter sind die vollständige Seminarzeit anwesend und nehmen an einem mehrtägigen und erlebnisintensiven Prozess teil. Insofern kann vermutet werden, dass dabei allgemeine Wirkungen von Gruppentherapien auftreten.[23] Dazu zählen zum einen die Entwicklung einer positiven und wohlwollenden Gruppenatmosphäre mit einer starken Kohäsion und einem starken emotionalen Zusammenhalt zwischen den Teilnehmern. Zum anderen können besonders erfahrene Aufstellungsleiter einen hohen Grad von Empathie in der Gruppe etablieren, dies sowohl zwischen den verschiedenen Gruppenmitgliedern als auch zwischen der Aufstellungsleitung und allen Teilnehmern. Kohäsion, Gruppenklima, Empathie und damit assoziierte unspezifische Lernprozesse können dazu beitragen, dass Beobachter ebenso im Sinne einer Verbesserung der psychischen Befindlichkeit profitieren.

Weitere Hypothesen über Lernprozesse teilnehmender Beobachter lassen sich entwickeln, wenn die Performanz von Aufstellungsseminaren betrachtet wird. Hier kann vermutet werden, dass durch die Beobachtung einer Serie von Einzelaufstellungen Teilnehmer ohne eigene Anliegen die dargestellten Familiendynamiken nachempfinden und in Bezug zu etwaigen eigenen Themen setzen. Was innerhalb der Psychologie als Lernen am Modell oder ›stellvertretendes Lernen‹ bezeichnet wird, kann in Aufstellungen eine buchstäbliche Bedeutung erhalten: Stellvertretendes Lernen wird in Aufstellungen zum Lernen durch Stellvertreter. Durch die Beobachtung von fremden Familiendynamiken können Bezüge zur eigenen Familiendynamik hergestellt werden. Das In-Bezug-Setzen zu eigenen Themen basiert wiederum auf einer wahrgenommenen Ähnlichkeit, in diesem Fall von einer beobachteten Aufstellung und der eigenen

---

21 Vgl. Sparrer, Insa/Varga von Kibèd, Matthias: *Klare Sicht im Blindflug. Schriften zur systemischen Strukturaufstellung*, Heidelberg 2010.

22 Weinhold/Bornhäuser/Hunger/Schweitzer: *Dreierlei Wirksamkeit – Die Heidelberger Studie zu Systemaufstellungen*, a.a.O.

23 Burlingame, Gary M./MacKenzie, K. Roy/Strauss, Bemhard: »Small-Group Treatment: Evidence for Effectiveness and Mechanisms of Change«, in: Lambert, Michael J. (Hrsg.): *Bergin & Garfield's Handbook of Psychotherapy and Behavior Change*, New York ^{5}2004, S. 647–696.

mimetischen und körperlichen Resonanz als Ausdruck des Leibgedächtnisses. Ein Einwand an dieser Stelle könnte sein, dass die Aufstellungen anderer, fremder Seminarteilnehmer wenig mit der eigenen Familiendynamik eines teilnehmenden Beobachters zu tun hat. In unterschiedlichen Aufstellungen unterscheiden sich die räumlichen Szenarien zwar sehr deutlich und sind pro Aufstellung einmalig. Thematisch bilden sich jedoch ähnliche und sich wiederholende Strukturen ab, wie beispielsweise Zugehörigkeit vs. Ausschluss, die Markierung von Grenzen zwischen Subsystemen oder transgenerational auftretende Komplexe. Trotz einer relativen Passung von beobachteten Aufstellungen und möglichen eigenen Thematiken kann vermutet werden, dass teilnehmende Beobachter die Aufstellungen in einem Aufstellungsseminar als Interpretationsfolien für eigene Dynamiken und etwaige Veränderungsimpulse nutzen.

Schließlich treten – neben der passiven Beobachtung – teilnehmende Beobachter sehr häufig als Stellvertreter in den Aufstellungen aktiver Teilnehmer auf. Bei ca. 15 Einzelaufstellungen pro Seminar und einer durchaus üblichen Anzahl von Stellvertretern im zweistelligen Bereich lässt sich leicht ausrechnen, dass teilnehmende Beobachter mehrfach selbst als Stellvertreter positioniert werden. Der beschriebene Beobachtungseffekt kann damit verstärkt werden: Die innere Repräsentation beobachteter Aufstellungen und das In-Bezug-Setzen zur eigenen Familiendynamik wird möglicherweise vertieft, wenn Beobachter in die Rolle von Stellvertretern gehen. Auch wenn diese in ihren Positionen möglichst unvoreingenommen ihre Wahrnehmungen und Empfindungen berichten und quasi nur der aktuellen Aufstellung dienen sollen, lässt sich vermuten, dass das Stellvertreter-Erleben durchaus auch einen Einfluss auf eigene Thematiken und Befindlichkeiten aufweisen kann. So zeigen Stellvertreter in ihren Positionen häufig starke Emotionen, die wiederum auch auf mimetische Prozesse und eigenes körperliches Erleben zurückgeführt werden können.

Somit lässt sich schlussfolgern, dass nicht nur die aktiven Teilnehmer, deren Leibgedächtnis aufgrund von Ähnlichkeiten mit den Aufstellungen explizit gemacht wird, von einem Aufstellungsseminar profitieren. Auch bei teilnehmenden Beobachtern können Lernprozesse angeregt werden: Neben unspezifischen Gruppenprozessen können einerseits die mimetische Resonanz durch die Beobachtung von Aufstellungen, zum anderen das direkte Erleben als Stellvertreter in den Aufstellungen anderer Teilnehmer Grundlagen für Veränderungen der eigenen Befindlichkeit sein. Die Trennung von ›aktiven‹ und ›beobachtenden‹ Seminarteilnehmern ist damit weniger relevant als augenscheinlich zu erwarten wäre.

Schlussfolgerungen

Familienaufstellungen sind eine ritualisierte Methode der Gruppentherapie und -beratung, in der generationsübergreifende Familiendynamiken performativ in einem räumlichen Szenario aufgeführt werden. Veränderungen in der Befindlichkeit von Klienten werden dabei nur begrenzt durch sprachliche Mittel, sondern vielmehr durch verkörperte Prozesse angestrebt.

In einer Aufstellung können sich in mehreren Abschnitten verschiedene Lernprozesse vollziehen, sowohl bei aktiven Teilnehmern mit einem eigenen Anliegen als auch bei teilnehmenden Beobachtern. Zunächst werden Probleme oder Anliegen aktiver Teilnehmer in das räumliche Szenario von Aufstellungen externalisiert, was mit einer gleichzeitigen psychologischen Distanzierung einhergeht. Die räumlichen Konstellationen des Klientensystems mit Hilfe von Stellvertretern ermöglichen anschließend die Explikation von Inhalten des systembezogenen Leibgedächtnisses. Die Erinnerung an familiäre Konstellationen vollzieht sich in Aufstellungen nicht über den bewussten, kognitiv gesteuerten autobiographischen Zugriff. Vielmehr ist anzunehmen, dass durch verkörperte bzw. zwischenkörperliche Empfindungen Ähnlichkeiten zu erlebten Familienstrukturen und –atmosphären erkannt und somit explizit erinnert werden. Die Körper der Teilnehmenden dienen dabei als mimetische Resonanzorgane für die Explikation, indem räumliche Abstände zwischen Stellvertretern in Beziehungsqualitäten übersetzt werden. Erst durch die Performanz der einzelnen Aufstellung entsteht beim Klienten ein verkörpertes Wissen autobiographischer Gedächtnisinhalte.

Weiterhin lernen Teilnehmer von Aufstellungsseminaren durch ein räumliches Changieren zwischen der beobachtenden Position außerhalb und der körperlichen Erfahrung innerhalb der eigenen Aufstellung, implizites Leibgedächtnis und autobiografisches Narrativ zu verknüpfen. Auch können in Systemaufstellungen, bedingt durch verschiedene Positionierungen im räumlichen Szenario der Aufstellung, die Perspektiven gewechselt werden und so ein vertieftes Verständnis des eigenen Systems erlangt werden. Schließlich ermöglichen die Umstellungsarbeit und die Verwendung ritualisierter Sätze und Gesten, lösungsorientiert neue Zukunftsperspektiven zu entwickeln.

Es wurde herausgearbeitet, dass Lernprozesse in Aufstellungen vor allem durch körperliche und sinnesbasierte Prozesse beschrieben werden können. Familiäre Probleme und Lösungen werden in Familienaufstellungen performativ verkörpert: Es erfolgt sowohl eine Re-Inszenierung der Familiengeschichte des Klienten mit Hilfe von Stellvertretern als auch die lösungsorientierte Kreation einer neuen Familiengeschichte. In gewisser Hinsicht wird die Vergangenheit performativ durch die Aufstellung, besonders durch das Lösungsbild, überschrieben und korrigiert, um ein positives Bild für den Klienten zu etablieren. Die Externalisierung von vagen und impliziten Körperempfindungen in Form einer Aufstellung, kinästhetische Wahrnehmungen der Stellvertreter, verschiedene Positionswechsel in einer Aufstellung sowie ritualisierte Gesten und Sätze tragen dabei zur performativen Wirkung der Methode bei.

Durch die Verkörperung und durch die Beobachtung der Aufstellung auf Seiten des Klienten wird eine Integration vergangener Erfahrungen in das explizite autobiographische Gedächtnis angestrebt. Lernen in Aufstellungen erfolgt durch Erfahrung *und* Versprachlichung, durch Verkörperung *und* Bedeutung. Abstrakte Begriffe wie ›Verstrickung‹, ›Loyalität‹ oder ›Perspektivenwechsel‹ werden einerseits durch eine körperliche Performanz erfahrbar, sie werden andererseits durch die Beobachtung formulierbar. Lernen in Aufstellungen ist also kein »entweder-oder«, sondern ein »sowohl als auch«: Wenn die Nähe oder Distanz zwischen symbolischen Familienmitgliedern erlebt wird, lassen sich kognitive Einsichten in Form des semantischen und autobiographischen Gedächtnisses anders erlernen als über eine sprachliche Elaboration wie in den meisten konventionellen Psychotherapien.

In Ritualen, die in gänzlich anderen kulturellen Kontexten wirken, lässt sich Ähnliches beobachten: Wenn beispielsweise in Indien die Manifestation eines Geistes oder Gottes gesehen und erlebt wird, mag es leichter fallen, dessen Existenz auch im semantischen Gedächtnis zu präsentieren (vgl. hierzu den Beitrag von Karin Polit in diesem Band). Wenn ein krankmachendes Objekt aus dem Körper eines Patienten entfernt wird, kann durch diese Erfahrungsebene auch eine sprachliche Repräsentation etabliert werden, schließlich kann die »Krankheit« dann mit den eigenen Sinnen am eigenen Leib wahrgenommen werden. Wenn politische Demonstrationen oder Paraden wiederholt erlebt werden, kann so die direkte, körperbasierte Lernerfahrung von Machtstrukturen und Ideologien erfolgen. Wenn durch Pilgerreisen, Prozessionen und Gottesdienste abstrakte metaphysische Konzepte verkörpert werden, stellt dies nicht nur eine Symbolisierung dar, sondern schafft eine konkret erlebbare Grundlage für diese Konzepte in Form des Leibgedächtnisses. Erlebbare Performanzen schaffen in allen genannten Beispielen eine körperlich und sensorisch basierte Lernerfahrung, die das Leibgedächtnis formen. Ein so verkörpertes Wissen schafft dann einen konkreten Resonanzboden für die Entwicklung autobiographischer/semantischer Gedächtnisinhalte.

Die Analyse von Systemaufstellungen als leibbasierte, ritualisierte Praxis erweist sich in der Kombination mit psychologischen Modellen des Gedächtnisses als nützlich für die Theoriebildung der Aufstellungsarbeit und ihrer Kontextualisierung in gruppen- und körperorientierte Beratungsverfahren. An diesem Beispiel eröffnet sich eine Perspektive, die über die Dichotomisierung von einerseits scheinbar irrationalem ›Ritual‹ und andererseits vermeintlich rational begründeter ›Psychotherapie‹ oder ›Beratung‹ hinausgeht. Vielmehr können Therapie- und Beratungsprozesse unterschiedlich stark ritualisierte Formen und Sequenzen aufweisen. Damit verbundene Aspekte von sensorischer Erfahrungsdynamik sowie verkörperten Lern- und Gedächtnisprozessen stellen Modelle zur Verfügung, die für die Prozessforschung von sowohl Psychotherapie/Beratung als auch Heilritualen allgemein fruchtbringend scheinen.

Referenzen

Burlingame, Gary M./MacKenzie, K. Roy/Strauss, Bemhard: »Small-Group Treatment: Evidence for Effectiveness and Mechanisms of Change«, in: Lambert, Michael J. (Hrsg.): *Bergin & Garfield's Handbook of Psychotherapy and Behavior Change*, New York [5]2004, S. 647–696.

Fuchs, Thomas: *Leib und Lebenswelt. Neue philosophisch-psychiatrische Essays*, Kusterdingen 2008.

Fuchs, Thomas/Koch, Sabine C./Summa, Michela/Müller, Cornelia (Hrsg.): *Body Memory, Metaphor and Movement*, New York 2012.

Sax, William S./Polit, Karin: »Moved by God: Performance and Memory in the Western Himalayas«, in: Fuchs, Thomas/Koch, Sabine C./Summa, Michela/Müller, Cornelia (Hrsg.): *Body Memory, Metaphor and Movement*, New York 2012, S. 227–242.

Sax, William/Weinhold, Jan Weinhold/Schweitzer, Jochen: »Ritual Healing East and West: A Comparison of Ritual Healing in the Garwhal Himalayas and ›Family Constellation‹ in Germany«, in: *Journal of Ritual Studies* 24/1 (2010), S. 61–77.

Schlötter, Peter: *Vertraute Sprache und ihre Entdeckung: Systemaufstellungen sind kein Zufallsprodukt – der empirische Nachweis*, Heidelberg 2005.

Schneider, Jakob Robert: *Das Familienstellen. Grundlagen und Vorgehensweisen*, Heidelberg 2006.

Sparrer, Insa/Varga von Kibèd, Matthias*: Klare Sicht im Blindflug. Schriften zur systemischen Strukturaufstellung*, Heidelberg 2010.

Weber, Gunthard (Hrsg.): *Zweierlei Glück. Die systemische Psychotherapie Bert Hellingers*, Heidelberg 1995.

Weinhold, Jan: »Family Constellation Therapy: Body Memory and the Sense of Space«, in: Michaels, Axel/Wulf, Christoph (Hrsg.): *Exploring the Senses: South Asian and European Perspectives on Rituals and Performativity*, London/New Delhi 2014, S. 265–279.

Weinhold, Jan/Schweitzer, Jochen: »Induction and Control of Emotions within Family Constellation Workshops«, in: Michaels, Axel/Wulf, Christoph (Hrsg.): *Emotions in rituals and performance*, London/New Delhi 2012, S. 320–329.

Weinhold, Jan/Bornhäuser, Annette/Hunger, Christina/Schweitzer, Jochen: *Dreierlei Wirksamkeit – Die Heidelberger Studie zu Systemaufstellungen*, Heidelberg 2014.

II Ritualisiertes Lernen performativer Praktiken

Multimediale Spektakel zur Unterweisung der Stadtgesellschaft. Das Straßburger Akademietheater zu Beginn des 17. Jahrhunderts

Michael Hanstein

Das Straßburger Akademietheater galt und gilt als bedeutendste protestantische Schulbühne im Deutschland des beginnenden 17. Jahrhunderts.[1] Ihr wichtigster Autor und Regisseur war der dortige Gymnasiallehrer und Poesie-Professor Caspar Brülow (1585–1627). Er verfasste zwischen 1612 und 1621 sechs lateinische Schuldramen, die ihn in den Augen der älteren literaturgeschichtlichen Forschung zum »bedeutendste[n] dramatische[n] Talent [machen], das unsere Literatur in der Zeit vor Lessing aufzuweisen hatte«.[2] Die Straßburger Akademie bzw. ihre Vorgängerinstitution, das Gymnasium, war 1538 vom Magistrat der Freien Reichsstadt gegründet worden, um durch humanistische Bildung die soziale und politische Führungsposition des Stadtbürgertums zu sichern und auszubauen. Als Gründungsrektor gewann man den Humanisten Johann Sturm (1507–1589). Sein pädagogisches Ziel bestand in der *sapiens atque eloquens pietas*, d.h. einer Erziehung zu Weisheit und tugendhafter Frömmigkeit durch humanistische Sprachausbildung.[3] Hierzu dienten ab 1565 auch die Aufführungen antiker

1 Zum Ruhm des Straßburger Akademietheaters vgl. Meid, Volker: *Die deutsche Literatur im Zeitalter des Barock. Vom Späthumanismus zur Frühaufklärung 1570–1740*, München 2009 (= *Geschichte der deutschen Literatur von den Anfängen bis zur Gegenwart* 5), S. 374; Kindermann, Heinz: *Theatergeschichte Europas*, Bd. 2: *Renaissance*, Salzburg 1959, S. 314f. sowie Jundt, August: *Die dramatischen Aufführungen im Gymnasium zu Straßburg. Ein Beitrag zur Geschichte des Schuldramas im 16. und 17. Jahrhundert*, Straßburg 1881, S. 47.

2 Scherer, Wilhelm/Lorenz, Ottokar (Hrsg.): *Geschichte des Elsaß*, Berlin [3]1886, S. 315; ähnlich wird Brülow bewertet von Stammler, Wolfgang: *Von der Mystik zum Barock, 1400–1600*, Stuttgart 1927, S. 441. – Einleitend zu Brülow vgl. Kühlmann, Wilhelm: »Brülow, Caspar«, in: Ders. (Hrsg.): *Killy Literaturlexikon*, Berlin [2]2008ff., hier Bd. 2 (2008), S. 226–228 und Hanstein, Michael: »Brülow, Caspar«, in: Kühlmann, Wilhelm et al. (Hrsg.): *Frühe Neuzeit in Deutschland 1520–1620. Literaturwissenschaftliches Verfasserlexikon*, Berlin 2011ff., Bd. 1 (2011), Sp. 354–364 sowie die Monographie von dems.: *Caspar Brülow (1585–1627) und das Straßburger Akademietheater*, Berlin 2013 (= *Frühe Neuzeit* 185).

3 Sturm, Johannes: *De literarum ludis recte aperiendis liber,* Straßburg 1538, S. C 4 bzw. ND in: Vormbaum, Reinhold (Hrsg.): *Die evangelischen Schulordnungen des 16. Jahrhunderts,* Gütersloh 1858, Bd.1/1, S. 653–677, hier S. 661. Zum Prinzip der »sapiens atque eloquens pietas« vgl. Schindling, Anton: *Humanistische Hochschule und freie Reichsstadt: Gymnasium und Akademie in Straßburg. 1538–1621*, Wiesbaden 1977 (= *Veröffentlichungen des Instituts für Europäische Geschichte Mainz* 77), S. 31f.; Kühlmann, Wilhelm: »Pädagogische Konzeptionen«, in:

Komödien des Terenz und Plautus, die als spartanisch inszenierte Übungen im gesprochenen Latein den Rhetorikunterricht ergänzten.[4] Sturm strebte ursprünglich fast jede Woche eine Aufführung durch eine Schülergruppe an, musste dieses ambitionierte Pensum jedoch wegen einer massiven Überlastung der Schülerschaft auf nur eine Aufführung pro Schuljahr reduzieren. Die vier oberen Klassen übten im Wintersemester ein Schauspiel ein, das sie zum feierlichen Schuljahresabschluss in der Osterzeit präsentierten.[5]

Am Ostermontag mussten sich alle Schüler, um in die nächste Klasse versetzt zu werden, in einem actus scholasticus einer mündlichen Prüfung unterziehen.[6] Diese sogenannte Osterpromotion bildete den Auftakt zu einem mehrtägigen Schulfest, zu dem ab 1567 auch Theateraufführungen am Dienstag oder Mittwoch nach Ostern gehörten. Diese Inszenierungen fanden um 12 Uhr vor den Eltern und dem Stadtmagistrat statt und besaßen, obwohl man bereits Kostüme verwendete, eher einen Prüfungscharakter.[7] Neben diesen Inszenierungen am Schuljahresende lassen sich ab 1576 außerordentliche Aufführungen für Besucher der Straßburger Johannismesse (um den 24. Juni) nachweisen. Sie zählte mit den Frankfurter Messen im Frühling und Herbst zu den wichtigsten Umschlagplätzen im deutschen Südwesten und wurde etwa in den

Hammerstein, Notker/Buck, August (Hrsg.): *Handbuch der deutschen Bildungsgeschichte,* Bd. 1: *15. bis 17. Jahrhundert. Von der Renaissance und der Reformation bis zum Ende der Glaubenskämpfe,* München 1996, S. 153–196, hier S. 165–167 sowie Paulsen, Friedrich: *Geschichte des gelehrten Unterrichts auf den deutschen Schulen und Universitäten vom Ausgang des Mittelalters bis zur Gegenwart,* Bd. 1, Leipzig [3]1919, S. 292. Zu Melanchthons humanistischen Bildungsreformen für Schulen und Universitäten vgl. Bernstein, Eckhard: »Humanistische Intelligenz und kirchliche Reformen«, in: Röcke, Werner/Münkler, Marina (Hrsg.): *Die Literatur im Übergang vom Mittelalter zur Neuzeit*, München 2004 (= *Hansers Sozialgeschichte der deutschen Literatur vom 16. Jahrhundert bis zur Gegenwart* 1), S. 166–197, hier S. 193–197.

4 Dabei sah Sturms ursprüngliche didaktische Konzeption kein Theater vor. So bleibt in *De literarum ludis recte aperiendis liber* (1538), in dem er bei der Gründung des Gymnasiums seine pädagogischen Grundsätze formuliert, das Theater unerwähnt. Lediglich während der Eröffnungsfeierlichkeiten wurde der *Lazarus redivivus* des Johannes Sapidus (1490–1561) gespielt. Erst 1565 findet Theater als Praxis des mündlichen Lateins für die obersten drei bzw. vier Gymnasialklassen Aufnahme in Sturms Anleitungsschrift *Classicae epistolae* (1565) und wird von ihm in seiner Vorrede zu Georg Calaminus (1549–1595): *Carmius sive Messias in praesepe* (Straßburg 1576) erwähnt.

5 Vgl. die Protokolle der Straßburger Schulherren vom 20. Mai 1565, 20. Juli 1568 (Straßburg AMS, 1 AST 379) bzw. das Schulprogramm des Jahres 1572; hierzu Jundt: *Die dramatischen Aufführungen im Gymnasium zu Straßburg*, S. 21–25.

6 Darstellung der Examina am Straßburger Gymnasium nach Schindling: *Humanistische Hochschule und freie Reichsstadt,* S. 182f. sowie nach den Statuten der Straßburger Akademie von 1604 abgedruckt in Engel, Charles/Fournier, Marcel (Hrsg.): *L'Université de Strasbourg et les Académies Protestantes Françaises. Gymnase, Académie, Université de Strasbourg*, Paris 1894 [Repr. Aalen 1970] (= *Les statuts et privilèges des universités françaises depuis leur fondation jusqu'en 1789* IV/1), S. 325f. bzw. S. 337; zum Aufführungstermin des Schultheaters im Zusammenhang mit der Osterpromotion siehe Jundt: *Die dramatischen Aufführungen im Gymnasium zu Straßburg*, S. 24f.

7 Siehe die Einleitung von Dähnhardt, Alfred Oskar, in: Ders. (Hrsg.): *Griechische Dramen in deutschen Bearbeitungen von Wolfhart Spangenberg und Isaac Fröreisen*, 2 Bde., Tübingen 1896f. (= *Bibliothek des litterarischen Vereins in Stuttgart* 211f.), hier Bd. 1, S. 5–9.

1570ern und 1580ern von bis zu 3000 auswärtigen Gästen frequentiert, was im zweiwöchigen Messezeitraum einem Bevölkerungszuwachs von 10% für Straßburg entsprach.[8]

Das Akademietheater im/als Ritual

Die Straßburger Schultheateraufführungen lassen sich als Rituale beschreiben, welche die pädagogischen Erfolge einer Bildungseinrichtung zu einem festen Anlass der Öffentlichkeit präsentieren.[9] Dabei waren die Aufführungen in unterschiedliche übergeordnete Handlungsabläufe eingebunden: zuerst in den schulischen Rahmen der Abschluss- bzw. Versetzungsprüfungen, später als kulturelle Handlungssequenz in die ökonomische Sphäre der Johannismesse. Dort stellen sie als Rituale »bewusst gestaltete, mehr oder weniger form- und regelgebundene, in jedem Fall aber relativ stabile, symbolträchtige Handlungs- und Ordnungsmuster, die von einer gesellschaftlichen Gruppe geteilt und getragen werden«, dar.[10] Sie zeichnen sich also durch Performanz sowie die Existenz von Veranstaltern, Akteuren und Zuschauern, durch einen als Ritualort markierten Platz und eine regelmäßige Wiederholung (Repetitivität) aus.[11] Als bewusst ausgeführte Handlungen unterliegen die Straßburger Aufführungen einem

8 Kintz, Jean-Pierre: *La Société strasbourgeoise du Milieu du XVIe Siècle à la Fin de la Guerre de Trente Ans (1560–1650)*, Paris 1984, S. 380–386 sowie ders.: »XVIIe Siècle. Du Saint-Empire au Royaume de France«, in: *Histoire de Strasbourg des origines à nous jours*, 3 Bde., Strasbourg 1980–1982, hier Bd. 2: *Strasbourg de la Guerre de trente ans a Napoléon, 1618–1815*, S. 3–114, hier S. 22: Die Einwohnerzahl Straßburgs nahm erst von ca. 21.000 Bewohnern (1580) auf ungefähr 25.000 (um 1600) zu, um während des Dreißigjährigen Kriegs auf 23.000 (1630) und schließlich nach dessen Ende auf 19.000 Bewohner abzusinken.

9 Allerdings inszenierten die Schüler nur Werke antiker bzw. zeitgenössischer lateinischer oder griechischer Autoren. Für die Darstellung eigener Texte, die aus performativ-poietischen Prozessen (hierzu Wulf, Christoph: »Der andere Unterricht: Kunst. Mimesis, Poiesis und Alterität als Merkmale performativer Lernkultur«, in: Ders. et al. [Hrsg.]: *Lernkulturen im Umbruch. Rituelle Praktiken in Schule, Medien, Familie und Jugend*, Wiesbaden 2007, S. 91–120, hier S. 100) des Rhetorik-Unterrichtes hervorgingen, sind Aufführungen sogenannter »Schul-« bzw. »Rede-Actus« vorgesehen. Hierbei handelte es sich um Deklamationsübungen, in deren Rahmen z.B. Ciceros Gerichtsreden in Szene gesetzt wurden; vgl. Barner, Wilfried: *Barockrhetorik. Untersuchungen zu ihren geschichtlichen Grundlagen*, Tübingen 1970, S. 291–301 sowie zur Straßburger Tradition Reuss, Rodolphe: *Les Colloques scolaires du Gymnase protestant de Strasbourg,* Straßburg 1881, S. 5–17.

10 Brosius, Christiane/Michaels, Axel/Schrode, Paula: »Ritualforschung heute – ein Überblick«, in: Dies. (Hrsg.): *Ritual und Ritualdynamik. Schlüsselbegriffe, Theorien, Diskussionen,* Stuttgart 2013, S. 9–24, hier S. 15. Ähnlich wie Brosius et al., welche von einem polythetischen Ritualbegriff ausgehen, bietet Dücker einen Katalog verschiedener Merkmale zur Identifizierung ritueller Handlungen: Dücker, Burckhard: *Rituale. Formen – Funktionen – Geschichte. Eine Einführung in die Ritualwissenschaft*, Stuttgart 2007, S. 29–32. Zu Interferenzen zwischen Ritualforschung und Theaterwissenschaft siehe Warstat, Matthias: »Ritual«, in: Fischer-Lichte, Erika et al. (Hrsg.): *Metzler Lexikon Theatertheorie*, Stuttgart 2005, S. 274–278 und den Beitrag von Hanna Walsdorf in diesem Band.

11 Vgl. Dücker, Burckhard: *Ritual und Literatur*, Hagen 2005, S. 8–14.

schriftlich kodifizierten Ablauf, dem Text des jeweiligen Dramas. Die Inszenierung lag in der Hand einer erst in den 1610er Jahren zu rekonstruierenden Gruppe an Gymnasiallehrern, dem sogenannten »Straßburger Theaterkreis«, mit klar verteilten Aufgaben.[12] Da sich die personelle Zusammensetzung des gesamten Lehrerkollegiums und somit auch des Theaterkreises änderte, soll der Stand bei der Aufführung des hier zu untersuchenden *Nebucadnezar* (1615) von Caspar Brülow widergegeben werden.[13]

Dem Musiklehrer Christoph Thomas Walliser oblag die Komposition und Leitung der Chöre, dem Juristen Johannes Michael Beuther die Pyrotechnik. Der Gräzist Nicolaus Ferber unterstützte die Aufführung als Schauspieler und verstärkte damit einen Trend zur »Akademisierung« der Schauspielerschaft. Rekrutierten sich in den Anfangsjahren des Theaters die Darsteller noch aus der Schülerschaft des Gymnasiums, so wurde mit steigendem öffentlichen Zuspruch auf Alumni aus der angeschlossenen Akademie, einer Universität ohne Promotionsrechte, und Lehrer des Gymnasiums zurückgegriffen. Theateraufführungen und Rituale teilen somit die Notwendigkeit eines Handlungsvollzugs (Performanz) durch Akteure, welche vor einem Publikum festgelegte Rollen übernehmen.[14]

Für die Regie zeichnete meist ein Lehrer der höheren Gymnasialklassen verantwortlich, der gerade bei Stücken auswärtiger Autoren auch vor Eingriffen in das Original, um etwa Leerstellen in der Handlung auszufüllen, nicht zurückschreckte. Seit dem frühen 17. Jahrhundert setzte eine Trias aus den Gymnasiallehrern und späteren Professoren Justus Meier (Pandekten), Daniel Rixinger (Logik) und Marcus Florus (Rhetorik) auf Autoren mit Bindung zur Akademie, denen als Zuschauer oder sogar Schauspieler der publikumswirksame Straßburger Inszenierungsstil vertraut war. Wie Brülow oder sein Kollege Johannes Paul Crusius, der spätere Lehrer der Prima, debütierten sie kurz nach ihrem Studienabschluss und in meist prekärer ökonomischer Situation als Autoren der Akademiebühne.[15]

Zur sozialen Gruppe, welche die Theateraufführungen als Publikum, Akteure und Organisatoren trugen, zählten in erster Linie Angehörige des Straßburger Gymnasiums bzw. der Akademie, d.h. Schüler, Lehrer und Eltern. Hinzu traten vor allem in Person der Scholarchen, d.h. der Mitglieder des Schulherrengremiums, Angehörige des Magistrats. Dass sie häufig als Widmungsempfänger der Dramen fungierten,[16] überrascht auch aus einem anderen Grund nicht: Ihre Zustimmung musste jedes Jahr für das aktuell aufzuführende Drama neu eingeholt werden, was wiederum Folgen für die Stoffauswahl hatte. Scholarchen oder Mitglieder des Theaterkreises berücksichtigten

12 Hanstein: *Caspar Brülow (1585–1627) und das Straßburger Akademietheater*, S. 31.

13 Brülow, Caspar: *Nebucadnezar, comoedia sacra ex Daniele Propheta depromta* [sic!], *et contra omnem idololatriam atque superbiam potissimum conscripta* […] *In inclytae Argentoratensium Academiae theatro publicè acta, Anno post C. N. 1615. Mense Iulio.* Straßburg 1615. Verwiesen sei auch auf die Edition des *Nebucadnezar* durch Peter Andersen (Straßburg) im Rahmen der geplanten Edition »Caspar Brülow: Dramen«, dessen Manuskript mir freundlicherweise vorlag.

14 Vgl. Dücker: *Rituale*, S. 29f.

15 Hanstein: *Caspar Brülow (1585–1627) und das Straßburger Akademietheater*, S. 29–32.

16 Brülow: *Nebucadnezar*, fol. A2, A 4.

Vorbehalte des protestantischen Klerus, sodass weltliche und biblische Sujets ab 1600 auf der Bühne meist alternierten.[17] Wie bereits bemerkt, ist erst ab den 1560er Jahren auch von einer größeren städtischen Öffentlichkeit über den Kreis der Schulangehörigen hinaus, ab den 1570er Jahren auch von der Anwesenheit auswärtiger Gäste in nennenswerter Anzahl auszugehen.

Mit Ritualen teilen Theateraufführungen weitere charakteristische Elemente wie die Repetitivität, d.h. die Wiederholbarkeit zu einem entsprechendem Anlass, wobei hier vor allem die öffentlichkeitswirksamen Aufführungen Ende Juni zur Johannismesse betrachtet werden sollen. Auch ihre außeralltägliche Präsentation haben Theaterinszenierungen und Rituale gemeinsam. In Straßburg hatte man bereits in den 1560er Jahren im Schulhof, dem sogenannten »theatrum«, eigens eine seitdem regelmäßig erneuerte und sukzessive ausgebaute Bühne gefertigt, die mit ihren Maßen von ca. 30m Länge und 7m Tiefe und ab ca. 1600 durch eine Ober- und Unterbühne zahlreiche Möglichkeiten der Inszenierung bot.[18] Auch beim bewussten Einsatz ästhetischer Mittel, d.h. beim noch zu zeigenden Zusammenspiel etwa von Wort, Bild und Musik, weisen Theateraufführungen Parallelen zu Ritualen auf. So fertigte man, um das Verständnis von Zuschauern mit geringen Lateinkenntnissen zu sichern, in Straßburg bald deutsche Inhaltsangaben bzw. Dramenübersetzungen an und setzte auf der Bühne auf eine Mischung aus Unterhaltung und eher rhetorischen Zwecken dienender Deklamation.

Brülows Straßburger Drameninszenierungen teilen auch rahmende Elemente, die Beginn und Ende einer Aufführung signalisieren, mit Ritualen. Hierzu dient in zwei seiner sechs Stücke ein separater Prolog, wenn am Anfang des *Nebucadnezar* ein Prologsprecher das Publikum um Aufmerksamkeit und am Schluss um Applaus bittet.[19] Die Straßburger Dramen verfolgten neben der rhetorischen Ausbildung ihrer Akteure, neben der Präsentation des Gelernten vor Eltern und Schulherren und neben ihrer Bedeutung als kultureller Standortfaktor zur Steigerung der Attraktivität der Johannismesse auch einen publikumsdidaktischen bzw. ordnungskonstituierenden Zweck. Als Rituale dienten sie der »Herstellung von Gemeinschaft, Vermittlung von Dispositionen zu Anschlusshandlungen in der Zukunft im nichtrituellen Bereich«,[20] indem sie Zuschauer und Akteure in lutherischer Theologie und Obrigkeitslehre unterwiesen und

17 Zur Sujetverteilung im Repertoire der Akademiebühne vgl. Jundt: *Die dramatischen Aufführungen im Gymnasium zu Straßburg*, S. 48f. und Skopnik, Günter: *Das Straßburger Schultheater. Sein Spielplan und seine Bühne,* Frankfurt a. M. 1935, S. 113f. Bisweilen verlangten die Scholarchen auch Änderungen wie beim »Moses« zur Verleihung der Universitätsprivilegien. Hier hatte Brülow ursprünglich ein Drama über Alexander den Großen geplant, vgl. Hanstein: *Caspar Brülow (1585–1627) und das Straßburger Akademietheater*, S. 483f.

18 Skopnik: *Das Straßburger Schultheater,* S. 172–183.

19 Da Brülow die Prologe normalerweise in die Eröffnungsszene seiner Dramen integriert, besitzen nur zwei von sechs Stücken einen separaten Prolog: der hier vorgestellte *Nebucadnezar* (1615) mit dem »Prologus Angelus« und der *Moses* (1621) mit dem »Rhenus Prologus«. Ein Epilog findet sich nur im *Nebucadnezar*.

20 Dücker: *Rituale*, S. 30.

sich hierzu symbolischer Handlungen wie der Bestrafung oder Belohnung entsprechender Figuren auf der Bühne bedienten.

Diese publikumsdidaktische Funktion hatte ihren Ursprung im Ritualtransfer, den das Straßburger Akademietheater durch den Wechsel des Aufführungstermins vom feierlichen Schuljahresabschluss in der Osterzeit auf die Johannismesse vollzog.[21] Die ursprünglich vergleichsweise spartanischen, schulinternen Inszenierungen, die vor allem auf die Deklamation lateinischer Rede ausgerichtet waren, öffneten sich der gesamten interessierten Stadtöffentlichkeit und ihrer Gäste. Diese Öffnung in einen außerschulischen Kontext ging mit inszenatorischen und funktionalen Veränderungen einher. Neben rhetorischen Lernzielen verfolgten die Veranstalter nun auch kontroverstheologische Absichten. Auf der Bühne wurde die lutherisch-orthodoxe Konfession der Freien Reichsstadt gegen katholische oder reformierte Positionen verteidigt.[22]

Auch übertraf seit dem Ende des 16. Jahrhunderts der inszenatorische Aufwand zur Zeit der Messe den des Ostertermins. Hierauf lassen in den 1590er Jahren Bittschriften der Schule an den Magistrat schließen, die Kosten der Theatervorstellungen zu begleichen. Nach Jahren, in denen kurzfristige Zuschüsse und ad-hoc-Unterstützungen zur Renovierung der Bühne den Theateretat geprägt hatten, bewilligte der Rat schließlich 1607 ein jährliches Budget von 100 Goldgulden.[23]

Die Ratsherren wussten um die Anziehungskraft der Aufführungen zur Johannismesse, die unter großem Zuschauerzuspruch unter freiem Himmel im Schulhof stattfanden. Ihr Höhepunkt war die Inszenierung von Brülows *Moses* zur feierlichen Verleihung der Universitäts-Privilegien (1621): Während die Dramendrucke durch Angabe des Aufführungsdatums eintägige Inszenierungen nahelegen, erstreckte sich die Aufführung des *Moses* über zwei Tage. Ob die überlieferte Zahl von »mehr als zehen tausend Zusehern« tatsächlich der Realität entsprach, ist schwer zu rekonstruieren.[24] Sicher hingegen ist der sukzessive Ausbau der Sitzmöglichkeiten, der auf einen steigenden Zuspruch des Publikums aus einfacheren und höheren Schichten schließen lässt. So scheint es schon früh »im Parkett« feste Sitzreihen gegeben zu haben. Jedoch war der Platz im Schulhof mit ca. 950m² begrenzt, sodass bis 1590 der erste Stock eines angrenzenden Gebäudes als Logen für die Ratsherren genutzt wurde. Letztere zogen ab 1590 in das »Neue Auditorium«, das 1609 erneut aufgestockt wurde, während im

---

21 Zu den Examina am Straßburger Gymnasium siehe Schindling: *Humanistische Hochschule und freie Reichsstadt*, S. 182f. sowie die Statuten der Straßburger Akademie von 1604 abgedruckt in Engel/Fournier (Hrsg.): *L'Université de Strasbourg et les Académies Protestantes Françaises*, S. 325f. bzw. S. 337; zum Aufführungstermin des Schultheaters im Zusammenhang mit der Osterpromotion siehe Jundt: *Die dramatischen Aufführungen im Gymnasium zu Straßburg*, S. 24f. Zur Übertragung und Umdeutung des (höfischen) Tanzes in den Kontext des Pariser Jesuitenkollegs vgl. Walsdorf, Hanna: »Ritualtransfer zwischen Opéra und Jesuitenkolleg. Tanzikonen des 18. Jahrhunderts auf der Schulbühne in Louis-le-Grand«, in: *Forum Ritualdynamik* 17 (2011).

22 Vgl. Valentin, Jean-Marie: »Templum (et Musarum quoque?) repurgandum. Orthodoxie et théâtre à Strasbourg (1581–1610)«, in: *Études germaniques* 50 (1995), S. 557–594.

23 Hanstein: *Die dramatischen Aufführungen im Gymnasium zu Straßburg*, S. 28.

24 Vgl. den zeitgenössischen Bericht des Johann Philipp Abelin im *Theatrum Europaeum [...] vom Jahr Christi 1617. biß auff das Jahr 1629* (Frankfurt a. M. 1672), Sp. 520.

Hof 1600 eine erste Zuschauergalerie, 1611 zwei Ränge und 1617 ein weiteres Gebäude mit Logen versehen wurden. Aber auch dieses soll 1621 nicht ausgereicht haben, sodass für die Zuschauer »im Collegio oben allenthalben die Dächer durchgebrochen« worden sind.[25]

In seinem neuen Kontext sah sich das bislang elitäre, lateinische Schultheater nun einem breiteren Zuschauerspektrum mit inhomogenen lateinischen Sprachkenntnissen gegenüber. Zu dessen konfessioneller und sozialethischer Unterweisung waren Scholarchen und die mit den Aufführungen betrauten Lehrer darauf bedacht, Verständnis und Unterhaltung des Publikums durch unterschiedliche Mittel zu gewährleisten. Spätestens seit den 1580er Jahren begannen Autoren aus dem Umkreis der Akademie, deutsche Inhaltsangaben, sogenannte »Argumente«, anzufertigen, die mindestens bis zur Jahrhundertwende auch bei der Aufführung rezitiert wurden.[26] Ab 1603 fertigte der Theologe und Meistersänger Wolfhart Spangenberg, auf eine reiche Nachfrage hoffend, zahlreiche Übersetzungen der jeweils aktuellen lateinischen und griechischen Stücke des Akademietheaters an, bevor die Mitglieder des Theaterkreises auch hierauf ihr Interesse richteten und gezielt (ehemalige) Mitglieder der Akademie zum Verfassen von Übersetzungen aufforderten. Zur Zeit Brülows publizierte man somit neben dem lateinischen Original eine vollständige deutsche Übersetzung des gesamten Dramas und die »Argumente« als deutsche Kurzfassung; im Text der lateinischen Dramendrucke erscheinen letztere nun nicht mehr.

Auch entwickelte man einen kostüm-, personal- und effektreichen Inszenierungsstil, der mit dem des Jesuitentheaters vergleichbar war. Spätestens seit das Repertoire nicht mehr auf die antiken römischen Komödien der *Palliata* beschränkt war, wurden auch die Grenzen der sog. Terenz- oder Badezellen-Bühne überwunden, die nur einen Schauplatz bot und deren Handlung auf einer Straße spielte, deren Hintergrund Hauseingänge bildeten, die von Vorhängen verdeckt waren. Der Ausbau des Akademietheaters zur Wende des 17. Jahrhunderts 1596 und 1603 um eine Ober- und Hinterbühne ermöglichte nun auch die effektreiche Visualisierung überirdischer Phänomene. Engel schwebten herab, Wolkensäulen überquerten die Bühne und der Prophet Elia zog auf seinem Wagen in den Himmel ein. Außerdem wurde die grundsätzlich neutrale Spielfläche mehr und mehr durch aufwändige Kulissen und Requisiten dem jeweiligen Sujet angepasst.[27]

---

25 Ebd.

26 Skopnik, Günter: »Das Straßburger Schultheater und seine Übersetzungen lateinischer Dramen im 16. und 17. Jahrhundert«, in: *Jahrbuch der Elsass-Lothringischen Wissenschaftlichen Gesellschaft zu Straßburg* 9 (1936), S. 68–86, hier S. 73–75. Siehe hierzu die Briefe des Flensburger Studenten Paul Sperling, der von 1578–1586 in Straßburg weilte, in: Lebeau, Jean/Valentin, Jean-Marie (Hrsg.): *L'Alsace au siècle de la Réforme (1482–1621). Textes et Documentes,* Nancy 1985, S. 278–282 sowie den »Daniel« (1600) des Justus Meier, in dem die Argumente den einzelnen Akten vorausgehen.

27 Zur Bühnengeschichte des Straßburger Akademietheaters vgl. die umfangreiche Analyse von Skopnik: *Das Straßburger Schultheater,* S. 172–263, auf welcher folgende späteren Darstellungen beruhen: Michael, Wolfgang F.: *Frühformen der deutschen Bühne,* Berlin 1963 (= *Schriften*

Diese Pracht hatte jedoch ihren Preis. Die Straßburger Theateraufführungen zu Beginn des 17. Jahrhunderts überschritten ihr 1607 festgelegtes Budget von 100 Goldgulden (fl.) um jeweils 80–150%.[28] Die Aufführung der Andromeda (1612) kostete insgesamt 181fl., schließlich war ein Kampf zwischen Perseus auf dem fliegenden Pegasus und einem Seeungeheuer darzustellen. Die des Nebucadnezar (1615), die gleich näher betrachtet werden soll, verschlang 180fl., die des Julius Caesar (1616) mit zahlreichen Schlachten und dem Auftritt einer mit Tierfellen und -köpfen wild ausstaffierten Germanenhorde 185fl., die des Heliodor (1617) von Johann Paul Crusius (1588–1629) 239fl. Zur finanziellen Erholung verfügte der Stadtrat daher eine mehrjährige Theaterpause, bis 1621 Brülows Moses (1621) zur feierlichen Universitätspromulgation den ruhmreichen Höhepunkt des Straßburger Akademietheaters mit Kosten von insgesamt 350fl. bildete.

Gerade dieser große Aufwand garantierte den Erfolg der Aufführungen. Als eine der wenigen frühneuzeitlichen Schulbühnen besaß das Straßburger Akademietheater eine über den lokalen Raum hinausgehende Breitenwirkung und zog sogar Mitglieder des deutschen Hochadels an wie den Kurfürsten Friedrich IV. von der Pfalz (1589 und 1590).[29]

Caspar Brülows *Nebucadnezar* (1615)

Auch Herzog Johann Friedrich von Württemberg weilte mehrfach für Aufführungen der Akademiebühne in der Freien Reichsstadt, in der im Jahr 1615 extra für seinen Besuch die aktuelle Produktion erneut dargeboten wurde: Brülows *Nebucadnezar*. Dieses Werk des Straßburger Dramatikers über den Propheten Daniel sei aufgrund seiner exemplarischen didaktischen Ausrichtung herausgegriffen. An Studenten bzw. Schüler auf der Bühne und im Publikum wenden sich Passagen beruflicher Propädeutik, in

---

der Gesellschaft für Theatergeschichte 62), S. 115–121; Kindermann: *Theatergeschichte Europas*, Bd. 2: *Renaissance*, S. 321–325 sowie der Überblick bei Brauneck, Manfred: *Die Welt als Bühne*, 5 Bde. u. ein Registerband, Stuttgart 1993–2007, hier Bd. 1, S. 545f.; zur allgemeinen Bühnenentwicklung in Deutschland vgl. Lösch, Matthias: »Bühne, Bühnenform«, in: Weimar, Klaus et al. (Hrsg.): *Reallexikon der deutschen Literaturwissenschaft,* Berlin 1997–2003, Bd. 1 (1997), S. 269–274; Kindermann, Heinz: *Bühne und Zuschauerraum. Ihre Zueinanderordnung seit der griechischen Antike,* Wien 1963 (= *Sitzungsberichte der Österreichischen Akademie der Wissenschaften, Philosophisch-Historische Klasse* 242,1), S. 19–30 sowie v.a. zur einfachen Bühnenpraxis an Gymnasien: Schmidt, Expeditus: *Die Bühnenverhältnisse des deutschen Schuldramas und seiner volkstümlichen Ableger im sechzehnten Jahrhundert,* Berlin 1903 (= *Forschungen zur neueren Literaturgeschichte* 24).

28 Vgl. Jundt: *Die dramatischen Aufführungen im Gymnasium zu Straßburg*, S. 37–47, zu den Abrechnungen des Akademietheaters in den Jahren 1612 bis 1621.

29 Ebd., S. 46f. bzw. Skopnik: *Das Straßburger Schultheater*, S. 12; zu Brülows *Julius Caesar* (1616) hatte auch Kurfürst Friedrich V. von der Pfalz sein Kommen versprochen, sagte aber schließlich ab. Zur Breitenwirkung der Akademiebühne siehe Brauneck: *Die Welt als Bühne,* Bd. 1, S. 545.

denen Daniel einen vorbildlichen Berater des Königs verkörpert. Höheres Identifikationspotential für die jüngeren Zuschauer versprach eine Szene, die den Propheten als einen wohlpräparierten Schüler bei der Prüfungsvorbereitung und im Prüfungsgespräch zeigt. Kontroverstheologische Inhalte, aber auch ein Tugendkatalog richten sich an das bürgerlich-städtische Publikum. Untergang und Errettung des babylonischen Königs Nebukadnezar illustrieren für die politische Führungsschicht den Grundsatz der lutherischen Obrigkeitslehre, wonach alle weltliche Macht von Gott stammt.

Inhaltlich beruht das Theaterstück auf dem Anfang des biblischen Danielbuches (Dan 1–4; 7) über den Propheten am babylonischen Hof. Hiermit greift Brülow ein Thema auf, das an der Straßburger Akademie im Jahr der Dramen-Aufführung (1615) auch in Theologievorlesungen behandelt wurde.[30] Da auch die astronomischen Fragen des Prüfungsgesprächs und die politische Interpretation des Danielbuches direkte Bezüge zum Unterrichtsgeschehen besitzen, wird das lokal anhand seines Aufführungsortes definierte Theater »in« der Schule zum inhaltlich definierten Drama »für« bzw. »über« die Bildungsinstitutionen (Schule, Universität) mit der repräsentativen Darstellung ihrer Lehr- und Lernprozesse bzw. von deren Ergebnissen.[31]

Um mangelnde Sprachkenntnisse des Publikums zu kompensieren, kombiniert Brülow im *Nebucadnezar* verschiedene Szenentypen. Komische bzw. leicht verständliche Bauern- und Prügelszenen wechseln sich mit monologischen Auftritten ab und sprechen jeweils unterschiedliche Zielgruppen im Publikum an. So sorgt ein Wortspiel mit der astrologischen Bedeutung von »domus« (»Haus«) für Konfusionen. Im Gespräch mit babylonischen Magiern interpretiert ein Bauer Angaben zur Sternenkonstellation bei der Geburt seines Sohnes anhand konkreter Alltagskenntnisse:

> C[osbi:] Puerulus iste progenitus tibi est
> Domo in secunda. [...]
> N[inus:] Ut arte principia illa celeri conijcis!
> Namque a taberna publica vinaria
> Domus mea est secunda, qua genitus puer.
> [Cosbi:] Domo in secunda natus est coeli puer.
> N[inus:] Mentire nequam, natus in terrae est domo. [...]

> [Brülow: *Nebucadnezar*, S. 31f.:] Cosbi: Dein Söhnchen da ist dir im zweiten Haus geboren. – Ninus: Mit wie schneller Kunstfertigkeit du jene Anfänge ermittelst! Denn von der öffentlichen Wein-Taverne [gezählt], ist mein Haus, in dem mein Sohn geboren wurde, das zweite. – Cosbi: Im zweiten Haus des Himmels ist dein Sohn geboren. – Ninus: Du lügst, du Taugenichts, in einem Haus auf der Erde ist er geboren.

30 Schäfer, Hildegard: *Höfische Spuren im protestantischen Schuldrama um 1600. Caspar Brülow, ein pommerscher Gelehrter in Straßburg (1585–1627)*, Oelde [1935], S. 15.

31 Vgl. zur Definition von »Schultheater« Giovanoli, Sandro: *Form und Funktion des Schuldramas im 16. Jahrhundert. Eine Untersuchung zu Rudolf Gwalthers »Nabal« (1549)*, Bonn 1980 (= *Studien zur Germanistik, Anglistik und Komparatistik* 102), S. 9f.

Daneben versucht Brülow, sogenannte verdeckte Handlung, die rein sprachlich referiert wird, zu vermeiden und das Geschehen des Dramas für alle sichtbar auf der Bühne darzustellen. Dies schließt auch inszenatorische Herausforderungen wie die Traumvisionen des babylonischen Königs Nebukadnezar und des Propheten Daniel mit ein. Hier wird die finanzielle Rückendeckung durch den Stadtrat deutlich, der um den überregionalen Ruhm des Akademietheaters wusste und dessen Aufführungen aus Prestigegründen und ökonomischen Motiven nutzte, um die Attraktivität der Johannismesse zu steigern.[32]

Zahlreiche Effekte im *Nebucadnezar* beruhten auf dem Einsatz der Bühnenmaschinerie, wie etwa Winden oder Flaschenzügen,[33] mithilfe derer sich etwa ein Koloss aufrichten oder von einem Stein zerschlagen ließ (Dan 2). Die vier reich dekorierten allegorischen Tiere – ein Löwe mit Adlerflügeln, ein Bär mit schrecklichen Zähnen, ein Parder (Leopard) mit vier Köpfen und vier Flügeln und ein viertes Tier mit vielen Hörnern (Dan 7) – bestanden wohl aus Pappe, Tuch und Papier. Ihre Anfertigung verschlang einen großen Teil des Theaterbudgets, wie erhaltene Rechnungen von einem Maler oder Schneider belegen. Über das normale Maß hinaus, hatte doch bereits in Brülows *Andromede* das Meerungeheuer Feuer gespien, wurde beim *Nebucadnezar* Pyrotechnik eingesetzt. So kündigte der hiermit beauftragte Lehrer, Johannes Michael Beuther, den Schulherren schon zwei Monate vor der Aufführung Mehrkosten an, deren Ursache etwa zum Ende des Dramas ersichtlich wird, als eine Götzenstatue in einem Feuerwerk verbrennt.[34] In den Inszenierungen manifestiert sich somit auch die kulturelle Leistungsfähigkeit der freien Reichsstadt.[35]

Gerade dieser Einsatz zahlreicher Bühneneffekte unterscheidet Brülows *Nebucadnezar* von anderen zeitgenössischen Daniel-Dramen. Dies illustriert u.a. die mit sieben Seiten bzw. ca. 200 Versen längste Szene des Theaterstücks.[36] Drei jüdische Gefährten Daniels, die mit dem Propheten als Geiseln nach Babylon deportiert worden sind, weigern sich, dem dortigen Götzen zu huldigen, worauf sie mit dem Tod im Feuerofen bestraft werden (Dan 3, 11–27). Sechzig Jahre zuvor behalf sich der Nürnberger Meistersinger Hans Sachs in seiner *Daniel-Comedia* (1557) noch mit einem Botenbericht, der das Geschehen im Ofen von außen schildert.[37]

---

32 So verfügte der Stadtrat angesichts der Verleihung der Universitätsprivilegien (1621) eine bewusst aufwändige Inszenierung von Brülows *Moses*, »die man bey introductione Academiae izo für notwendig erachtet, da man bekenn muss d[a]z dis der [Stadt Straßburg] grossen ruhm verursacht in ansehung in Germania desgleichen nit exhibirt werden«; Einundzwanziger-Protokoll vom 26. Mai 1621 nach Jundt: *Die dramatischen Aufführungen im Gymnasium zu Straßburg*, S. 47.

33 Skopnik: *Das Straßburger Schultheater*, S. 265–268.

34 Vgl. Hanstein: *Caspar Brülow (1585–1627) und das Straßburger Akademietheater*, S. 369.

35 Vgl. Jundt: *Die dramatischen Aufführungen im Gymnasium zu Straßburg*, S. 47 v.a. zur kostspieligen Aufführung von Brülows *Moses* (Straßburg 1621) anlässlich der Universitätspromulgation.

36 Brülow: *Nebucadnezar*, S. 58–69 bzw. III,4.

37 Sachs, Hans: *Comedia mit 15 personen, der Daniel* (1557), in: Ders., hrsg. von Adelbert von Keller, Bd. 11, Stuttgart 1878 (= *Bibliothek des litterarischen Vereins in Stuttgart* 136), S. 27–66, hier S. 41.

Ein Blick in den Theateretat gewährt genauere Einblicke in das Bühnengeschehen und ergänzt die Interpretation des Dramentextes. Erhaltene Rechnungen belegen, dass ein Kachler der Bühne einen Ofen aufmauerte. Dieser diente als Ort der Glaubensprüfung für Daniels Gefährten, die den sicheren Tod im Feuer dem Götzendienst vorzogen. Mehrfach geht der Dramentext auf die vermutlich pyrotechnisch erzeugten Flammen in dieser Szene ein.[38] Schließlich bitten Daniels Freunde in einem Loblied Gott um Rettung, sodass sie den Ofen zur großen Verwunderung der Babylonier, die zuvor vor den Flammen geflohen waren, unversehrt verlassen.

Die Bestrafung im Feuerofen steht am Ende einer Massenszene, die den Götzenkult der Babylonier in visueller und akustischer Opulenz darstellt. So fordert ein Herold alle Mitglieder des babylonischen Hofes auf, nach einem musikalischen Signal, das der »Chorus Musicus, variis instrumentorum Generibus Regiis adornatur«, gibt, die Götzenstatue anzubeten:

> Vobis fideles subditi, populi, tribus,
> Babylonici quos jura Regis conjugant,
> Edicitur, simulatque Musica regia,
> Sonitus tubarum, nabliorum, cymbalum,
> Clangor lyrarum, buccinarum, tympanum
> Vestras in aures involarit, protinus
> Procumbitote in genua, statuamque auream,
> Quam Nabuchodonosor posuit optimus maximus,
> Humilibus adoratote precibus singuli [...].
>
> [Brülow: *Nebucadnezar*, S. 64:] Euch, treue Untertanen, Völker, Stämme, welche die Rechte des babylonischen Königs verbinden, wird [folgendes] bekannt gemacht: Sobald die königliche Musik, – der Klang der Tuben, der Harfen, der Zimbeln, das Schmettern der Lauten, der Hörner, der Trommeln – in eure Ohren fliegt, sollt ihr auf die Knie fallen und jeder einzelne die goldene Statue, die der großgütige Nebukadnezar aufgestellt hat, mit demütigen Bitten anbeten.

Die reichhaltige Ausstattung des Bühnenbildes mit Götzenstatue und Feuerofen wird akustisch durch einen instrumental begleiteten Chor unter Leitung des Straßburger Gymnasiallehrers und Komponisten Christoph Thomas Walliser (1568–1648) ergänzt.[39] Da Brülow sich bei der sprachlichen Gestaltung der Szene eng am Danielbuch orientiert,[40] sind Hinweise auf das Instrumentalisten-Ensemble mit großer Vorsicht zu

38 Etwa Brülow, *Nebucadnezar*, S. 69: »Erumpit ex furno aestuans ignis vapor« (Glühender Feuerdunst bricht aus dem Ofen hervor.)

39 Zu Walliser vgl. Morche, Gunther: »Walliser, Christoph Thomas«, in: Finscher, Ludwig (Hrsg.): *Die Musik in Geschichte und Gegenwart. Allgemeine Enzyklopädie der Musik*, 26 Bde., Kassel ²1994–2008 (im Folgenden: *MGG²*), hier: Personenteil, Bd. 17 (2007), Sp. 415–417.

40 Vgl. *Vulgata*, Dan 3,4: »vobis dicitur populis tribubus et linguis in hora qua audieritis sonitum tubae et fistulae et citharae sambucae et psalterii et symphoniae et universi generis musicorum cadentes adorate statuam auream quam constituit Nabuchodonosor rex«.

interpretieren.[41] Der Chor wird im lateinischen Original von Schlagwerk (»cymbalum«, »tympanum«) und Blechblasinstrumenten (»tuba«, »buccina«) begleitet.[42] Diese Besetzung ähnelt mehreren Ensembletypen des 14. bis 16. Jahrhunderts mit Trompeten und Trommeln, die zu repräsentativen Anlässen spielten.[43] Da einige Jahre nach der Aufführung des *Nebucadnezar* auch bei einem anderen Drama, Brülows *Moses*, das städtische Musikcorps für die musikalische Untermalung sorgte, liegt es nahe, dass es auch für den *Nebucadnezar* engagiert worden ist.[44] Unklar bleibt, ob und wenn ja in welcher Form diese vergleichsweise laute Besetzung durch Zupf- bzw. Saiteninstrumente (»nablium«, »lyra«) ergänzt wurde.

Choreographische Anweisungen zum Kniefall und zu den Kostümen der Hofräte, deren purpurne Robe starke Ähnlichkeiten zum Gewand römischer Kardinäle besitzt, ergänzen eine Szenerie, die den babylonischen Götzendienst als Zerrbild eines katholischen Gottesdienstes darstellt.[45] Sie wird flankiert von theologischen Argumenten, die Daniel und seine Gefährten gegen die Götzenverehrung vorbringen, womit Brülow

41 So weist bereits Winternitz, Emanuel: *Musical Instruments and their Symbolism in Western Art,* London 1967, S. 25–42 in seiner musikikonographischen Studie auf die Unterschiede zwischen den tatsächlichen Ensembles und ihrer Darstellung hin; v.a. der Einfluss des biblischen Prätextes auf die Gestaltung von Bildern, Skulpturen oder (wie im hier vorliegenden Beispiel) den Text eines Bibeldramas darf nicht unterschätzt werden.

42 Vgl. Brülow: *Nebucadnezar*, S. 64f.

43 Für einen Überblick zur Musikgeschichte der Stadt Straßburg siehe Meyer, Christian: »Straßburg«, in: *MGG²*, Sachteil, Bd. 8 (1998), Sp. 1852–1859; zu den von 1300–1550 florierenden Alta-Ensembletypen vgl. Welker, Lorenz: »Alta«, in: *MGG²*, Sachteil, Bd. 1 (1994), Sp. 479–483; Žak, Sabine: *Musik als »Ehr und Zier« im mittelalterlichen Reich. Studien zur Musik im höfischen Leben,* Neuss 1979, S. 81–108, 121–148 sowie Tröster, Patrick: *Das Alta-Ensemble und seine Instrumente von der Spätgotik bis zur Hochrenaissance (1300–1550). Eine musikikonographische Studie,* Tübingen 2001, S. 414–426 (Überblick zur Entwicklung). Welker, Lorenz: »Bläserensembles der Renaissance«, in: *Basler Jahrbuch für Historische Musikpraxis* 14 (1990), S. 249–270 unterscheidet bei repräsentativen Anlässen Trompetenkorps, Schalmei-Pommer-Posaunen-Ensembles, die jedoch nicht mit »leisen« Instrumenten (Flöten, Fiedel, Harfe, Lauten) gemischt auftraten, sowie ab 1500 auch Ensembles aus Zink und Posaune, die im Unterschied zu den vorherigen Gruppen auch zur Begleitung des Chores in der Kirche eingesetzt wurden. – Grundsätzlich zu den sog. »Daniel-Instrumenten«, deren biblische Namen aus dem Griechischen, Hebräischen und Aramäischen stammen und zur Beschreibung einer explizit fremden, außerisraelischen Musikkultur dienen, vgl. Braun, Joachim: »Biblische Musikinstrumente«, in: *MGG²*, Sachteil, Bd. 1 (1994), Sp. 1528–1530.

44 Zum Auftakt von Brülows *Moses*-Drama (Straßburg 1621) vgl. Jundt: *Die dramatischen Aufführungen im Gymnasium zu Straßburg*, S. 33 sowie den Bericht von Abelin, Johann Philipp: »Zu Eingang der Comedi hat [...] man [...] etliche Trompeten tapffer erthönen lassen/ auch Kesseltrommler darbey geschlagen« (Abelin: *Theatrum Europaeum [...] vom Jahr Christi 1617. biß auff das Jahr 1629,* Sp. 520), auch der Aufbruch der Israeliten aus Ägypten wurde musikalisch untermalt: »Inflate lituos, ut ad iter populum exciant« (Brülow: *Moses*, Straßburg 1621, S. 73).

45 Vgl. Brülow: *Nebucadnezar*, S. 51f.

auf die von Protestanten abgelehnte katholische Bilderverehrung anspielt.[46] Das protestantische Schuldrama *Nebucadnezar* diente somit auch zur Katechismusdidaxe (Bilderverehrung) und zu konfessioneller Polemik gegen den Katholizismus, den paradigmatische liturgische Elemente symbolisieren. Dies hatte in der mehrheitlich lutherischen Freien Reichsstadt eine besondere Bedeutung, war Straßburg doch geographisch vom katholischen Bistum umgeben. Vereinzelt duldete der Magistrat sogar katholische Gottesdienste, wogegen der lutherische Klerus an die Obrigkeit in schriftlichen Eingaben und auf der Kanzel – und mit ihm Brülow auf der Theaterbühne – entschieden protestierte.[47]

Nicht nur zur kontroverstheologischen Auseinandersetzung mit dem Katholizismus, sondern auch zu propädeutischen Zwecken nutzte Brülow zeitgenössische, lutherisch-orthodoxe Auslegungen des Danielbuches, welche den Propheten als vorbildlichen Schüler und musterhaften Hofmann interpretierten.[48] Gerade letzteres besaß höchste Relevanz an der Straßburger Akademie, sollte hier doch die zukünftige politisch-administrative Elite der Freien Reichsstadt bzw. Deutschlands ausgebildet werden. So lässt der Rhetorik-Professor Melchior Junius (1545–1604) darüber disputieren, »ob sich Obrigkeit durch Tugend und moralische Rechtschaffenheit auszeichnen muß«.[49] Im Gegensatz zu machiavellistisch gesinnten babylonischen Räten, die in ihren Intrigen weltliche Interessen über die Normen der christlichen Moral stellen, folgen Daniel

46 Auch die zeitgenössische, lutherisch-orthodoxe Daniel-Exegese nutzte die vorliegende Stelle zu kontroverstheologischen Angriffen auf die römische Amtskirche, von der die musikalische Gottesdienstbegleitung vermeintlich als »necessaria pars divini cultus existima[t]ur, et meritum illis adscribitur« (Gesner, Salomo: *Daniel Propheta, Disputationibus XII. Et Praefatione Chronologica* [...], Wittenberg 1606, S. [G 8^{v}]).

47 Vgl. Adam, Johann: *Evangelische Kirchengeschichte der Stadt Straßburg bis zur Französischen Revolution,* Straßburg 1922, S. 408 sowie die Überblicksdarstellung von Rapp, Francis: »Straßburg. Hochstift und Freie Reichsstadt«, in: Schindling, Anton/Ziegler, Walter (Hrsg.): *Die Territorien des Reichs im Zeitalter der Reformation und Konfessionalisierung,* Bd. 5: *Der Südwesten,* Münster 1993 (= *Katholisches Leben und Kirchenreform im Zeitalter der Glaubensspaltung* 50), S. 72–95.

48 Vgl. die Auslegung des Wittenberger Theologen und Dresdner Hofpredigers Polycarp Leyser d.Ä. (1552–1610): *Schola Babylonica, hoc est Ecclesiasticae Commentationes* [...] *in primum caput* [...] *Prophetae Danielis* [...], Frankfurt a. M. 1609, S. 20 sowie Martin Luther, der anhand des Danielbuches den Einfluss des Teufels auf die politische Führungsschicht bemerkt: »ein igliche herrschafft hat yhre Fuersten aus der helle, yhe groesser herrschafft, yhe groesser vnd erger Teuffel, die den Koenigen vnd Herrn alle plage anlegen, mit hindern, mit reitzen, zu zorn, streit, mord, stoltz, vnzucht, vnd allen lastern, Das Gott widderumb mus auch gute Engel vnd Fuersten aus dem himel bey den Koenigen vnd Herrn widder die Teuffel halten, wir hie ym Daniel lesen« (Luther, Martin: *D. Martin Luthers Werke,* 120 Bde., Weimar 1883–2009, hier Bd. 11/2, S. 387).

49 Vgl. Junius, Melchior: *Politicae Quaestiones centum ac tredecim, in eloquentiae studiosorum gratiam, stylum exercere cupientium, selectae* [...], 3 Bde., Straßburg 1611, S. 119–137: »Utrum virtus ac morum probitas in Magistratu spectanda«.

und seine Gefährten Gottes Geboten.[50] Brülows Drama erweitert somit das Verhaltensrepertoire der Straßburger Studenten durch die im Falle der Schauspieler auch performative Darstellung exemplarischer Situationen des späteren Berufslebens.

Ausgehend vom ersten Kapitel des Danielbuches über die Erziehung des Propheten und seiner Gefährten am babylonischen Hof äußern sich die theologischen Daniel-Kommentare auch zu schulischen Examina. Diese werden als Mittel zur Lernkontrolle und extrinsischer Motivation der Schüler legitimiert. Am Beispiel Daniels und dessen Studieneifer gibt man sogar Ratschläge für die richtige Prüfungsvorbereitung[51]:

> Es lässet sich keine Weißheit mit Trächtern eingiessen/ viel weniger durch müssiggang erlangen: Sonde[r]n Tugend/ Lehr vnd Ehr erkaufft man durch Arbeit [...] Wann Daniel vnd seine Gesellen den leckerbißlein/ müssiggang/ vnd stoltzieren nachgehangen hett[e]/ so würde er zu solcher Kunst/ Ehr vnd beförderung nicht kommen sein/ [...] Nutzet zur Warnung wider die Faullentzer/ Gassentretter/ Sauff= vnd Spielbrüder/ so sich auch vnter den Studenten Orden vermengen/

Brülow nutzte diese Auslegungstradition des Danielbuches im Nebucadnezar-Drama, wenn der Prophet Daniel am Ende der Schulzeit über seine bevorstehende Prüfung reflektiert:

> [...] Corde miles masculo
> Vicina signa quo videt concurrere[,]
> Die, haud per artus vadit exsangues tremor:
> Simulatque vero stringit aures concitum
> Murmur tubarum, Martiam in pugnam ruens
> Fervore justo: fortiter telum rotat
> Emissum, et armis obvium opponit caput. [...]
> Sic laudis avidus: sic honestatis tenax,
> Sic expolitus moribus Juvenis bonis,
> Dulcia bonorum castra studiorum sequens,
> Animum gravi pavore non percellitur:
> [7] Quin imo toties membra laetitia stupent,
> Ponenda tyrocinia quoties ingenij.
> Contra levi qui studia tractant brachio,
> Frustra terentes tempus auro carius,
> Vanisque sumtus collocantes artibus,

50 Brülow: *Nebucadnezar*, S. 57: »Suos ipse Jove tutor protegat, | Eosque contra machinas gregis impij | Defendat, atque frangat insidiantium | Casses dolosas«. – Im Hintergrund steht der Machiavellismus und seine Diskussion in der politischen Theorie des 17. Jahrhunderts; vgl. hierzu Stolleis, Michael: *Staat und Staatsräson in der frühen Neuzeit. Studien zur Geschichte des öffentlichen Rechts*, Frankfurt a. M. 1990, S. 46–50 sowie v.a. zum *dissimulations*-Gebot bei Machiavelli, in der zeitgenössischen Politikwissenschaft und im historisch-politischen Drama Reichelt, Klaus: *Barockdrama und Absolutismus. Studien zum deutschen Drama zwischen 1650 und 1700*, Frankfurt a. M. 1981 (= *Arbeiten zur mittleren deutschen Literatur und Sprache* 8), S. 21–26.

51 Cramer, Daniel: *Biblische Außlegung* [...], Straßburg 1627, S. 647–649; vgl. dazu auch Leyser: *Schola Babyloncia*, S. 170 sowie S. 139–146: »De Promotionibus etiam studiosorum quomodo ii sese praeparare debeant, ut in examina probati inveniantur«.

Specimina culti quando reddenda ingenij,
Formata stant ceu statua praeduro sale,
Vox nulla currit edita a pulmonibus.

[Brülow: *Nebucadnezar*, S. 6f.:] An dem Tag, an dem ein Soldat mit tapferem Herz sieht, dass Heere in der Nähe zusammentreffen, durchzieht kein Zittern blasse Glieder. Sobald vielmehr das aufgeregte Getöse der Kriegsposaunen seine Ohren streift, stürzt er sich mit rechter Kampfeshitze in die kriegerische Schlacht und schleudert mit aller Kraft sein Geschoß und hält seinen Kopf den Waffen entgegen. [...] So wird der ehrgeizige Knabe, so jener, der am Anstand festhält, so der, der mit guten Sitten geziert ist, der dem süßen Lager der schönen Studien folgt, [auch] von großer Angst nicht erschüttert. Vielmehr stehen seine Glieder immer dann still vor Freude, wenn er erste Gehversuche mit dem Geist unternimmt. Wer dagegen die Studien auf die leichte Schulter nimmt und seine Zeit, die wertvoller als Gold ist, nutzlos zubringt und Aufwand für leere Künste betreibt, der steht, wenn er Beweise Seiner Bildung geben soll, wie eine Salzsäule da. Kein Wort kommt aus seiner Lunge.

In martialischer Bildlichkeit vergleicht Brülow einen Schüler bzw. Studenten in der Prüfung (»ponere tyrocinia [...] ingenij«) mit einem Soldaten in der Schlacht (»vicina signa concurrere«). Dabei stellt ein anaphorisches Trikolon (»sic [...] sic [...] sic«) den Propheten Daniel positiv als vorbildlichen Studenten dar, was der Charakterisierung des Soldaten durch sein »cor [...] masculum« entspricht. Militärisches Vokabular dient in partieller Übertragung der Metaphorik sogar zur Bezeichnung des Studiums als »bonorum castra studiorum«. Korrespondierende Synonyme beschreiben die psychosomatischen Auswirkungen beider Situationen, wofür Brülow auf Zitate des antiken Philosophen und Tragikers Seneca zurückgreift.[52] So überwinden gut präparierte Soldaten bzw. Schüler jenen Schockzustand, mit dem Megara, die Gattin des abwesenden Herkules, in Senecas *Hercules furens* auf Lycus' Aufforderung zum Ehebruch reagiert; vielmehr empfangen sie eine Prüfung wie Amphitryon seinen zurückkehrenden Sohn Herkules, nämlich mit Freude.

Zwei Sprichwörter dienen zur Charakterisierung des negativ konnotierten Gegenteils nachlässiger Studenten. Zuerst wird deren falsche Arbeitseinstellung durch die schon bei Cicero belegte Wendung »studia levi brachio tractare« kritisiert, wobei sich Brülow in der Kritik am ineffizienten Gebrauch der Lebenszeit dem Wittenberger Theologen und Daniel-Exegeten Polycarp Leyser (1552–1610) anschließt.[53] Die Reaktion des Prüflings im Examen (»specimina culti ingenii reddere«) beschreibt das zweite, auf

52 Vgl. die Synonyme »membra« – »artus«; »haud [...] tremor« – »laetitia [...] stupere« sowie die Zitate aus Seneca, *H.f.* »Gelidus per artus vadit exanguis tremor« (414) bzw. »membra laetitia stupent« (621).

53 Vgl. Brülow: *Nebucadnezar*, S. 7: »Frustra terentes tempus auro carius« bzw. mit einer Seneca-Allusion Leyser, *Schola*, S. 141: »Cum revera tempus non sit longum, sed juxta Senecam infinita sit temporis brevitas, et velocitas.« – Zum Sprichwort vgl. Georges, Karl Ernst: *Ausführliches lateinisch-deutsches Handwörterbuch*, 2 Bde., Darmstadt 1998 (ND Hannover 1913–1918), hier Bd. 1, S. 859: »illud levi brachio agere, die Sache auf die leichte Achsel nehmen, Cic. *ad Att.* 4, 16, 6«.

einem biblischen Hintergrund basierende Sprichwort: »ceu statua praeduro sale formata stare«.[54]

Die folgende Prüfungsszene ist einzigartig im Vergleich zu anderen frühneuzeitlichen Schul- bzw. Studentendramen, die meist lediglich die Lateinkenntnisse von Alumnifiguren auf die Probe stellen.[55] Im *Nebucadnezar* wird jedoch die Sachkenntnis der Israeliten in mehreren akademischen Fächern überprüft. Die Prüfung Daniels und seiner Gefährten ähnelt dabei dem ersten Teil eines *Baccalaureus*-Examens,[56] das aus einer mündlichen Prüfung (*tentamen*) vor einer Kommission der Fakultät bestand und sowohl den Schülern, die als Schauspieler der Aufführung beiwohnten, als auch jenen im Zuschauerraum gut bekannt war.

Brülow hat das Prüfungsgespräch durch thematische und strukturelle Variationen abwechslungsreich gestaltet. So folgt auf längere monologische Partien eine Stichomythie, ein Dialog mit versweise wechselnden Sprechern, in dem Daniel und seine Gefährten ähnlich wie die Prüflinge der Osterpromotion mit einem Feuerwerk an Sentenzen glänzen. Womöglich orientierte sich der Autor in der Auswahl der Prüfungsthemen – es kommen u.a. naturwissenschaftliche Beobachtungen aus der Meteorologie, Biologie und Physik zur Sprache – vor allem an jenen Disziplinen, in denen die Schule von Babylon auch in der Frühen Neuzeit einen guten Ruf genoss, d.h. bei Politik und Astronomie.[57] Mit den Planeten des Sonnensystems greift Brülow abermals ein Thema aus dem Straßburger Vorlesungsbetrieb auf:

> [Nebucadnezar:] Numquid potestis, qui polo radient Dei?
> Utque astra celsa tramites peragant suos?
> D[aniel:] Spaciosa circum tecta mundi climata
> Luna ambulat, quo ab igne cedit longius,
> Ignem suum hoc ipsa magis effundere solet.
>
> [Brülow, *Nebucadnezar*, S. 19:] Nebucadnezar: Könnt ihr noch sagen, welche Götter am Himmel leuchten und wie die hohen Sterne ihre Bahnen ablaufen? – Daniel: Auf seiner

54 Vgl. Brülow: *Nebucadnezar,* S. 6f.: »Wie eine Salzsäule dastehen.« Zum Sprichwort vgl. Grimm, Jacob und Wilhelm: *Deutsches Wörterbuch,* 33 Bde., München 1984–1991 (ND Leipzig 1854–1971), hier Bd. 14, Sp. 1721 mit Verweis auf Gen 19,26.

55 Siehe etwa die *Comedia de optimo studio iuvenum* (Pforzheim [1]1504) des Heinrich Bebel (1473–1518), zu ihm Kiesel, Helmut: »Bebel, Heinrich«, in: Kühlmann (Hrsg.): *Killy Literaturlexikon,* Bd. 1 (2008), S. 379–382, oder den Prosadialog *Stylpho* ([Basel 1494]) des Jakob Wimpfeling (1450–1528), vgl. Mertens, Dieter: »Wimpfeling, Jakob«, in: ebd., Bd. 12 (2011), S. 439f. Zu den Prüfungsszenen siehe Meier, Christel: »Die Inszenierung humanistischer Werte im Drama der Frühen Neuzeit«, in: Dies./Meyer, Heinz/Spanily, Claudia (Hrsg.): *Das Theater des Mittelalters und der Frühen Neuzeit als Ort und Medium sozialer und symbolischer Kommunikation,* Münster 2004 (= *Symbolische Kommunikation und gesellschaftliche Wertesysteme* 4), S. 249–264, hier S. 253–257.

56 Vgl. Seifert, Arno: »Das höhere Schulwesen. Universitäten und Gymnasien«, in: Hammerstein, Notker/Buck, August (Hrsg.): *Handbuch der deutschen Bildungsgeschichte,* Bd. 1, München 1996, S. 197–375, hier S. 203.

57 Vgl. den Daniel-Kommentar von Gesner (*Daniel*, S. [E 5[v]]), wonach der Prophet und seine Gefährten Physik, Medizin, Politik, Astronomie, Logik und z.T. Magie studierten.

> Kreisbahn um den weiten Himmel zieht der Mond durch die Gegenden der Welt; je weiter er sich von der Sonne entfernt, desto weiter pflegt er sein Feuer auszugießen.

Gemäß dem zeitgenössischen Lehrplan in den Akademiestatuten (1604) musste der Mathematikprofessor Isaak Malleolus (1564–1645) auch astronomische Phänomene behandeln, zu denen unter anderem die Umlaufbahnen der Planeten gehörten.[58] An die gesamte Stadtgesellschaft richtet sich das Drama mit einem Tugendkatalog, den Daniel und seine Gefährten als Errungenschaft des Ethikunterrichts verkünden. Wie in zahlreichen anderen protestantischen (Reichs-)Städten (etwa Ulm, Nürnberg, Pirna), in denen im 16. bzw. 17. Jahrhundert Tugendprogramme z.B. an Brunnen errichtet wurden, zielte auch der im *Nebucadnezar* präsentierte Tugendkatalog darauf, die Bürgerschaft bzw. das Publikum des Straßburger Akademietheaters zu einer am Gemeinwohl ausgerichteten Ethik zu verpflichten.[59] An die Spitze der Tugendhierarchie setzten Brülow und die zeitgenössischen Bildprogramme daher die *Justitia*, die über die forensische Gerichtsbarkeit hinaus nun jede Form gerechten Handelns denotiert. Weisheit bzw. Klugheit als klassische Kardinaltugenden verlieren ihre nach antiker Auffassung angestammte Führungsposition, da sie lediglich der individuellen Erkenntnis zugeordnet sind. Stattdessen wird das Quartett aus Gerechtigkeit (*iustitia*), Mäßigung (*temperantia*) und Tapferkeit (*fortitudo*) von exemplarischen Situationen komplettiert, welche die gemeinschaftsstiftende Tätigkeit der Freigebigkeit (*munificentia / liberalitas*) schildern, einer bereits von Cicero behandelten Tugend:[60]

> M[isael:] Munificus audit et inopum optatus pater,
> Qui membra tristi lurida invisens lue,
> Nudosque operiens vestibus: largas ferens
> Opes egenti, subque saxo frigido
> Mortalium insepulta condens corpora,
> Infirmiorem fraude non sinit opprimi,
> Et qui tenebris carcerum exemtos nigris,
> Vexante redimit innocentes compede,
> Torvis nec hirquis inspicit gentem advenam.

> [Brülow: *Nebucadnezar*, S. 18:] Misael: Es hat ein freigebiger und den Armen erwünschter Vater ein offenes Ohr; er besucht Menschen, die durch eine bösartige Krankheit bleich

58 Zum Lehrplan der Mathematik-Professur vgl. Engel/Fournier (Hrsg.): *L'Université de Strasbourg et les Académies Protestantes Françaises*, S. 312; Schäfer: *Höfische Spuren im protestantischen Schuldrama um 1600*, S. 14f. wertete Anfang der 1930er Jahre die mittlerweile großenteils zerstörten Bestände der Bibliothek des wissenschaftlichen Instituts der Elsass-Lothringer im Reich (Frankfurt a. M.) aus. Dort kann sie in Vorlesungsverzeichnissen eine Astronomievorlesung des Malleolus (1608) nachweisen.

59 Hierzu grundlegend Kern, Margit: *Tugend versus Gnade. Protestantische Bildprogramme in Nürnberg, Pirna, Regensburg und Ulm*, Berlin 2002 (= *Berliner Schriften zur Kunst* 16). Jedoch hebt Brülow gemäß der protestantischen Doktrin die Tugenden nicht hinsichtlich ihrer eschatologischen Leistung hervor, die seit Luther, der vehement die Werkgerechtigkeit als Substitut der Glaubensgewissheit ablehnte, obsolet war (ebd., S. 1–3).

60 Vgl. hierzu Reiner, Hans: »Freigebigkeit«, in: Ritter, Joachim (Hrsg.): *Historisches Wörterbuch der Philosophie*, 13 Bde., Basel 1971–2007, hier Bd. 2 (1972), Sp. 1064f.

> geworden sind, und bedeckt Nackte mit Kleidung, bringt dem Bedürftigen reiche Hilfe und setzt unbestattete menschliche Leichname unter kaltem Stein bei. Nicht läßt er es zu, daß ein Schwächerer durch Betrug übertölpelt wird, und befreit Unschuldige aus der schwarzen Finsternis der Kerker und von ihrer quälenden Fessel und schaut Fremde nicht finster aus dem Augenwinkel an.

Hierfür stützt sich das Drama auf die sogenannten Werke der Barmherzigkeit, d.h. mehrere auf dem Matthäus-Evangelium (Mt 25,31–46) basierende Hilfsleistungen im Bereich der Armenfürsorge, auf welche im Drama die Paronomasie »inopum optatus pater« anspielt.[61] Brülow präsentiert eine Auswahl, zu welcher der Besuch von Kranken, das Bekleiden Nackter und das Begraben der Toten zählen. Die »larg[ae] opes« umfassen die Versorgung der Durstigen und Hungrigen mit Speise und Trank, während Brülow den Besuch Gefangener zum Kampf gegen Betrug und zur Befreiung Unschuldiger amplifiziert und die Gastfreundschaft gegenüber Fremden ex negativo andeutet: »[t]orvis nec hirquis inspicit gentem advenam«. Im Bereich der Obrigkeitslehre betonte schon Luther in seinem *Widmungsbrief zur Danielübersetzung an Kurprinz Johann Friedrich* (1530) den Wert des biblischen Buches:[62]

> Denn hie lernt man, das kein Fuerst sich sol auff seine eigen macht odder weisheit verlassen, noch damit trotzen vnd pochen, Denn es stehet vnd gehet kein Reich noch regiment, ynn menschlicher krafft odder witze, Sondern Gott ists allein, der es gibt, setzt, helt, regiert, schutzt, erhelt, vnd auch weg nimpt.

Nebukadnezar ignoriert jedoch die göttliche Herkunft und Legitimation aller Herrschaft und vertritt einen absolutistischen Machtanspruch, der sich sogar über den Tod hinwegsetzt: »me solutum mortis legibus«.[63] Für sein hoffärtiges Verhalten wird der König von Babylon schließlich bestraft, indem er dem Wahnsinn verfällt und mit den Tieren lebt. Schließlich übt Nebukadnezar demonstrativ gemäß der lutherischen Auffassung Buße. Der König Babylons empfindet Reue (*contritio*) und erkennt seine Sünden, zu denen auch die schrankenlose Ausübung seiner Souveränität wider die göttlichen Gesetze gehört.

Daniel wendet sich schließlich an die Hofräte und fasst den theologischen Lehrgehalt sowohl für seine innerfiktionalen Gesprächspartner als auch für das Theaterpublikum zusammen. Die Einsicht in die Vergänglichkeit (*vanitas*) weltlicher Verhältnisse (»Mortalium res«) soll gotteslästerlicher Hoffart (»superbum dictum«) vorbeugen:

> Ergo cavebis haec videns: temerarium
> Dictum superbumve in Jehovam effutias,
> Nec insolenter te geras, si plusculum

61 Darstellung nach van Bühren, Ralf: *Die Werke der Barmherzigkeit in der Kunst des 12.–18. Jahrhunderts. Zum Wandel eines Bildmotivs vor dem Hintergrund neuzeitlicher Rezeption,* Hildesheim 1998 (= *Studien zur Kunstgeschichte* 115), S. 11f. und 25f. (allgemein zur Tradition der Werke der Barmherzigkeit) bzw. S. 143–157 (zum Augsburger Epitaph).

62 Luther: *Werke*, Bd. 11/2, S. 383, 385.

63 Brülow: *Nebucadnezar*, S. 82f., amplifiziert aus Dan 4,27.

> Vel dextera vel robore ulli praevales.
> Namque una tollit, una dimittit dies
> Mortalium res [...].
>
> [Brülow: *Nebucadnezar*, S. 89:] Du, der du dies siehst, sollst dich hüten, gegen Gott unüberlegt oder hoffärtig zu sprechen. Auch sollst du dich nicht unmäßig betragen, wenn du ein bißchen mehr Macht oder Kraft hast als jemand anderes. Denn die Dinge der Menschen kann ein Tag errichten, ein [anderer] beseitigen.

Die Straßburger Akademiebühne richtete sich als didaktisches Instrument gleichermaßen an Schauspieler und Zuschauer. Die festlichen Aufführungen zur Johannismesse zählten zu einer Lernkultur, welche sowohl die Akteure auf der Bühne als auch das Publikum umfasste, die wiederum nach sozialer Herkunft und Bildung stark divergierten.[64] Als Mittel obrigkeitlicher Sozialdisziplinierung und Konfessionalisierung trug das Akademietheater zur lutherisch-bürgerlichen Moraldidaxe und zur kulturellen wie auch politisch-konfessionellen Integration der Stadtgesellschaft bei.[65]

Schlussbetrachtung und Fazit

Wie erfolgreich war die Straßburger Lernkultur? Im Gegensatz etwa zu Frankfurt, wo sich im Fettmilchaufstand (1614) Patrizier einer großen Koalition unzufriedener Bürger gegenüber sahen und von diesen zeitweise vertrieben wurden, blieb es in Straßburg, wo der Rat präventiv einige Aufrührer festnahm, ruhig.[66] Die stets systembewahrenden, obrigkeitsfreundlichen Inszenierungen des Akademietheaters, die etwa am

---

64 Zur Definition des soziologisch-didaktischen Konzeptes der »Lernkultur« vgl. Wulf, Christoph: »Rituelle Lernkulturen. Eine Einführung«, in: Ders. et al. (Hrsg.): *Lernkulturen im Umbruch. Rituelle Praktiken in Schule, Medien, Familie und Jugend,* Wiesbaden 2007, S. 7–20, hier S. 7f.

65 Zu den historiographischen Konzepten der Sozialdisziplinierung bzw. -regulierung und der Konfessionalisierung vgl. die problematisierenden Darstellungen von Reinhard, Wolfgang: »Konfessionalisierung«, in: Völker-Rasor, Anette (Hrsg.): *Frühe Neuzeit,* München 2006, S. 299–303 sowie Härter, Karl: »Sozialdisziplinierung«, in: ebd., S. 294–299. Unter Konfessionalisierung versteht man die Entstehung neuer konfessionell definierter, sozialer Großgruppen, die sich in wechselseitiger Konkurrenz seit dem 16. Jahrhundert organisatorisch und inhaltlich mit dem Ergebnis einer gesamtgesellschaftlichen Modernisierung verfestigten. Dieser Prozess interagierte mit der Sozialdisziplinierung, d.h. der Unterwerfung aller Untertanen unter allgemeinverbindliche Regeln im Interesse des Gemeinwesens; grundlegend hierzu Oestreich, Gerhard: »Strukturprobleme des europäischen Absolutismus«, in: Ders.: *Geist und Gestalt des frühmodernen Staates. Ausgewählte Aufsätze,* Berlin 1969, S. 179–197 sowie Buchholz, Werner: »Anfänge der Sozialdisziplinierung im Mittelalter. Die Reichsstadt Nürnberg als Beispiel«, in: *Zeitschrift für historische Forschung* 18 (1991), S. 129–147, der hiervon die »Sozialregulierung« unterscheidet, d.h. seit dem Spätmittelalter in Städten bestehende Vorstufen zur Sozialdisziplinierung. Zu ihrer Applikation in der Literaturwissenschaft siehe Bogner, Ralf Georg/Müller, Christa: »Arbeiten zur Sozialdisziplinierung in der Frühen Neuzeit. Ein Forschungsbericht für die Jahre 1980–1994«, in: *Frühneuzeit-Info* 7 (1996), S. 127–142, 240–252, hier S. 137–139.

66 Schindling, Anton: »Wachstum und Wohlstand vom konfessionellen Zeitalter bis zum Zeitalter Ludwigs XIV.«, in: Frankfurter Historische Kommission (Hrsg.): *Frankfurt am Main 1555–*

Beispiel von Caesars Mördern oder von Moses' Gegenspielern dem Publikum den grausamen Untergang von Aufrührern schilderten, hatten daran ihren Anteil.[67] Doch auch in der Freien Reichsstadt gab es eine Opposition, zu der etwa linksprotestantische Gruppierungen zählten. Sie galten sowohl dem lutherisch-orthodoxen Kirchenkonvent als auch dem Magistrat als Gefahr ihrer Legitimation und ihres Herrschaftsanspruchs und spürten aufgrund ihres individualisierten Glaubens- und Prüfungsgebotes, das Hierarchisierungen und institutionalisierten Machtmonopolen in der kirchlichen Organisation zuwiderlief, Kontrollen der reichsstädtischen Obrigkeit und des lutherischen Klerus.[68]

Daneben aber manifestierten sich v.a. in den 1640er Jahren, als die Aufführungen des Akademietheaters längst zugunsten von Gebettagen gegen die Gräuel des Dreißigjährigen Krieges verboten worden waren, Proteste unter Patriziern und Studenten gegen die steigende Intensität der Reformbemühungen der Straßburger lutherischen Orthodoxie in Gestalt ihres Kirchenkonventspräsidenten Johann Schmidt. Neben Predigten setzte er als Vertreter der Reformorthodoxie auf die persönliche Applikation und Verinnerlichung der Glaubenslehren durch die Gläubigen. Er verpflichtete alle lutherischen Haushalte zur Teilnahme am Gottesdienst und führte regelmäßige Gespräche mit den Gemeindepfarrern ein, um die religiöse Praxis in den Familien zu kontrollieren.[69]

Der Bestand des Gymnasiums bzw. der Universität als Zentrum der Straßburger Lernkultur, deren weithin sichtbarstes Zeichen lange die Theateraufführungen darstellten, war jedoch trotz finanzieller Probleme nie in Gefahr. Schließlich bestand seine Aufgabe darin, neben dem Generieren von Einkünften aus dem Umgang mit Studenten, gleichsam als »Pflanzgärtlein« gelehrten Nachwuchs für Kirche und Verwaltung auszubilden, hierdurch ein florierendes Gemeinwesen erst zu ermöglichen und die Führungsposition des Patriziats zu sichern.[70]

1688. Die Geschichte der Stadt in neun Beiträgen, Sigmaringen 1991 (= *Veröffentlichungen der Frankfurter Historischen Kommission* 17), S. 205–260, hier S. 229–238.

67 Vgl. Brülows *Julius Caesar* (1616) bzw. *Moses* (1621).

68 Hanstein: *Caspar Brülow (1585–1627) und das Straßburger Akademietheater,* S. 540–542.

69 Zu Johann Schmidt siehe Kühlmann, Wilhelm/Schäfer, Walter E.: *Frühbarocke Stadtkultur am Oberrhein. Studien zum literarischen Werdegang J. M. Moscheroschs (1601–1669),* Berlin 1983. (= *Philologische Studien und Quellen* 109), S. 130–160 und Dies.: *Literatur im Elsaß von Fischart bis Moscherosch. Gesammelte Studien,* Tübingen 2001, etwa S. 102–107.

70 Vgl. die Festpredigt des Straßburger Münsterpredigers Wolfgang Schaller (1572–1638) zur Verleihung der Universitätsprivilegien: *Concio Sacra Cathedrali in Ecclesia XII Augusti habita* [...], in: *Promulgatio Academicorum Privilegiorum ulteriorum*, Straßburg 1623, S. 21–39, hier S. 37. Hierzu Hanstein: *Caspar Brülow (1585–1627) und das Straßburger Akademietheater*, S. 332.

Referenzen

Quellen

Abelin, Johann Philipp: *Theatrum Europaeum [...] vom Jahr Christi 1617. biß auff das Jahr 1629*, Frankfurt a. M. 1672.

Bebel, Heinrich: *Comedia de optimo studio iuvenum*, Pforzheim [1]1504.

Brülow, Caspar: *Nebucadnezar, comoedia sacra ex Daniele Propheta depromta [sic!], et contra omnem idololatriam atque superbiam potissimum conscripta [...] In inclytae Argentoratensium Academiae theatro publicè acta, Anno post C. N. 1615. Mense Iulio*, Straßburg 1615.

—: *Cajus Julius Caesar tragoedia, ex Plutarcho, Appiano Alex. Suetonio, D. Cassio, Joh. Xiphilino &c. maximam partem concinnata, & adversus omnem temerariam seditionem atque tyrannidem ita conscripta, [...], ab v. c. ad imp. usq[ue] Octav. Aug. breviter commemoret*, Straßburg 1616.

—: *Moses, sive Exitus Israelitarum ex Aegypto, tragico-comoedia sacra, liberationem ex omni malorum pelago solum in Deum sperantibus promittens; tyrannis & seditiosis interitum & poenas denuncians ex Pentateucho & Josephi Antiquit. Jud. desumta* [...], Straßburg 1621.

Cramer, Daniel: *Biblische Außlegung: Darinnen nicht allein ein iedes Buch und Capitel der Bibel richtig verfasset und getheilet, sondern auch der Nutz darauff* [...] gezeuget [...], Straßburg 1627.

Crusius, Johann Paul: *Heliodorus: Ein Schöne newe Comoedia, genommen auß dem andern Buch Machabaeorum Cap. III*, Straßburg 1617.

Gesner, Salomo: *Daniel Propheta, Disputationibus XII. Et Praefatione Chronologica* [...], Wittenberg 1606.

Junius, Melchior: *Politicae Quaestiones centum ac tredecim, in eloquentiae studiosorum gratiam, stylum exercere cupientium, selectae* [...], 3 Bde., Straßburg 1611.

Leyser d.Ä., Polycarp: *Schola Babylonica, hoc est Ecclesiasticae Commentationes [...] in primum caput* [...] *Prophetae Danielis* [...], Frankfurt a. M. 1609.

Luther, Martin: *D. Martin Luthers Werke*, 120 Bde., Weimar 1883–2009, hier Bd. 11/2.

Meier, Justus: *Daniel. Comoedia Nova, Qva Historia Belis & Draconis continetur*, Straßburg 1600.

[Protokolle der Straßburger Schulherren vom 20. Mai 1565], 20. Juli 1568 (Straßburg AMS, 1 AST 379).

Sachs, Hans: *Comedia mit 15 personen, der Daniel (1557)*, in: Ders., hrsg. von Adelbert von Keller, Bd. 11, Stuttgart 1878 (= Bibliothek des litterarischen Vereins in Stuttgart 136), S. 27–66.

Schaller, Wolfgang: *Concio Sacra Cathedrali in Ecclesia XII Augusti habita* [...], in: *Promulgatio Academicorum Privilegiorum ulteriorum*, Straßburg 1623, S. 21–39.

Sperling, Paul: *[Briefe]*, in: Lebeau, Jean/Valentin, Jean-Marie (Hrsg.): *L'Alsace au siècle de la Réforme (1482–1621). Textes et Documentes*, Nancy 1985, S. 278–282.

Sturm, Johannes: *Classicae epistolae, sive scholae Argentinenses restitutae*, Staßburg 1565.

—: *De literarum ludis recte aperiendis liber*, Straßburg 1538, bzw. ND, in: Vormbaum, Reinhold (Hrsg.): *Die evangelischen Schulordnungen des 16. Jahrhunderts*, Gütersloh 1858, Bd.1/1, S. 653–677.

—: *Vorrede zu Georg Calaminus' Carmius sive Messias in praesepe*, Straßburg 1576.

Wimpfeling, Jakob: *Stylpho*, [Basel 1494].

Literatur

Adam, Johann: *Evangelische Kirchengeschichte der Stadt Straßburg bis zur Französischen Revolution*, Straßburg 1922.

Barner, Wilfried: *Barockrhetorik. Untersuchungen zu ihren geschichtlichen Grundlagen*, Tübingen 1970.

Bernstein, Eckhard: »Humanistische Intelligenz und kirchliche Reformen«, in: Röcke, Werner/Münkler, Marina (Hrsg.): *Die Literatur im Übergang vom Mittelalter zur Neuzeit*, München 2004 (= *Hansers Sozialgeschichte der deutschen Literatur vom 16. Jahrhundert bis zur Gegenwart* 1), S. 166–197.

Bogner, Ralf Georg/Müller, Christa: »Arbeiten zur Sozialdisziplinierung in der Frühen Neuzeit. Ein Forschungsbericht für die Jahre 1980–1994«, in: *Frühneuzeit-Info* 7 (1996), S. 127–142.

Braun, Joachim: »Biblische Musikinstrumente«, in: *MGG*[2], Sachteil, Bd. 1 (1994), Sp. 1528–1530.

Brauneck, Manfred: *Die Welt als Bühne*, 5 Bde. u. ein Registerband, Stuttgart 1993–2007.

Brosius, Christiane/Michaels, Axel/Schrode, Paula: »Ritualforschung heute – ein Überblick«, in: Dies. (Hrsg.): *Ritual und Ritualdynamik. Schlüsselbegriffe, Theorien, Diskussionen*, Stuttgart 2013, S. 9–24.

Buchholz, Werner: »Anfänge der Sozialdisziplinierung im Mittelalter. Die Reichsstadt Nürnberg als Beispiel«, in: *Zeitschrift für historische Forschung* 18 (1991), S. 129–147.

Bühren, Ralf: *Die Werke der Barmherzigkeit in der Kunst des 12.–18. Jahrhunderts. Zum Wandel eines Bildmotivs vor dem Hintergrund neuzeitlicher Rezeption*, Hildesheim 1998 (= *Studien zur Kunstgeschichte* 115).

Dähnhardt, Alfred Oskar (Hrsg.): *Griechische Dramen in deutschen Bearbeitungen von Wolfhart Spangenberg und Isaac Fröreisen*, 2 Bde., Tübingen 1896f. (= *Bibliothek des litterarischen Vereins in Stuttgart* 211f.).

Dücker, Burckhard: *Rituale. Formen – Funktionen – Geschichte. Eine Einführung in die Ritualwissenschaft*, Stuttgart 2007.

—: *Ritual und Literatur*, Hagen 2005.

Engel, Charles/Fournier, Marcel (Hrsg.): *L'Université de Strasbourg et les Académies Protestantes Françaises. Gymnase, Académie, Université de Strasbourg*, Paris 1894 [Repr. Aalen 1970] (= *Les statuts et privilèges des universités françaises depuis leur fondation jusqu'en 1789* IV/1).

Georges, Karl Ernst: *Ausführliches lateinisch-deutsches Handwörterbuch*, 2 Bde., Darmstadt 1998 (ND Hannover 1913–1918).

Giovanoli, Sandro: *Form und Funktion des Schuldramas im 16. Jahrhundert. Eine Untersuchung zu Rudolf Gwalthers »Nabal« (1549)*, Bonn 1980 (= *Studien zur Germanistik, Anglistik und Komparatistik* 102).

Grimm, Jacob und Wilhelm: *Deutsches Wörterbuch*, 33 Bde., München 1984–1991 (ND Leipzig 1854–1971).

Härter, Karl: »Sozialdisziplinierung«, in: Völker-Rasor, Anette (Hrsg.): *Frühe Neuzeit*, München 2006, S. 294–299.

Hanstein, Michael: »Brülow, Caspar«, in: Kühlmann, Wilhelm et al. (Hrsg.): *Frühe Neuzeit in Deutschland 1520–1620. Literaturwissenschaftliches Verfasserlexikon*, Berlin 2011ff., Bd. 1 (2011), Sp. 354–364.

—: *Caspar Brülow (1585–1627) und das Straßburger Akademietheater*, Berlin 2013 (= *Frühe Neuzeit* 185).

Jundt, August: *Die dramatischen Aufführungen im Gymnasium zu Straßburg. Ein Beitrag zur Geschichte des Schuldramas im 16. und 17. Jahrhundert*, Straßburg 1881.

Kern, Margit: *Tugend versus Gnade. Protestantische Bildprogramme in Nürnberg, Pirna, Regensburg und Ulm*, Berlin 2002 (= *Berliner Schriften zur Kunst* 16).

Kiesel, Helmut: »Bebel, Heinrich«, in: Kühlmann, Wilhelm (Hrsg.): *Killy Literaturlexikon*, Bd. 1, Berlin 2008, S. 379–382.

Kindermann, Heinz: *Bühne und Zuschauerraum. Ihre Zueinanderordnung seit der griechischen Antike*, Wien 1963 (= *Sitzungsberichte der Österreichischen Akademie der Wissenschaften, Philosophisch-Historische Klasse* 242,1), S. 19–30.

—: *Theatergeschichte Europas*, Bd. 2: *Renaissance*, Salzburg 1959.

Kintz, Jean-Pierre: *La Société strasbourgeoise du Milieu du XVI*[e] *Siècle à la Fin de la Guerre de Trente Ans (1560–1650)*, Paris 1984.

—: »XVIIe Siècle. Du Saint-Empire au Royaume de France«, in: *Histoire de Strasbourg des origines à nous jours*, 3 Bde., Strasbourg 1980–1982.

Kühlmann, Wilhelm: »Brülow, Caspar«, in: Ders. (Hrsg.): *Killy Literaturlexikon*, Berlin [2]2008ff., Bd. 2 (2008), S. 226–228.

—: »Pädagogische Konzeptionen«, in: Hammerstein, Notker/Buck, August (Hrsg.): *Handbuch der deutschen Bildungsgeschichte*, Bd. 1: *15. bis 17. Jahrhundert. Von der Renaissance und der Reformation bis zum Ende der Glaubenskämpfe*, München 1996, S. 153–196.

Kühlmann, Wilhelm/Schäfer, Walter E.: *Frühbarocke Stadtkultur am Oberrhein. Studien zum literarischen Werdegang J. M. Moscheroschs (1601–1669)*, Berlin 1983 (= *Philologische Studien und Quellen* 109).

—: *Literatur im Elsaß von Fischart bis Moscherosch. Gesammelte Studien*, Tübingen 2001.

Lösch, Matthias: »Bühne, Bühnenform«, in: Weimar, Klaus et al. (Hrsg.): *Reallexikon der deutschen Literaturwissenschaft*, Berlin 1997–2003, Bd. 1 (1997), S. 269–274.

Meid, Volker: *Die deutsche Literatur im Zeitalter des Barock. Vom Späthumanismus zur Frühaufklärung 1570–1740*, München 2009 (= *Geschichte der deutschen Literatur von den Anfängen bis zur Gegenwart* 5).

Meier, Christel: »Die Inszenierung humanistischer Werte im Drama der Frühen Neuzeit«, in: Dies./Meyer, Heinz/Spanily, Claudia (Hrsg.): *Das Theater des Mittelalters und der Frühen Neuzeit als Ort und Medium sozialer und symbolischer Kommunikation*, Münster 2004 (= *Symbolische Kommunikation und gesellschaftliche Wertesysteme* 4), S. 249–264.

Mertens, Dieter: »Wimpfeling, Jakob«, in: Kühlmann, Wilhelm (Hrsg.): *Killy Literaturlexikon*, Bd. 12, Berlin 2011, S. 439f.

Meyer, Christian: »Straßburg«, in: *MGG*[2], Sachteil, Bd. 8 (1998), Sp. 1852–1859.

Michael, Wolfgang F.: *Frühformen der deutschen Bühne*, Berlin 1963 (= *Schriften der Gesellschaft für Theatergeschichte* 62).

Morche, Gunther: »Walliser, Christoph Thomas«, in: *MGG*[2], Personenteil, Bd. 17 (2007), Sp. 415–417.

Oestreich, Gerhard: »Strukturprobleme des europäischen Absolutismus«, in: Ders.: *Geist und Gestalt des frühmodernen Staates. Ausgewählte Aufsätze*, Berlin 1969, S. 179–197.

Paulsen, Friedrich: *Geschichte des gelehrten Unterrichts auf den deutschen Schulen und Universitäten vom Ausgang des Mittelalters bis zur Gegenwart*, Bd. 1, Leipzig [3]1919.

Rapp, Francis: »Straßburg. Hochstift und Freie Reichsstadt«, in: Schindling, Anton/Ziegler, Walter (Hrsg.): *Die Territorien des Reichs im Zeitalter der Reformation und Konfessionalisierung*, Bd. 5: *Der Südwesten*, Münster 1993 (= *Katholisches Leben und Kirchenreform im Zeitalter der Glaubensspaltung* 50), S. 72–95.

Reichelt, Klaus: *Barockdrama und Absolutismus. Studien zum deutschen Drama zwischen 1650 und 1700*, Frankfurt a. M. 1981 (= *Arbeiten zur mittleren deutschen Literatur und Sprache* 8).

Reiner, Hans: »Freigebigkeit«, in: Ritter, Joachim (Hrsg.): *Historisches Wörterbuch der Philosophie*, 13 Bde., Basel 1971–2007, hier Bd. 2 (1972), Sp. 1064f.

Reinhard, Wolfgang: »Konfessionalisierung«, in: Völker-Rasor, Anette (Hrsg.): *Frühe Neuzeit*, München 2006, S. 299–303.

Reuss, Rodolphe: *Les Colloques scolaires du Gymnase protestant de Strasbourg*, Straßburg 1881.

Schäfer, Hildegard: *Höfische Spuren im protestantischen Schuldrama um 1600. Caspar Brülow, ein pommerscher Gelehrter in Straßburg (1585–1627)*, Oelde [1935].

Scherer, Wilhelm/Lorenz, Ottokar (Hrsg.): *Geschichte des Elsaß*, Berlin [3]1886.

Schindling, Anton: *Humanistische Hochschule und freie Reichsstadt: Gymnasium und Akademie in Straßburg. 1538–1621*, Wiesbaden 1977 (= *Veröffentlichungen des Instituts für Europäische Geschichte Mainz* 77).

Schindling, Anton: »Wachstum und Wohlstand vom konfessionellen Zeitalter bis zum Zeitalter Ludwigs XIV.«, in: Frankfurter Historische Kommission (Hrsg.): *Frankfurt am Main 1555–1688. Die Geschichte der Stadt in neun Beiträgen*, Sigmaringen 1991 (= *Veröffentlichungen der Frankfurter Historischen Kommission* 17), S. 205–260.

Schmidt, Expeditus: *Die Bühnenverhältnisse des deutschen Schuldramas und seiner volkstümlichen Ableger im sechzehnten Jahrhundert*, Berlin 1903 (= *Forschungen zur neueren Literaturgeschichte* 24).

Seifert, Arno: »Das höhere Schulwesen. Universitäten und Gymnasien«, in: Hammerstein, Notker/Buck, August (Hrsg.): *Handbuch der deutschen Bildungsgeschichte*, Bd. 1, München 1996, S. 197–375.

Skopnik, Günter: *Das Straßburger Schultheater. Sein Spielplan und seine Bühne*, Frankfurt a. M. 1935.

—: »Das Straßburger Schultheater und seine Übersetzungen lateinischer Dramen im 16. und 17. Jahrhundert«, in: *Jahrbuch der Elsass-Lothringischen Wissenschaftlichen Gesellschaft zu Straßburg* 9 (1936), S. 68–86.

Stammler, Wolfgang: *Von der Mystik zum Barock, 1400–1600*, Stuttgart 1927.

Stolleis, Michael: *Staat und Staatsräson in der frühen Neuzeit. Studien zur Geschichte des öffentlichen Rechts*, Frankfurt a. M. 1990.

Tröster, Patrick: *Das Alta-Ensemble und seine Instrumente von der Spätgotik bis zur Hochrenaissance (1300–1550). Eine musikikonographische Studie*, Tübingen 2001.

Valentin, Jean-Marie: »Templum (et Musarum quoque?) repurgandum. Orthodoxie et théâtre à Strasbourg (1581–1610)«, in: *Études germaniques* 50 (1995), S. 557–594.

Walsdorf, Hanna: »Ritualtransfer zwischen Opéra und Jesuitenkolleg. Tanzikonen des 18. Jahrhunderts auf der Schulbühne in Louis-le-Grand«, in: *Forum Ritualdynamik* 17 (2011).

Warstat, Matthias: »Ritual«, in: Fischer-Lichte, Erika et al. (Hrsg.): *Metzler Lexikon Theatertheorie*, Stuttgart 2005, S. 274–278.

Welker, Lorenz: »Alta«, in: *MGG*[2], Sachteil, Bd. 1 (1994), Sp. 479–483.

Welker, Lorenz: »Bläserensembles der Renaissance«, in: *Basler Jahrbuch für Historische Musikpraxis* 14 (1990), S. 249–270.

Winternitz, Emanuel: *Musical Instruments and their Symbolism in Western Art*, London 1967.

Wulf, Christoph: »Der andere Unterricht: Kunst. Mimesis, Poiesis und Alterität als Merkmale performativer Lernkultur«, in: Ders. et al. (Hrsg.): *Lernkulturen im Umbruch. Rituelle Praktiken in Schule, Medien, Familie und Jugend*, Wiesbaden 2007, S. 91–120.

Wulf, Christoph: »Rituelle Lernkulturen. Eine Einführung«, in: Ders. et al. (Hrsg.): *Lernkulturen im Umbruch. Rituelle Praktiken in Schule, Medien, Familie und Jugend*, Wiesbaden 2007, S. 7–20.

Žak, Sabine: *Musik als »Ehr und Zier« im mittelalterlichen Reich. Studien zur Musik im höfischen Leben*, Neuss 1979.

Rituelle Aspekte des höfischen Tanzes im Ancien Régime[1]. Tanzstunde – Hofball – Hofballett

Gerrit Berenike Heiter

Das klassische Ballett hat seine ästhetischen und tanztechnischen Wurzeln in der Tanzkultur der europäischen Aristokratie, die sich durch hohe performative Ansprüche und einen ritualisierten Rahmen auszeichnet. Tanz, sowohl als Ball oder auch als Hofballett, wurde seit der frühen Neuzeit in die europäische höfische Festkultur integriert und zu politischen Zwecken instrumentalisiert. Dabei spielten verschiedene Beweggründe eine Rolle, so etwa die Konstitution von Gemeinschaft oder die Festigung von Rollenbildern und bestehenden Herrschaftsformen durch die aktive oder passive Teilnahme, die stets einer Auszeichnung der Beteiligten gleichkam. Die Handlungsabläufe von Hofbällen und Hofballetten wurden vielfach symbolisch aufgeladen, wobei auch die neoplatonische Philosophie der Harmonieherstellung als wichtige Inspiration diente. Im Laufe der hier betrachteten drei Jahrhunderte des *Ancien Régime* wurden die verschiedenen Motivationen in Frankreich jedoch unterschiedlich gewichtet und führten auch zu Wandlungen des Hofballetts, aus dem heraus das professionelle Ballett entstand.[2]

In diesem Artikel werden überblicksmäßig anhand der Tanzstunde, des Hofballs und des Hofballetts der Stellenwert, die zeremoniellen Gepflogenheiten und rituellen Dimensionen des Tanzes in der Körperkultur der höfischen Gesellschaft des *Ancien Régime* vorgestellt und analysiert. Ein besonderes Augenmerk wird dabei auf die formale und räumliche Rahmung der Tanzveranstaltungen gelegt. Um die Relevanz des Tanzes für die Aristokratie einleitend zu veranschaulichen, werden anfangs die Bedeutung des Körpers in der sozialen Interaktion, die spezifische Rolle des Tanzes in der Erziehung und das Selbstverständnis des französischen Adels beleuchtet werden.

---

1 Der Begriff *Ancien Régime* umfasst im Allgemeinen die Periode der Neuzeit, von der Renaissance bis zur Französischen Revolution, siehe Bély, Lucien (Hrsg.): *Dictionnaire de l'Ancien Régime, Royaume de France, XVIe– XVIIIe siècle*, Paris 1996.

2 Für eine ausführliche Übersicht über die französische Tanzkultur und ihren Einfluss auf die europäische Tanzkultur, insbesondere der Entstehung des *ballet de cour*, vgl. die neueste Studie mit tabellarischen Anhängen zu Tänzern und Tanzmeistern von Lecomte, Nathalie: *Entre cours et jardins d'illusion, Le ballet en Europe (1515–1715),* Pantin 2014.

Stellenwert des Tanzes in der aristokratischen Gesellschaft

Die Bedeutung des Tanzes in der höfischen Gesellschaft der frühen Neuzeit lässt sich an der im Vergleich zum Volkstanz reichen Quellenlage, an der Verschriftlichung und Akademisierung des Tanzes und nicht zuletzt an der Rolle ablesen, die dem Tanz in der Erziehung beigemessen wurde. Besonders in Frankreich während des *Ancien Régime* wurde der Tanz nicht nur für Unterhaltung und Geselligkeit, sondern sehr strategisch sowohl für innen- als auch außenpolitische Zwecke eingesetzt, so dass die französische Tanzkultur – vergleichbar mit dem Gebrauch der französischen Sprache – im 18. Jahrhundert tonangebend für die aristokratischen Kreise Europas wurde.[3] Die Überzeugung, dass angeborener Adel sich auch in der körperlichen Haltung offenbaren müsse, führte zu einem hohen Anspruch bezüglich der Körperbeherrschung und der Entwicklung komplexer Verhaltensregeln, die man sich nur über langjähriges, tägliches Üben unter Anleitung von Tanz-, Reit- und Fechtmeistern aneignen konnte. Die körperliche Präsenz, die Bewegungsqualität und die Haltung waren nicht nur in der höfischen Kommunikation und der Ständegesellschaft des *Ancien Régime* relevant. Ganz allgemein erklärt sich die Bedeutung von Körperhaltungen und Bewegungsmustern dadurch, dass der Körper ein zentrales Kommunikationsmedium in der alltäglichen sozialen Interaktion war und ist:[4]

> Hält man aktuelle und historische Anstandsbücher […] nebeneinander, […] fällt auch auf, dass damals wie heute ein besonderes Augenmerk auf Körperhaltungen und -bewegungen gerichtet wird. Verständlich wird diese Fokussierung erst, wenn man sich die zentrale Rolle, die der Körper in der sozialen Interaktion spielt, vor Augen führt. Sie gründet vor allem darin, dass es sich bei körperlichen Verhaltensweisen größtenteils um habitualisierte Akte handelt: Die meisten Körperhaltungen und -bewegungen sind sozialisationsbedingt, also von klein auf erlernt und eingeübt, und deshalb hochgradig sozial determiniert. Als »signifikante Unterscheidungsmerkmale« (Bourdieu) besitzen sie eine kaum zu überschätzende Bedeutung für die Formierung gesellschaftlicher Gruppen, die sich über einen gemeinsamen körperlichen Habitus ebenso definieren wie über ähnliche Wertvorstellungen und Lebensstile. Gruppenspezifische Haltungs- und Bewegungsarten zielen deswegen immer auch auf Ausgrenzungen ab, denn wer seinen Körper anders hält oder bewegt, gehört dezidiert nicht dazu. Gilt dies schon für ganz banale, scheinbar belang-

3 Über den Tanz und die Galanterie im französisch-deutschen Kulturtransfer siehe: Mourey, Marie-Thérèse: »Tanzen als Schule galanten Gebahrens«, in: Florack, Ruth/Singer, Rüdiger (Hrsg.): *Die Kunst der Galanterie: Facetten eines Verhaltensmodells in der Literatur der Frühen Neuzeit*, Berlin u. a. 2012, S. 275–299.

4 Zum Körper als Kommunikationsmedium siehe den Beitrag von Schlögel, Rudolf: »Resümee: Typen und Grenzen der Körperkommunikation in der Frühen Neuzeit«, in: Burckhardt, Johannes/Werkstetter, Christiane (Hrsg.): *Kommunikation und Medien der Frühen Neuzeit*, München 2005, S. 447–560 sowie Hengerer, Markus: »Zur Konstellation der Körper höfischer Kommunikation«, in: ebd., S. 419–446, und Mourey, Marie.Thérèse: »Der Körper als Medium höfischer Kommunikation am Beispiel des Hofballets«, in: Walter, Axel (Hrsg.): *Medien höfischer Kommunikation. Formen, Funktionen und Wandlungen am Beispiel des Gothaer Hofes*, Leiden u.a. 2015 (= *Daphnis* 42), S. 491–513.

> lose Tätigkeiten wie das Gehen, Stehen oder Sitzen, so gilt es umso mehr für körpergebundene Umgangsformen, denen als unmittelbarer Ausweis der genossenen Erziehung die Signatur der sozialen Herkunft in besonderem Maße eingeschrieben ist und die daher als Erkennungszeichen par excellence unter Gleichgesinnten fungieren.[5]

Die Geburt, das Erlernen bestimmter Körpertechniken sowie ein sozial determiniertes Verhaltensideal unterschieden die europäische Aristokratie vom gemeinen Volk. Reiten, Fechten und Tanzen erlaubten es dem Adeligen, sich auch äußerlich durch Körperhaltung und Erscheinung von den Angehörigen niederer Gesellschaftsschichten durch einen ihm eigenen *habitus corporis*[6] abzusetzen. Körperbeherrschung im Allgemeinen und die Verinnerlichung ritualisierter Gesten, wie der Verbeugung und dem Hutziehen bei Begrüßungsritualen, waren Voraussetzung für die erfolgreiche Eingliederung in die Adelsgemeinschaft und die elitäre Hofgesellschaft. Durch Körperbeherrschung sollten auch Selbstbeherrschung und Mäßigkeit geübt werden, denn man darf die hohe Gewaltbereitschaft des männlichen Adels nicht außer Acht lassen, die etwa durch die vielen Edikte gegen Duelle bis zur Mitte des 17. Jahrhunderts belegt ist. So wurden der Tanz- sowie der Musikpraxis nicht nur harmoniestiftende, sondern auch die Sitten verfeinernde Eigenschaften zugeschrieben.

Mit dem Erstarken der Souveränität des Königs und dem Aufkommen des Absolutismus vollzog sich in der Periode vom 16. zum 18. Jahrhundert ein großer Wandel des Hoflebens.[7] Nur die Bindung des immer wieder zur Rebellion neigenden Adels an den Hof – mittels der zunehmenden Bedeutung der Anwesenheit für den Erwerb von Prestige, Privilegien und Gunstbezeugungen – erlaubte diese Machtzentrierung. Die historische Zugänglichkeit der französischen Könige für den Adel und dessen Familiarität mit dem König wurden von Heinrich III. erstmals durch zeremonielle Ordnungen gegen Ende des 16. Jahrhunderts eingeschränkt.[8] Um die Hofleute zu unterhalten, hatte König Heinrich III. befohlen, dass mehrmals pro Woche bei der Königin getanzt werden solle. Die anwesenden Hofmänner im Dienst konnten diesen Bällen nicht fernbleiben.[9] Die Tanzgelegenheiten boten einen willkommenen Anlass, sich mit den Damen zu unterhalten, denn der Hof war im 16. und 17. Jahrhundert noch sehr viel

5 Frieling, Kirsten O.: »Haltung bewahren: Der Körper im Spiegel frühneuzeitlicher Schriften über Umgangsformen«, in: Mallinckrodt, Rebekka von (Hrsg.): *Bewegtes Leben, Körpertechniken in der Frühen Neuzeit*, Wiesbaden 2008, S. 39–59.

6 Vgl. Simonis, Linda: »Habitus«, in: Nünning, Ansgar (Hrsg.): *Metzler Lexikon Literatur- und Kulturtheorie*, Stuttgart 2008, S. 271f., sowie Bourdieu, Pierre: *La Distinction*, Paris 1979. Weiterführend: Swartz, David: *Culture & Power, The Sociology of Pierre Bourdieu*, Chicago 1997.

7 Vgl. Elias, Norbert: *Die höfische Gesellschaft, Untersuchungen zur Soziologie des Königtums und der höfischen Aristokratie*, Frankfurt a. M. 1969 sowie ders.: *Über den Prozess der Zivilisation. Soziogenetische und psychogenetische Untersuchungen*, Bd. 2: *Wandlungen der Gesellschaft. Entwurf zu einer Theorie der Zivilisation*, Frankfurt a. M. 1997; Lippe, Rudolf zur: *Naturbeherrschung am Menschen*, Bd. 2: *Geometrisierung des Menschen und Repräsentation des Privaten im französischen Absolutismus*, Frankfurt a. M. 1974.

8 Boucher, Jacqueline: *Société et mentalités autour de Henri III*, Paris 1981, Bd. I, S. 199 sowie Chatenet, Monique: *La France au XVI*[e] *siècle: Vie sociale et architecture*, Paris 2002, insbes. Kap. IV: *Usages de cour*, S. 106–141.

9 Boucher: *Société et mentalités autour de Henri III*, S. 201.

männlicher dominiert als im 18. Jahrhundert. Die Verlegung der Residenz nach Versailles unter Ludwig XIV. und die ständig erwünschte Präsenz des Adels bei Hofe führten zur Veränderung des Hofalltags. Waren unter den Valois und noch in der ersten Hälfte des 17. Jahrhunderts spontane maskierte Tänze und improvisierte Hofballette mit nur wenigen Tänzern üblich, waren der Hofball und das Hofballett unter Ludwig XIV. vornehmlich von der königlichen Initiative abhängig. Die Teilnahme an den Tanzveranstaltungen bei Hofe unterlag keinesfalls der Freiwilligkeit oder einer persönlichen Initiative. Der gesellschaftliche Zwang betraf vor allem den Hochadel, der bei den verschiedenen Tanzveranstaltungen seinen Rang ideal zu verkörpern und zu repräsentieren hatte. Dies bedingte eine eigene Lernkultur, die nicht nur das Wissen um tänzerische Bewegungen und Choreographien implizierte, sondern auch die Kenntnis der zeremoniellen Regeln und des rituellen Rahmens.

In der Leibeserziehung des französischen Adels spielte der Tanz seit dem 16. Jahrhundert eine besondere Rolle, was sich sowohl in Tanztraktaten als auch in Anstandsliteratur, Erziehungstraktaten und Verhaltenslehren niederschlug. Deren große Anzahl belegt die Beschäftigung mit Fragen des Verhaltens und des Anstands innerhalb einer klar umrissenen Gesellschaftsschicht und die langsame Konstruktion des Idealbildes des Edelmanns.[10]

Neben den Tanztraktaten (wie beispielsweise der *Apologie de la Danse* [1623][11] von François de Lauze) weisen auch die allgemeinen Erziehungs-, Reit- und Fechttraktate auf die Bedeutung des Tanzes für das gesellschaftlich erwartete, performative Auftreten des jungen, adeligen Mannes nachdrücklich hin. Nicht nur im Tanz, sondern ganz allgemein war von größter Wichtigkeit, dass alle Bewegungen mit ungezwungener Grazie und ohne Anzeichen von Affektiertheit ausgeführt wurden, um den angeborenen, verkörperten Adel unter Beweis zu stellen. Das Postulat dieses Ideals der Bewegungsqualität geht zurück auf den Begriff der *sprezzatura*, wie ihn Baldassare di Castiglione in seinem Traktat *Il Libro del Cortigiano* 1528 eingeführt hat.[12] Seine Schrift ist ein Schlüsselwerk und blieb im Wandel der drei Jahrhunderte des *Ancien Régime* ein Modell für das Ideal des Hofmanns. Allgemeine Erziehungstraktate für die Aristokratie, wie z.B. *La Nourriture de la Noblesse* (1604) von Thomas Pelletier, empfahlen, die körperliche Erziehung so früh wie möglich zu beginnen, um die gewünschte elegante und nonchalante Körperhaltung zu erlernen:

> Quant à la danse, i'estime que c'est l'exercice qu'vn Gentilhomme doit apprendre fort ieune: car d'apporter vn grand corps dans la salle d'vn maistre à l'âge de dixhuict, à vingt ans, tout barbu, grossier, roide, & lourd comme vn Elephant, ce sera bien vn chef d'œuure si on prend iamais honneur à vn tel escholier. Si exerceant de bonne heure il se formera vn [sic!] habitude de bien porter son corps, le mouuement & l'action de ses

10 Montadon, Alain (Hrsg.): *Bibliographie de savoir-vivre en Europe du Moyen Âge à nos jours*, 2 Bde., Bd. I: *France – Ángleterre – Allemagne*, Bd. II: *Italie – Espagne – Portugal – Roumanie – Norvège – Pays Tchèque et Slovaque – Pologne*, Clermont-Ferrand 1995.

11 Lauze, François de: *Apologie de la danse et la parfaicte méthode de l'enseigner tant aux cavaliers qu'aux dames*, o.O. 1623.

12 Castiglione, Baldassare di: *Il Libro del Cortegiano*, Venedig 1528, Reprint Rom 1986, S. 31.

> membres en sera plus gay, plus libre, plus à soy, sans estre comme tout lié & enueloppé en vn monceau. Ie desire que ce Gentilhomme n'ait pas tant d'ambition, de sçauoir si à fond la science des pieds de son maistre qu'il doit estre curieux de l'immiter sur tout en sa bonne grace. Car si la danse n'est releuee d'vn bel air toute ceste diuersité de parterres n'y donne pas grand lustre ny eclat.[13]

In diesem Zitat zeigt sich das ambivalente Verhältnis zur Meisterschaft im Tanzen. Es war ein schmaler Grat zwischen gesellschaftlich abverlangtem Können zur Demonstration des sozialen Status und dem Verdacht, ein *baladin*, ein professioneller Tänzer, zu sein, der für seinen Lebensunterhalt tanzt. So durfte ein Adeliger nicht den Ehrgeiz haben, so gut wie sein Tanzlehrer zu werden oder gar seine Virtuosität vor Publikum zur Schau zu stellen. Nur in der Zeit der Auftritte von Ludwig XIV., umgeben von den besten Tänzern seines Hofes, aristokratischen oder professionellen Tänzern, wurde dieses ästhetische Urteil in den Hintergrund gerückt. 1669, noch bevor Ludwig XIV. beschloss, nicht mehr aufzutreten und Berufstänzer zunehmend den Adel bei Balletten ersetzten, bedurfte es eines königlichen Ratsbeschlusses, um adeligen Tänzern die Teilnahme an Balletten mit Berufstänzern zu gestatten.[14] Hofball und Hofballett, deren spezifische Eigenschaft die aktive Teilnahme des Adels war, generierten also ambivalente Erwartungshaltungen bezüglich des performativen Ideals. Diese diskrepante Haltung findet sich in den Tanztraktaten und der Anstandsliteratur vertreten sowie auch tanzstilistisch im Eintrag »Danse« in Antoine Furetières *Dictionnaire universel* von 1690 formuliert:

> La *danse par haut*, est celle des Baladins, qui font des cabrioles & gambades. *Danse par bas*, est celle qui se fait modestement & terre à terre, comme celle des honnestes gens.[15]

Die Unterscheidung in *danse haute* und *danse terre à terre* ist für die Entstehung des Konzepts und der ästhetischen Prinzipien der *belle danse*[16] ausschlaggebend. *La danse haute* war der virtuose theatrale Tanz mit Sprungvokabular, wohingegen der Stil *terre à terre* für die Ästhetik des Balltanzes bestimmend war und eine besondere Art der Körperbeherrschung und der Erdung verlangte. Unter *belle danse*, die vor allem auf das Bewegungsvokabular des Balles Anwendung fand, verstand man nicht nur ein ästhetisches, sondern auch ein moralisches Konzept:

---

13 Pelletier, Thomas: *La Nourriture de la Noblesse*, Paris 1604, S. 86.

14 Christout, Marie-Francoise: *Le Ballet occidental. Naissance et métamorphoses XVIe–XXe siècles*, Paris 1995, S. 32.

15 Furetière, Antoine: »Danse«, in: Ders.: *Dictionaire* [sic!] *universel, contenant généralement tous les mots françois tant vieux que modernes et les termes de toutes les sciences et des arts*, Den Haag 1690, Bd. 1, unpag.

16 Siehe Roucher-Kougioumtzoglou, Eugenia: »Belle danse«, in: Le Moal, Philippe: *Dictionnaire de la danse*, Paris 2008, S. 687f., sowie für genauere stilistische Definitionen ihre Dissertation: *Aux Origines de la danse classique. Le Vocabulaire de la »belle dance« 1661–1701*, Villetaneuse 1991.

> Que la Dance qu'on nomme la belle, qui consiste en simples demarches, à bien observer le pas & à garder des temps reguliers & justes, est toûjours plus majestueuse et sent mieux sa personne de qualité, & ce qui vaut encore beaucoup mieux, la modéstie &la vertu.[17]

Wie eingangs dargestellt, waren körperliche Präsenz, Bewegungsqualität und Haltung alles andere als unerheblich in der höfischen Kommunikation. Dabei stellt sich die Frage nach dem Verhältnis von Theorie und Praxis, denn wenn die Traktate so eindringlich auf Regeln insistierten, ist dies möglicherweise ein Hinweis darauf, wie groß der Unterschied zur Praxis tatsächlich gewesen sein könnte.

> Combien d'art pour rentrer dans la nature! combien de temps, de règles, d'attention et de travail pour danser avec la même liberté et la même grâce que l'on sait marcher [...].[18]

Nur mit großem zeitlichen Aufwand und körperlichem Engagement war es möglich, Grazie und eine selbstverständlich scheinende Kunstfertigkeit des Tanzens zu erlangen. Erlernt wurden die Tanztechnik und das gesellschaftlich erwartete Verhalten unter anderem in Tanzstunden bei Tanzmeistern sowie durch die sehr frühe Anwesenheit und Teilnahme der adeligen Kinder an gesellschaftlichen Ereignissen.

Tanzstunde

Regelmäßige Tanzstunden mit mimetischen und repetitiven Lern- und Übungsprozessen waren die Bedingung für die Entwicklung, die Verfeinerung und den erfolgreichen Ablauf der Tanzveranstaltungen bei Hofe. Nur wenige Zeugnisse über den Ablauf von Tanzstunden existieren, wohl weil diese zumeist entweder im häuslichen Rahmen oder, für einen Teil des männlichen Adels, in den Ritterakademien oder auch bei Hofe, wenn sie als Pagen dienten, stattfanden. Jedoch war die Tanzstunde für den Dauphin, den zukünftigen Ludwig XIII., ein fester Bestandteil des Tagesablaufs, wie der Gang zur Messe oder andere Studien.[19] Es darf angenommen werden, dass es für die Kindheit seiner Nachfolger nicht anders war.

Der Unterricht wurde von Tanzmeistern abgehalten, die bis zur Gründung der *Académie Royale de Danse* 1661 einer berufsständischen Organisation angehörten, der *Confrérie de Saint-Julien*. Sie waren nicht nur Tänzer, sondern auch Musiker, meist Violinisten, da sie sich selbst und ihre Schüler musikalisch begleiteten. Ihr Oberhaupt, der »roy et maistre de tous les maistres joueurs d'instrumens et maîtres a danser«[20] war 1661 Guillaume Dumanoir. Er verfasste anlässlich der Gründung der *Académie Royale*

---

17 Pure, Michel de: *Idée des spectacles anciens et nouveaux*, Paris 1668, S. 278f.

18 La Bruyère, Jean de: *Les Caractères ou les moeurs de ce siècle: »Des Jugements«*, Nr. 34 (7. Ausgabe), 1692, Paris 1951, S. 355f.

19 Héroard, Jean: *Journal*, hrsg. von Madeleine Foisil, 2 Bde., Paris 1989.

20 Salmen, Walter: *Der Tanzmeister*, Hildesheim et al. 1997, S. 36.

de Danse eine Streitschrift, in der er zur Wiedervereinigung von Musik und Tanz aufforderte und in der er von der Existenz von dreitausend bis viertausend Tanzmeistern[21] und von mehr als zweihundert Tanzsälen[22] in Paris schreibt. Nach Angaben von Michael Praetorius soll es in Paris zu Anfang des 16. Jahrhunderts dreihundert Tanzmeister gegeben haben.[23] Diese von zeitgenössischen Quellen angegebenen Zahlen sind nicht belegbar, weisen allerdings auf die hohe Nachfrage nach Tanzmeistern bzw. Tanzstunden hin.

Die doppelte Funktion des Tanzmeisters als Musiker und Tänzer hat eine lange Tradition, und so wird der Tanzmeister auf Gravuren des 17. und 18. Jahrhunderts oft mit einer Violine oder der *Pochette*[24] (Tanzmeistergeige) dargestellt, die man, wie der Name andeutet, in die Tasche stecken konnte.[25] In Paris war das Zeichen einer Violine an einem Haus der klare Hinweis darauf, dass hier ein Tanzmeister unterrichtete.[26]

Taktgefühl im musikalischen wie auch im gesellschaftlichen Sinne war für Tanzveranstaltungen unerlässlich, wie im Folgenden noch genauer ausgeführt wird. So wurde in der Tanzstunde die erprobte Methode angewendet, die Schüler im Takt klatschen zu lassen, wie es etwa im *Traité de la Cadence* des Tanzmeisters Magny erwähnt wird:

> J'ai dit qu'il falloit deux mesures d'un air de menuet pour un pas, il faut supposer ces deux mesures dans une, qui devient une mesure six quatre, en faire autant de deux mesures trois huit, chacune de ces mesures supposées ne feront autre chose que des mesures à deux tems [sic!], telle que nous la faisons battre aux ecoliers, en jouant ou chantant les airs du mouvement qui convient, ou que la danse exige, tant pour les menuets que passe-pieds, &c.[27]

Bezüglich der Vorbereitungen und Proben für ein Hofballett finden sich im Ballett-traktat von Nicolas de Saint-Hubert Indikationen über die Aufgabengebiete der Tanzmeister:

> [...] & le maistre à dancer doit faire les pas & les figures en sorte que l'on puisse dancer auec ce que l'on doit porter sur soy, & tout en sera beaucoup mieux, Il prendra garde aussi

21 Dumanoir, Guillaume: *Le Mariage de la musique avec la dance, contenant la reponce au livre des treize pretendus Academistes, touchant ces deux Arts*, Paris 1664, S. 6 und 50, allerdings führt er auf S. 51 sogar vier- bis fünftausend Tänzer und Tanzmeister an.

22 Ebd., S. 119.

23 Praetorius, Michael: *Terpsichore*, Wolfenbüttel 1612 (Reprint 1929), S. XI.

24 Vgl. Drescher, Thomas/Gätjen, Bram/Rônez, Marianne/Mazurowicz, Ulrich/Jewanski, Jörg: »Violine«, in: Finscher, Ludwig (Hrsg.): *Die Musik in Geschichte und Gegenwart. Allgemeine Enzyklopädie der Musik*, Sachteil, Bd. 9, Kassel 1998, Sp. 1597–1686, hier Sp. 1612f.

25 Vgl. Salmen: *Der Tanzmeister*, S. 34 sowie Ders.: *Tanz im 17. und 18. Jahrhundert*, Leipzig 1988, Abb. 96 auf S. 125, Abb. 105 und 106 auf S. 133 sowie Abb. 108 auf S. 135, Abb. 111 auf S. 139.

26 Vgl. Dumanoir: *Le Mariage de la musique avec la dance*, S. 117: »[...] & de fait, au dessous du Violon qui leur sert d'Enseigne, on écrit toûjours ces mots: *ceans on montre à Dancer:* Et de plus encor, lors qu'on veut exprimer qu'vn Ecolier va apprendre cét exercice, ou celuy de l'Epée, on dit vulgairement qu'il va à la Salle.«

27 Magny, Claude-Marc: *Principes de chorégraphie, suivis D'un Traité de la Cadence, qui apprendra les tems & les valeurs de chaque pas de la Danse, détaillés par caracteres, figures & signes démonstratifs*, Paris 1765; siehe *Traité de la Cadence*, S. 119–133, hier S. 126.

> suiua[n]t les entrées de faire plus ou moins de figures & non esgales, & se souuiendra que les boufon[n]es & d'habits grotesques soient courtes [...]. Et pour les entrées serieuse[s], bien dancer & bien vestuës, il les faut allonger, encore si elles passe [sic!] cinq ou six figures il faut qu'elles changent d'airs & de pas, pour ne point ennuyer.[28]

Saint-Hubert spricht sich auch für Probenzeiten aus, denn er meint, dass die improvisierten Unternehmungen nie so recht gelängen. Für ein *grand ballet* mit dreißig Auftritten hätte er gerne fünfzehn Tage Proben und für ein kleines Ballett mit zehn bis zwölf Auftritten acht Tage.[29] Seine Anmerkung, Leute, die es gewohnt seien, in einem Hofballett aufzutreten, könnten ihre Schritte und ihre *Entrée* innerhalb eines Tages einstudieren, – sie aber nach zwei Tagen gut, noch besser in vier und sehr viel besser in acht Tagen tanzen – und dass die Zeit es erlaube, Fehler zu erkennen beziehungsweise zu korrigieren, zeigt wie sehr man in Frankreich gewohnt war, innerhalb kürzester Zeit ein Hofballett aufzuführen.[30]

Die Empfehlungen Saint-Huberts und das Fehlen der Tanzstunde in der zeitgenössischen Literatur (in welcher Ballszenen dagegen häufig zu finden sind) lassen vermuten, dass der Moment des Lernens, des Einstudierens und der Anstrengung, also implizit auch der Moment der Unvollkommenheit und der Ungeschicklichkeit, nicht gerne dargestellt wurde. Denn so wäre das Prinzip der inhärenten Körperbeherrschung, Grazie und Disziplin erschüttert worden. Die Bemühung um körperliche Kunstfertigkeit scheint so weit auf die Spitze getrieben worden zu sein, dass es tatsächlich möglich war, einen Tanz und eine *entrée de ballet* innerhalb eines Tages zu erlernen und abends tanzen zu können. Das dem klassischen Ballett zugrundeliegende Prinzip der Illusion von Unangestrengtheit und natürlicher Leichtigkeit hat seine Wurzeln in den Prinzipien der *belle danse*.

Die Verschriftlichung des Tanzes durch die von Pierre Beauchamps entwickelte und von Raoul Auger Feuillet publizierte Tanznotation[31] führte dazu, dass man die neuesten Tänze, choreographiert für den Ball oder für die Bühne, im Druck erwerben und dann mit Hilfe eines Tanzmeisters einstudieren konnte. Diese Tänze wurden einzeln oder als Sammlung herausgebracht und dem Publikum angeboten.[32] In wieweit einzelne Amateure die Tanzschrift selbstständig lesen konnten, lässt sich nicht feststellen; die Methode Feuillets ist in den einschlägigen Veröffentlichungen jedoch sehr

---

28 Saint-Hubert, Nicolas de: *La Manière de composer et faire réussir les ballets*, Paris 1641, S. 16f.

29 Alles in allem erscheint das heute ein geringer Zeitaufwand zu sein, wenn man noch dazu bedenkt, dass nicht den ganzen Tag geprobt wurde.

30 Vgl. Saint-Hubert, *La Manière de composer et faire réussir les ballets*, S. 5 und 17.

31 Siehe Feuillet, Raoul-Auger: *Chorégraphie ou l'art de décrire la danse par caractères, figures et signes démonstratifs*, Paris 1700.

32 Zum Repertoire der Choreographien siehe Lancelot, Francine: *La Belle Dance. Catalogue raisonné fait en l'an 1995*, Paris 1996. Es setzt sich aus 297 gedruckten und 242 handschriftlichen Tänzen zusammen. Die Manuskripte sind auch ein Hinweis, dass Tänzer, Choreographen und Tanzmeister, die Schrift zur Fixierung ihrer Tänze nutzten. Mittlerweile wurden noch weitere Tänze gefunden, ohne dass diese weiterrepertoriert wurden. Zur Vollständigkeit sei hier auch noch auf ein Werk, das auch die englischen Choreographien berücksichtigt, verwiesen, siehe Little, Meredith Ellis/Marsh, Carol G.: *La Danse Noble: An Inventory of Dances and Sources*, Williamstown, et al. 1992.

genau beschrieben und erlaubte es, die Tanznotation selbst zu erlernen.[33] Sie ermöglichte nicht nur eine weite Verbreitung der Tänze in ganz Europa, sondern auch eine Fixierung der eng an die Musik gebundenen Schritte und Raumwege, so dass der Tanz zwar durchwegs »geregelt« wurde, es dabei aber immer noch einen Spielraum für persönliche Interpretation gab. Die Tendenz zur Herstellung von Ordnungssystemen und zur Reglementierung, charakteristisch für die französische Kunstströmung des *Classicisme*, manifestiert sich auch im streng zeremoniell geregelten Ablauf des Hofballes.[34]

Zeremoniell und Ritual im höfischen Tanz

Die meisten Publikationen zu den kulturellen Phänomenen des französischen Hofballetts und des Hofballs schreiben ihnen zwar eine rituelle Dimension zu, jedoch ohne systematische ritualtheoretische Untersuchung.[35] Diese noch ausstehende sehr umfangreiche Arbeit kann auch dieser Artikel nicht leisten. Das Ziel ist jedoch verschiedene rituelle Aspekte aufzuzeigen. Zuvor ist es notwendig einige Bemerkungen zur Bedeutung und Verwendung der Begriffe »Zeremoniell« und »Ritual« vorauszuschicken. Der Begriff Ritual versteht sich hier in einem sehr weiten Sinn. Da es keine allgemeingültige Definition für Ritual gibt, stützt sich diese Untersuchung auf die Konzepte und Interpretationen der Geschichtswissenschaft.[36]

---

33 In ihrer Doktorarbeit widmet Marie Glon den verschiedenen Problematiken um die Lektüre und dem lesenden Tänzer ein ganzes Großkapitel, siehe Glon, Marie, *Les Lumières chorégraphiques. Les maîtres de danse européens au coeur d'un phénomène éditorial (1700–1760)*, Dissertation EHESS Paris 2014, S. 159–240. Besonders interessant ist ihre Analyse von fünf Beispielen einer Lektüre, bzw. einer Beschäftigung mit dieser Tanznotation, in den meisten Fällen aber von Tanzmeistern, S. 192–218.

34 Vgl. Burke, Peter: *The Fabrication of Louis XIV*, New Haven 1994.

35 Vgl. Walsdorf, Hanna: *Die politische Bühne. Ballett und Ritual im Jesuitenkolleg Louis le Grand 1701–1762*, Würzburg 2012, S. 23f. Eine interdisziplinäre, kulturwissenschaftlich fundierte Interpretation der Hofballette von 1573 bis zur Funktion des Tanzes in den *comédie-Ballets* von Molière bietet Mark Franko, siehe Franko, Mark: *Dance as Text. Ideologies of the Baroque Body*, Cambridge 1993. Die Studie von Nicole Faust untersucht den Tanz als Kulturtechnik und performative Praxis und analysiert dabei die Entstehung des klassischen Balletts im rituellen Kontext der Tanzaufführungen am Hofe Ludwig XIV, siehe Faust, Nicole: *Körperwissen in Bewegung. Vom klassischen Ballett zum Ausdruckstanz*. Marburg 2006. Hendrik Schulze analysiert ebenfalls die höfische Tanzkultur zur Zeit Ludwigs XIV. Sein methodischer Ansatz basiert darauf »Tanzereignisse als Rituale zu betrachten und zu analysieren. Damit soll der doppelten Eigenschaft von Tanz als performativem Ereignis und als symbolischer Kommunikation Rechnung getragen werden. Es bedeutet jedoch keinesfalls, dass hier der Nachweis geführt wird, dass es sich bei französischem Barocktanz – in welchem Kontext auch immer – tatsächlich um Rituale gehandelt habe. [...] Gezeigt werden soll hingegen die Fruchtbarkeit der Methode, Tanz so zu analysieren, als handele es sich um Rituale.« Vgl. Schulze, Hendrik: *Französischer Tanz und Tanzmusik in Europa zur Zeit Ludwigs XIV. Identität, Kosmologie und Ritual*, Hildesheim et al. 2012, S. 12.

36 Siehe die historische Einführung von Stollberg-Rilinger, Barbara: *Rituale*, Frankfurt a. M. 2013.

Sowohl Zeremoniell als auch Ritual bestehen aus einem »Ablauf einer komplexen Handlungssequenz«[37] mit einer symbolischen Aufladung.[38] Ein wichtiger Bestandteil des höfischen Alltags war z. B. die Begrüßung, ein Alltagsritual das mit zeremoniellen Elementen aufgeladen wurde und die soziale Ordnung bekräftigte. Zeremonielle Handlungen sind formale und formelle symbolische Verhaltensweisen, die aus nonverbalen Gesten und verbaler Kommunikation bestehen. Sie unterstreichen die Bedeutung einer Aktion oder einer Person und verleihen ihr Würde und Gewicht. So wie das höfische Leben bestand das Zusammenleben der gesamten Ständegesellschaft des *Ancien Régime* aus alltäglichen Handlungen, die jedoch aufgrund einer bestimmten, stark formalisierten Ausführung mit Bedeutung aufgeladen wurden, um Rang- und Statusunterschiede sichtbar zu machen.[39] Der Bedeutungsgewinn beschränkte sich nicht nur auf die Situation oder eine einzelne Person, sondern wertete alle am Zeremoniell teilnehmenden Personen auf. Die Teilhabe allein verlieh allen Ausführenden Würde, und selbst die anwesenden Zuschauer waren sich ihrer privilegierten Stellung bewusst. Für den französischen Hof lassen sich als Beispiele etwa das Speisen des Königs vor dem versammelten Hofstaat sowie die Zeremonien des *Lever*, des Aufstehens, und des *Coucher*, des Zubettgehens des Königs nennen. Diese minutiös geregelten, symbolisch aufgeladenen und zeremoniell formalisierten Alltagshandlungen wurden von König Ludwig XIV. perfektioniert und waren für alle seine Nachfolger verpflichtend.[40] Die Aufgaben der den König bedienenden Edelleute wurden streng nach deren Rangfolge vergeben und wurden als Privileg und Prestigegewinn angesehen.[41] Nicht nur höfisches Alltagszeremoniell, sondern auch tänzerische Veranstaltungen wurden für politische Zwecke eingesetzt.[42] In ihrer Untersuchung zu den *ballets de collège* zieht Hanna Walsdorf folgende Schlussfolgerung:

37 Gareis, Iris: »Ritual«, in: Jaeger, Friedrich (Hrsg.): *Enzyklopädie der Neuzeit*, Bd. 11, Stuttgart 2010, Sp. 297.

38 Vgl. auch die Einleitung zum Ausstellungskatalog von Althoff, Gerd/Stollberg-Rilinger, Barbara: »Spektakel der Macht?«, in: Stollberg-Rilinger, Barbara/Puhle, Matthias/Götzmann, Jutta/Althoff, Gerd (Hrsg.): *Spektakel der Macht, Rituale im alten Europa 800–1800*, Darmstadt 2008, S. 15–19.

39 Mat'a, Petr: »Zeremoniell – Ständische Gesellschaft«, in: Jaeger, Friedrich (Hrsg.): *Enzyklopädie der Neuzeit*, Bd. 15, Stuttgart 2012, Sp. 457–460.

40 Für eine genaue Analyse zum Prozess der symbolischen Ritualisierung des Alltags des Königs siehe: Apostolides, Jean-Marie: *Le Roi-machine. Spectacle politique au temps de Louis XIV*, Paris 1981, S. 151.

41 Siehe Elias, Norbert: *Die höfische Gesellschaft*, S. 133; 155–158; Gestrich, Andreas: »Höfisches Zeremoniell und sinnliches Volk. Die Rechtfertigung des Hofzeremoniells im 17. und frühen 18. Jahrhundert«, in: Berns, Jörg Jochen/Rahn, Thomas (Hrsg.): *Zeremoniell als höfische Ästhetik in Spätmittelalter und Früher Neuzeit*, Tübingen 1995, S. 57–73, insbes. S. 57–61.

42 McGowan, Margaret M.: »Dance in Sixteenth and Early Seventeenth Century France«, in: Nevile, Jennifer (Hrsg.): *Dance, Spectacle, and the Body Politick, 1250–1750*, Bloomington et al. 2008, S. 94–116 sowie ihre äußerst detaillierte Monographie *Dance in the Renaissance, European Fashion – French Obsession*, New Haven 2008. Siehe auch Werden, Angelika: *Tanz vernetzt. Das »balet Comique de la Royne« in der höfischen Kultur der Valois (1581/1582)*, Köln 2011.

> (Bühnen-)Tanz ist niemals selbst ein Ritual, sondern immer essentiell kontextgebunden – der rituelle Charakter »wird wesentlich durch die *Rahmung* erzeugt«.[43]

Die Bedeutung der oben zitierten Rahmung sowie der performative Aspekt des Zeremoniells und des Rituals wirken sich insbesondere auf »räumliche Arrangements«[44] aus, wie auch das Kapitel zu Raumkonstruktion und ritueller Rahmung zeigen wird. Für die höfische Gesellschaft sind daher auch zwei Grundfunktionen von Ritual bedeutsam: erstens erzeugt es einen Kommunikationsraum und zweitens führt es häufig zu einer Transformation der Beteiligten oder der Gemeinschaft:[45]

> Während zeremonielle Elemente auf die Konstitution und Repräsentation der Relationen zwischen den Beteiligten im sozialen Raum abzielen, bewirken die rituellen Sequenzen eine Statusveränderung.[46]

So wurde etwa durch die Einladung zum Tanz vor der versammelten Hofgesellschaft die vom König erwiesene Gunst für alle Anwesenden, die einen Kreis der Auserwählten darstellten, sichtbar, wenn auch nur für den Zeitraum des Balles. Folglich lässt sich die Funktion des Tanzes bei Hofe sowohl als Teil eines sozialen Rituals, als repräsentativer Akt, sowie als eine Form der Unterhaltung interpretieren.[47] Bei der kulturellen Praxis des Tanzens bei Hofe spielt auch die körperliche Dimension von Ritualen eine wichtige Rolle:

> Die materielle Praxis der Rituale ist eine körperliche Praxis. Als solche ist sie symbolisch kodiert und überdeterminiert. Sie lässt sich nicht einfach auf die Intentionen der rituell Handelnden reduzieren. Rituale sind Inszenierungen, Arrangements und Aufführungen von Körpern. Als Inszenierungen tragen sie zur Gestaltung gesellschaftlicher Felder, Institutionen und Organisationen bei. [...] Die Inszenierung ritueller Praxis bedeutet eine Gestaltung der Freiräume, die Entscheidungen erforderlich macht. Diese Freiräume rituellen Handelns ermöglichen eine ludische Gestaltung der Rituale.[48]

Der Hofball spiegelte die bei Hofe etablierte Ordnung im zeremoniellen Ablauf wider. Die Veranstaltung des Balles diente nicht nur der Repräsentation des Hofes nach außen und der Darstellung von Hierarchie, es war auch ein Gemeinschaft stiftendes Ritual, das dem Stand des Adels vorbehalten war. Abgesehen von Mitgliedern der königlichen Familie hatte aber niemand Anspruch darauf, zum Ball geladen zu werden. Die

---

43 Walsdorf: *Die politische Bühne*, S. 32. Das Zitat im Text stammt aus Wulf, Christoph: »Rituelles Handeln als mimetisches Wissen«, in: Wulf, Christoph et al.: *Das Soziale als Ritual. Zur performativen Bildung von Gemeinschaften*, Opladen 2001, S. 325–338, S. 328.

44 Füssel, Marian: »Zeremoniell«, in: Jaeger, Friedrich (Hrsg.): *Enzyklopädie der Neuzeit*, Bd. 15, Stuttgart 2012, Sp. 452.

45 Ebd.

46 Ebd.

47 Guilcher, Jean-Michel: *La Contredanse. Un tournant dans l'histoire française de la danse*, Brüssel 2003, S. 27.

48 Wulf, Christoph: *Zur Genese des Sozialen. Mimesis – Performativität – Ritual*, Bielefeld 2005, S. 117.

aktive oder passive Teilnahme war ein persönlicher Gunstbeweis des Königs und erhöhte das Prestige unabhängig vom tatsächlichen Rang. Insofern lässt sich ein Hofball als indirekter »Übergangsritus«[49] lesen. Es kommt zwar zu keiner reellen Statusveränderung durch die Verleihung von Titel, Privilegien oder Geldgeschenken, jedoch zu einer ideellen Statusveränderung durch den Prestigegewinn vor den Augen der Hofgesellschaft.[50]

Beim Hofballett spielte die rituelle Dimension eine noch größere Rolle, da das zeremonielle Element hier zugunsten des spielerischen Rollentauschs, der eingeschriebenen Symbolik und des gemeinschaftsstiftenden Charakteristikums des gemeinsamen Tanzes zurücktrat. Der traditionelle Zeitpunkt für die königlichen Hof-ballette war zumeist die Karnevalszeit, das wichtigste Kalenderritual der verkehrten Welt, der Verkleidung und des spielerischen Rollentauschs.[51] In den Hofballetten verkörperten die Interpreten nicht nur ihre Figur, sondern trotz der Verkleidung und der theatralen Dimension immer auch ihre soziale Rolle vor den Augen der Zuschauer. Der rituelle Rahmen des Hofballetts ermöglichte es den Königen von Frankreich, Frauenrollen oder auch sozial marginalisierte Rollen vor den Augen ihrer Untertanen darzustellen; so tanzte beispielsweise Ludwig XIII. im *Ballet de la Merlaison* (1635) die Frau des Köderverkäufers[52], und Ludwig XIV. stellte im *Ballet de Bacchus* (1651) einen Gauner und eine Bacchantin dar[53]. Trotzdem blieb es ein riskantes Unterfangen, wie später noch demonstriert wird.

Um die Notwendigkeit von Ritualen und Handlungen symbolischer Kommunikation zur Konstitution von Gemeinschaft sowie den Glauben an die Macht des Tanzes zur Harmonieherstellung nach der neoplatonischen Philosophie zu verstehen, muss man sich die historischen Hintergründe der Entstehungszeit des Hofballetts vor Augen halten. Die in den Religionskriegen zerstrittenen Adelsparteien fochten auch die Legitimität des Königs an, wie der Konflikt zwischen dem Führer der katholischen Liga Henri de Guise mit dem ebenfalls katholischen König Heinrich III. zeigte. Nach dem Erlöschen der Linie der Valois kam es zu einem Dynastiewechsel, der nicht ohne Widerstand stattfand. Die Dynastie der Bourbonen mit Heinrich IV. musste sich erst

49 Vgl. Gennep, Arnold van: *Les Rites de passage. Étude systématique des rites*, Paris 2011 (OA 1909).

50 Siehe auch das Kapitel »Pragmatische Funktion: Tanz und gesellschaftliche Stellung« von Schulze: *Französischer Tanz und Tanzmusik in Europa zur Zeit Ludwigs XIV.*, insbesondere S. 367–372.

51 Beim Hofballett lässt sich hier die liminale Transitionsphase eines Übergangsritus wiedererkennen, bei der die teilnehmende Person kurzfristig einen anderen Status oder – bei Travestierollen – ein anderes Geschlecht annehmen konnte. Zu den Phasen des Übergangsritus siehe: Gennep, Arnold van: *Les Rites de passage*, S. 21, bzw. zum Konzept der Liminalität siehe Turner, Victor: *Das Ritual. Struktur und Anti-Struktur*, Frankfurt a. M. 2005 (OA 1969), insbesondere Kap. 5, S. 159–193.

52 Außerdem trat Ludwig XIII. in diesem Ballett noch als Steuerpächter auf, vgl. *Ballet de la Merlaison, dansé par Sa Maiesté en son Chasteau de Chantilly le Ieudy 15. Mars 1635*, Paris 1635, S. 4f.

53 Im *Ballet de Bacchus* trat Ludwig XIV. noch als Wahrsager, Eismann, Titan, Muse und als Coquette auf, doch diese letzte Rolle wurde laut des Programmes angeblich nicht getanzt. Vgl. *Ballet du Roy, des Festes de Bacchus, Dansé au Palais Royal, le 2. & le 4. jour du May 1651*. Paris 1651, S. 6, 9f, 19, 24, 28, 33f, 34f.

etablieren und legitimieren. Sowohl Ludwig XIII. als auch sein Sohn Ludwig XIV. kämpften immer wieder gegen andere französische Fürsten um ihre Souveränität in Bürgerkriegen. Vor allem nahe Familienmitglieder wie Maria de' Medici, die Mutter, und Gaston d'Orléans, der Bruder von Ludwig XIII., und der Clan der Guise begehrten immer wieder gegen die königliche Autorität auf. Erst als der Aufstand der *Fronde* (1648–1653) niedergeschlagen wurde, gelang es Ludwig XIV., sich die Alleinherrschaft zu sichern und letztlich absolutistisch zu regieren. Nach dem Tod seines ersten Ministers Jules Mazarin war einer seiner ersten Akte der persönlichen Herrschaft, die *Académie Royale de Danse* (1661) zu gründen. Die Motivation dieser Gründung wird nachvollziehbar, wenn man die symbolische Bedeutung des Tanzes innerhalb der aristokratischen Gesellschaft in Betracht zieht. Da dem Tanz ordnungs-, gemeinschafts- und harmoniestiftende Eigenschaften zugeschrieben wurden, erlaubte er dem Herrscher, unabhängig von der höfischen Rangordnung persönliche Gunst sichtbar zu machen, den Adel enger an seine Person zu binden sowie zu hoffen, dass der Tanz einen positiven Einfluss auf die Gesinnung der zur Rebellion aufgelegten Untertanen hatte.

Ludwig XIV. konnte sich auf eine solide und reiche Tradition höfischen Tanzes am französischen Hof stützen und verlieh den Tanzveranstaltungen, ebenso wie seinem Hofzeremoniell, modellhaft Wirksamkeit. Seine persönliche physische Eignung für den Tanz auf höchstem Niveau und seine Fähigkeit, sich mit hochbegabten Künstlern zu umgeben und sie zur Zusammenarbeit zu motivieren, führte zu Glanzleistungen auf choreographisch-musikalischem Gebiet.[54] Musik war bei den höfischen Zeremonien, Gottesdiensten, Jagden, Vergnügungen und Feiern allgegenwärtig. Eine besondere Rolle kam ihr jedoch bei den abendlichen Veranstaltungen, den großen Hofbällen oder den intimeren Vergnügungen der Veranstaltungen in den königlichen *Appartements* zu, bei denen der Tanz auch nie fehlen durfte. Das französische Hofballett und der Hofball wurden wie auch die Umgangsformen und die Mode bei Hofe zu Modellen der adeligen Selbstdarstellung, Raffinesse und Höflichkeit, denen es in ganz Europa nachzueifern galt.

Raumkonstruktion und rituelle Rahmung

Konstruktion und Disposition des Raumes, in dem das Ereignis stattfand, waren der entscheidende rituelle Rahmen für den Ablauf der Tanzveranstaltungen. Wie im Kapitel *Zeremoniell und Ritual im höfischen Tanz* dargelegt, sind Rahmungen von entscheidender Bedeutung für den rituellen Charakter.[55] Obwohl sich zu Beginn des 17. Jahrhunderts der Terminus der *salle de bal*, also des Ballsaales eingebürgert hatte, war der für

54 Siehe Prest, Julia: »The Politics of Ballet at the Court of Louis XIV«, in: Nevile, Jennifer (Hrsg.): *Dance, Spectacle, and the Body Politick*, S. 229–240; Garstka, Britta: *Ludwig, XIV. – tanzender König und absolutistischer Herrscher*, Hamburg 2006; Schulze, Hendrik: *Französischer Tanz und Tanzmusik in Europa zur Zeit Ludwigs XIV.* sowie allgemein über die medialen Strategien von Ludwig XIV.: Burke: *The Fabrication of Louis XIV.*

55 Vgl. Anm. 40.

das Tanzen vorgesehene architektonische Raum selten ausschließlich dem Tanzen gewidmet. Jeder große Saal konnte für einen Ball oder die Aufführung eines Hofballetts genutzt werden. In einem Schloss handelte es sich jedoch oft um den Ballsaal. Bei den Hofballetten war der Ort durchaus mit Bedeutung aufgeladen, besonders dann, wenn der König sein Ballett nach der Aufführung im großen Saal im Louvre am selben Abend oder an den darauffolgenden Tagen im Arsenal oder gar im *Hôtel de Ville*, dem Pariser Rathaus, vor der versammelten Bürgerschaft tanzte. In beiden Fällen wurde vor allem in großen Sälen getanzt. Die architektonischen Räume stellen letztlich »nur die Rahmung für die Ausführung von Ritualen [...] und für die Schaffung von Ritualräumen« dar, aber »der Ritualraum selbst konstituiert sich durch die ›Syntheseleistung‹ der Akteure«.[56]

Die überlieferten Illustrationen lassen erkennen, dass sich der Raum aus einer idealen, dominanten Blickposition, der des Herrschers, erschließt. Dieser saß bei einem Ball an der oberen Stirnseite des Saales, und der Hofstaat saß oder stand streng nach hierarchischer Rangordnung aufgereiht. Je näher man in räumlicher Verbindung zum Herrscher stand, desto höher waren Rang und Prestige. Das tanzende Paar befand sich allein im für den Tanz freigehaltenen Raum. Die Musiker wurden oftmals an die untere Seite des Saales positioniert, wenn sie nicht auf einer Galerie saßen (vgl. Abb. 1 und 2).

Für das Hofballett wurde die Raumdisposition umgedreht (Abb. 3). Der König saß auf der unteren Schmalseite des Saales, zu seiner Rechten und Linken wieder der Hofstaat, und ihm gegenüber befanden sich das Bühnenbild und die Tanzfläche. Dabei ist bemerkenswert, dass es sich in den meisten Fällen um eine auf einheitlichem Niveau befindliche Tanzfläche und nicht um eine Bühnensituation handelt. Auch gab es immer wieder Galerien, von denen aus die Zuschauer auf die Tänzer blicken und die Zeichnung der choreographischen Figuren gut sehen konnten. Dieser besondere Blickwinkel auf die Tanzenden, die sich also nicht nur vor frontalem Publikum bewegten, sondern eigentlich von allen Seiten her betrachtet wurden, spiegelt sich auch in den Raumwegen der Choreographien wider. Diese waren immer auf den idealen Blickpunkt des höchstrangigen Betrachters, d.h. auf die konventionelle Blickposition am oberen Saalende ausgerichtet. Das war besonders für das Spiel mit der axialen und zentralen Symmetrie von Bedeutung. Die Tänzer konnten sich aber in alle Richtungen wenden, also auch der herrscherlichen Blickposition den Rücken zukehren und sich einem anderen Teil des Saales zuwenden. Ein Tanz beim Hofball war nicht nur »ein vom König erzwungenes Auftreten in absolut hierarchischer Reihenfolge und vor den Augen der gnadenlos richtenden Zuschauermenge des Hofes«[57], sondern es handelte sich auch um einen Tanz, bei dem die Tanzenden mit allen Zuschauern kommunizierten.

---

56 Adelmann, Anette/Wetzel, Katharina: »Ritualraum«, in: Brosius, Christine, Michaels, Axel, Schrode, Paula (Hrsg.): *Ritual und Ritualdynamik, Schlüsselbegriffe, Theorien, Diskussionen*, Göttingen 2013, S. 186. Siehe auch im selben Band: Ambos, Claus und Weinhold, Jan: »Rahmen und Rahmungsprozesse«, S. 92–99.

57 Braun, Rudolf/Gugerli, David: *Macht des Tanzes, Tanz der Mächtigen. Hoffeste und Herrschaftszeremoniell 1550–1914*, München 1993, S. 150.

Schon damals waren sich die Menschen des Prinzips der adeligen Selbstdarstellung bewusst, wie folgende Bemerkung von Michel de Pure belegt, der sich an eine adelige Leserschaft wendet:

> Mais icy il ne s'agit que de soy-mesme: Vous paroissez tel que vous estes, & tous vos pas & toutes vos actions sont tributaires aux yeux des Spectateurs, & leur exposent & le bien & le mal, dont l'Art & la Nature ont favorisé ou disgracié votre personne. Ainsi le Bal merite bien quelque chose de soins, & qu'un galant homme s'aplique [sic!] à se bien tirer d'un pas si dangereux.[58]

Dennoch sollte man den Hofball nicht nur als repräsentative gesellschaftliche Verpflichtung sehen. Schließlich stellte er auch einen wichtigen Kommunikationsraum und ein nicht alltägliches Vergnügen dar.

Das in der modernen Ballettliteratur häufig formulierte, wohl aus zeitgenössischen Zeremonialbüchern abgeleitete Postulat,[59] dass man dem Herrscher nicht den Rücken zuwendete, bezieht sich in der Realität beim Hofball nur auf den Beginn und das Ende des Tanzes, und gegen Ende oft nur auf den letzten Takt, wie z.B. für den Part der Dame der Choreographie *La Bourgogne*[60] oder auch für beide Partner in *La Bourrée d'Achille*[61]. Es handelt sich hier um den Moment der Reverenz, mit der jeder Tanz begonnen und beendet wurde. Die Bedeutung der Reverenz, die nicht nur beim Tanz, sondern auch bei den alltäglichen Begrüßungsritualen ausgeführt wurde, erkennt man an dem Raum, den sie in den Benimmbüchern und Tanztraktaten einnehmen. Analysiert man die erhaltenen Choreographien der Beauchamps-Feuillet-Notation, sowohl für Theatertänze als auch für Bälle, so lässt sich deutlich erkennen, dass die Tänzer eine große Bewegungsfreiheit im Raum hatten.

Die Ausrichtung der Choreographien auf eine ideale, dominante Blickposition ist also keinesfalls gleichzusetzen mit der Frontalität der Guckkastenbühne, wie sie auf der Bühne der *Académie Royale de Musique*, gegründet 1669, für die professionellen Tänzer Gültigkeit hatte. Was jedoch noch größere Bedeutung für die Konzeption von Tänzen hatte, war die Tatsache, dass sich die Tanzschrift nicht nur als Gedächtnisstütze verstand, sondern vielmehr das »Schreiben«, d.h. den Entwurf des Tanzes impli-

58 Pure: *Idée des spectacles anciens et nouveaux*, S. 178.

59 Siehe z.B. die Einleitung von Hartmut Regitz in Ders./Regner, Otto Friedrich/Schneiders, Heinz-Ludwig: *Reclams Ballettführer*, 10. Aufl., Stuttgart 1988, S. 8.

60 Pécour, Guillaume-Louis/Feuillet, Raoul Auger: *Recueil de dances*, Paris 1700, S. 43–53, hier S. 53.

61 Ibid., S. 1–11, hier S. 11.

Abb. 1: Pierre Rameau: *Grand Bal du Roy*, Kupferstich, aus: Pierre Rameau: *Le Maître à danser*, Paris 1725, o. S. (eingebundenes Faltblatt).

Abb. 2: Charles-Nicolas Cochin: Festdekoration in der Reithalle der großen Reitställe (*grande Écurie*) von Versailles für den *bal paré* vom 24. Februar 1745 anlässlich der Hochzeit von Louis, Dauphin de France und der spanischen Infantin Marie-Thérèse. Radierung und Kupferstich. Einblattdruck.

Abb. 3: Figure de la Salle. Kupferstich von Jacques Patin (1582), Raumdisposition des *Balet Comique de la Royne*, aufgeführt 1581, in: *Le Balet comique de la Royne faict aux nopces de Monsieur le Duc de Ioyeuse & madamoyselle de Vaudemont sa sœur*, Paris 1582, S. [4r].

zierte, wie es der Titel klar ankündigt: *Chorégraphie ou l'art de décrire la danse*.[62] Bezeichnend ist auch, dass die zwei populärsten Tänze beim Hofball – im 17. Jahrhundert die Courante und im 18. Jahrhundert das Menuett – Tänze mit einem spezifischen Schrittvokabular und einem obligatorischen Ablauf von Figuren im Raum sind. Beim Menuett konnten die Tänzer die Wiederholung der einzelnen Figuren bestimmen. Ein Teil des Tanzes war also improvisiert, wobei ein besonderes Augenmerk auf das harmonische Zusammenspiel des Paares gelegt wurde. Das Verhältnis der Tanzpartner zueinander in der Ausführung war recht komplex. Es galt, seinen Tanzpartner aufmerksam zu beobachten und aufeinander abgestimmt die Passage von einer Figur zur nächsten zu vollziehen, ohne dabei aus dem Takt zu kommen. Im Allgemeinen lässt sich bei den erhaltenen Choreographien der Tänze des Ballrepertoires das Prinzip beobachten, eingangs den Tanz mit einer Figur axialer Symmetrie zu beginnen, ausgerichtet auf die herrscherliche Blickposition ausgerichtet. Dann folgten mehrere Figuren zentraler Symmetrie, eventuell im Wechsel mit Figuren axialer Symmetrie, um den Tanz, wie anfangs mit einer Figur axialer Symmetrie (bezogen auf die ideale dominante Blickposition) zu beenden.

Eine zusätzliche Herausforderung war die Ausführung der Symmetrie dieser Raumwege. Die Schrittgröße war so anzupassen, dass die geometrischen Figuren nicht verzerrt wurden. Signifikant war nicht nur die individuelle Beherrschung der Schritte, sondern auch ein demonstratives harmonisches Zusammenspiel im vorgegebenen choreographischen Raum. Individuelle Interpretation und Varianten waren nicht ausgeschlossen. Dieses Prinzip ist auch im Hofballett zu beobachten, bei dem sich die einzelnen Auftritte, meist zu mehreren getanzt, ebenso aus Figuren zusammensetzten:

> [...] mais on observait encore de ne faire regulierement que quatre figures, une en avant lors qu'on dançait de façe, deux de deux costez, & la quatriéme & derniere lors qu'on devoit rentrer dans la Machine, ou du moins dans le lieu d'où l'on estoit venu. Ainsi les danseurs étoient considerez & examinez en tout sens. On voyoit les deffauts du pas, de l'agilité, de la mine, & enfin de tout ce qui peut tomber sous les sens.[63]

Hofball

In erster Linie versteht sich ein Ball als ein verbindender, zumeist festlicher Akt gemeinsamen Tanzens. In der höfischen Gesellschaft spielte der Paartanz eine immer

62 Feuillet: *Chorégraphie ou l'art de décrire la danse*, Titelseite. Das Weglassen des Apostrophen beim Druck lässt sich gegen Ende des 17. Jahrhunderts bei vielen Werken beobachten, und so lässt sich »décrire« auf zweierlei Arten lesen, einerseits als *beschreiben* und andererseits als *schreiben*.

63 Pure: *Idée des spectacles anciens et nouveaux*, S. 252. Die ganze Sektion IX behandelt »Des Figures«, S. 251–258.

wichtigere Rolle, wobei auch kollektive Tänze, wie die *branles*[64], zumindest bis zum Anfang des 18. Jahrhunderts Bestandteil des Balles waren. Der Ball war auch eine Gelegenheit für Begegnung, vor allem zwischen Männern und Frauen, deren Lebenswelten in der Gesellschaft des *Ancien Régime* noch stark getrennt waren. Und natürlich handelt es sich um die Darstellung des Körpers, seiner Fähigkeiten, aber auch, wie zahlreiche Tanztraktate unterstreichen, um den sichtbaren Beweis seiner Gesundheit.[65] Schon Thoinot Arbeau erwähnt gegen Ende des 16. Jahrhunderts, dass sich beim Tanzen feststellen ließe, ob die Tanzpartner gerade gewachsene, kräftige und geschmeidige Gliedmaßen besitzen. Beim üblichen Kuss nach dem Tanz, der in späteren Zeiten nicht mehr üblich war, hätten die Paare Gelegenheit den Atem und den Körpergeruch des anderen wahrzunehmen:

> […], car les dances sont partiquées pour cognoistre si les amoureux sont sains & dispos de leurs membres, à la fin desquelles il leur est permis de baiser leurs maistresses,affin [sic!] que respectiuement ilz puissent sentir & odorer l'vn l'aultre, silz ont l'alaine souefue, & silz sentent vne senteur mal odorañt, que l'on nõme l'espaule de mouton […].[66]

Bälle bei Hofe oder in Adelshäusern konnten verschiedene Erscheinungsformen haben, die mit mehr oder weniger strengem Zeremoniell und Protokoll stattfanden.[67] Der große Ball, zu dem der König lud, der *grand bal du Roy*, im 18. Jahrhundert auch *bal paré* oder *bal d'apparat* genannt, war vom Zeremoniell streng hierarchisch geregelt und ein wichtiges Moment des höfischen Lebens. Maskenbälle waren weniger reglementiert, vor allem, wenn sie während des Karnevals nicht bei Hofe, sondern bei einem Gastgeber in der Stadt stattfanden. Außerdem tanzte man am Hofe die sogenannten *bals d'appartement*, die jedoch nur in einem sehr selektiven, großteils familiären Kreis stattfanden. Sie waren weniger formell geprägt als der große Hofball, der vor allem Repräsentationszwecken der Hofhierarchie und des Hofes an sich diente und schöpften aus einem anderen Tanzrepertoire. Dieses setzte sich aus spielerischen Tanzliedern, den *chansons à mener la danse* und *les petites dances*, zusammen. Darunter verstand man teilweise bereits ältere Tanzlieder, zu denen man ohne komplizierte

64 *Branles* sind kollektive Tänze mit einfachem Schrittvokabular, die meist im Kreis oder als Kette mit einem Vortänzer, dem »meneur du branle« getanzt wurden. Siehe auch den Eintrag von Malkiewicz, Michael: »Branle« in Hartmann, Annette und Woitas, Monika (Hrsg.): *Das große Tanzlexikon. Tanzkulturen – Epochen – Personen – Werke.* Laaber 2016, S. 117f.

65 Rousier, Claire (Hrsg.): *Scènes de bal, bals en scène*, Pantin 2010, *Introduction*, S. 9. Für das 18. Jahrhundert siehe auch Fink, Monika: *Der Ball. Eine Kulturgeschichte des Gesellschaftstanzes im 18. und 19. Jahrhundert*, Innsbruck 1996, insbes. S. 95–104.

66 Arbeau, Thoinot: *Orchésographie et Traicté en forme de dialogue par lequel toutes personnes peuvent facilement apprendre et practiquer l'honneste exercice des dances*, Lengres 1589, S. 2v.

67 Der zeremonielle Ablauf lässt sich noch heute bei traditionsreichen Bällen wie z. B. dem Wiener Opernball oder dem *Bal des Débutantes* in Paris beobachten, siehe http://www.wiener-staatsoper.at/Content.Node/home/opernball/Allgemein.de.php (Zugriff am 15.01.2016) sowie http://www.lebal.fr (Zugriff am 15.01.2016).

Choreographien tanzen konnte, wie die alten *branles*.[68] Zu Beginn des 18. Jahrhunderts kamen dann auch die ersten öffentlichen Bälle in der Pariser Oper auf, bei denen Hierarchie und im Voraus festgelegte Tanzordnungen keine Rolle mehr spielten.[69]

Schon in der mittelalterlichen höfischen Ballkultur waren Repräsentation und Körperbeherrschung bei den Schreittänzen, den *basses danses*, von zentraler Bedeutung gewesen. In der Renaissance wurde in Italien eine ausgefeilte Tanztechnik entwickelt. Waren die französischen Tänze des 16. Jahrhunderts weniger komplex,[70] so zeigen Gemälde von Bällen am Hofe der Valois, welchen hohen Stellenwert der Tanz im höfischen sozialen Leben einnahm.[71] Im 17. Jahrhundert entwickelte sich am französischen Hof eine Tanzkultur, die alle europäischen Höfe maßgeblich beeinflussen sollte. Das Modell des Hofballes unter Ludwig XIV. war dafür ausschlaggebend.[72] So war der große Hofball über Frankreich hinaus auch als *bal à la française* bekannt.

Die ritualisierte, nach Rang festgelegte Reihenfolge der Tanzpaare, der Tanzpartner und die vorgeschriebenen Tänze machten den Hofball zu einem Vergnügen, das jegliche Spontaneität ausschloss. Dafür konnte aber die Bestätigung, zum engen Kreis um den König zu gehören, vor aller Augen sichtbar gemacht, zum Gefühl persönlicher Befriedigung und Prestigeerhöhung beitragen. Da nur wenige der anwesenden Personen überhaupt dazu bestimmt waren zu tanzen, war schon die Einladung zum Hofball, selbst als Zuschauer, eine besondere Auszeichnung. Daher war es wichtig, wenn man allein vor dem Hof tanzte, eine »gute Figur« zu machen, durch seine Erscheinung und die perfekte Beherrschung der Tanzschritte sowie der festgelegten Choreographie im Stil der *belle danse* zu glänzen. Es war dies ein Moment, in dem es galt, vor dem König und dem versammelten Hofstaat seine Zugehörigkeit zum Adel tänzerisch unter Beweis zu stellen und keinen Zweifel an seiner adeligen Erziehung und Gesinnung laut werden zu lassen.

---

68 Raviart, Naïk: »Le Bal français, du début du règne de Louis XIV à l'aube de la Révolution«, in: Yves Guilcher et al. (Hrsg.): *Histoires de bal. Vivre, représenter, recréer le bal*, Paris 1998, S. 19–54, insbes. S. 34–36.

69 Winkler, Nicoline: »Die ›Régence‹ und ihre ›Bals publics‹, Pariser Contredanses in ihrem kulturellen Umfeld«, in: Schlottermüller, Uwe, Weiner, Howard, Richter, Maria (Hrsg.): *»all'ungaresca – all espagnol«. Die Vielfalt der europäischen Tanzkultur 1420–1820*, Freiburg 2012, S. 191–225, sowie Semmens, Richard Templar: *The* Bals Publics *at the Paris Opera in the Eighteenth Century*, Hillsdale (NY) 2004.

70 Vgl. Arbeau: *Orchésographie,* s. auch die italienischen Tanztraktate von Caroso, Fabritio: *Il Ballarino*, Venedig 1581; Ders.: *Nobiltà di Dame*, Venedig 1600; Negri, Cesare: *Le Gratie d'Amore*, Mailand 1602; Ders.: *Nuove inventioni di balli*, Mailand 1604.

71 Dalesme, Chloé: *Les tableaux représentant des bals à la cour des Valois,* Tours 2005. Vgl. auch Louison-Lassablière, Marie-Joëlle: *Brantôme et les danses de cour* (2008), http://cour-de-france.fr/ article496.html, Zugriff am 25. 1. 2013.

72 Siehe Kapitel 4.1 »Der Tanz auf dem Parkett: Die Hierarchie im Ballsaal«, in: Garstka: *Ludwig, XIV.*, S. 23–39.

Pierre Rameau beschrieb in seinem Tanztraktat *Le Maître à danser* (1725) den Ablauf des Hofballs mit seinen Tänzen, dem kodifizierten Auftreten und den Umgangsformen zwischen Männern und Frauen.[73] Auch wenn er selbst dem *grand bal du roy* unter Ludwig XIV. nicht beigewohnt haben konnte, so hatte seine Beschreibung trotz der historischen Distanz doch Modellcharakter.[74] Auf der Gravur für den Ball vom 24. Februar 1745, der anlässlich der Hochzeit des Dauphins Louis mit der spanischen Infantin Marie-Thérèse stattfand, erkennt man noch deutlich die von Rameau dargestellte und beschriebene Situation (siehe Abb. 1 und 2). Allerdings sind die Raumverhältnisse nicht vergleichbar, denn während Rameau den königlichen Hofball in einem relativ kleinen Kreis stattfinden lässt, wurde für den *bal paré* von 1745 die Reithalle der Stallungen von Versailles genutzt.

Die symbolische Ebene des Takts[75]

Bei Antoine de Courtin findet sich ein eigenes Kapitel über das Verhalten beim Ball. Entgegen dem Ablauf, wie ihn Rameau beschreibt, war es laut de Courtin möglich, sich bei der Dame für den Tanz zu entschuldigen.[76] Diese Möglichkeit hätte ein junger Mann nutzen sollen, wenn man den Memoiren Saint-Simons glaubt. Diese enthalten die Beschreibung der unfreiwillig komischen Darbietungen eines jungen Mannes bei einem *grand bal reglé* anlässlich der Hochzeit von Philippe II. d'Orléans mit Françoise-Marie de Bourbon, der legitimierten Tochter von Ludwig XIV. und Madame de Montespan, am 18. Februar 1692 und am darauffolgenden Ball des Fastnachtsdienstages. Saint-Simon ist allerdings kein objektiver Betrachter, und er gibt dem Leser zu verstehen, dass er selbst natürlich Erfolg als Tänzer bei diesen beiden Bällen hatte. Zwei interessante Details lassen das Ereignis jedoch in einem besonderen Lichte erscheinen. Erstens wird dem jungen Mann von Saint-Simon von vornherein Illegitimität vorgeworfen, d. h. er habe *a priori* nicht die erwartete Noblesse in den Umgangsfor-

73 Siehe Kap. XVI »Du Cérémonial que l'on observe au grand Bal du Roy«, in: Rameau, Pierre: *Le Maître à danser, Qui enseigne la manière de faire tous les differens pas de Danse dans toute la regularité de l'Art, & de conduire les Bras à chaque pas*, Paris 1725, S. 49–54.

74 Harris-Warrick, Rebecca: »Ballroom Dancing at the Court of Louis XIV«, in: *Early Music* 14/1 (1986), S. 40–49.

75 Siehe auch Klepacki, Leopold: »Aus dem Takt kommen«, in: Gödde, Günther/Zirfas, Jörg (Hrsg.): *Takt und Taktlosigkeit. Über Ordnungen und Unordnungen in Kunst, Kultur und Therapie*, Bielefeld 2012, S. 57–68.

76 Siehe Kap. XIV: »Ce qui s'observe au bal«, in: Courtin, Antoine de: *Nouveau traité de la civilité qui se pratique en France parmi les honnêtes gens*, Paris 1672 (OA 1671), S. 149–152, insbes. S. 150. Auch Jacques Bonnet schreibt: » [...] parce qu'on ne peut se dispenser d'obéir à une Dame qui vient vous prendre: on doit du moins se présenter pour faire la révérence avec elle, la remener [sic!] à sa place, et ensuite aller prendre une autre Dame, pour en faire autant; afin de ne point interrompre l'ordre du bal, et pour ne pas passer pour un homme qui n'a pas l'usage du monde.« Vgl. Bonnet, Jacques: *Histoire générale de la danse sacrée et profane*, Paris 1724, S. 120f.

men mitbringen können, was sich dann natürlich auch in seinem Benehmen offenbarte. Zweitens zeigen die beiden Vorfälle das Verhalten des Königs und des Hofes in einer anderen, weniger zeremoniell würdevollen, sondern geradezu grausam ausgelassenen Art.

Der junge Mann machte sich verschiedener Vergehen schuldig: erstens, sich seiner tänzerischen Fähigkeiten gebrüstet zu haben; zweitens, bereits die Verbeugung nicht makellos ausgeführt zu haben; drittens, schon nach den ersten Schritten aus dem Takt gekommen zu sein. Des Weiteren hatte der Tänzer die gewünschte noble Aufrichtung der Körperachse durch verschiedene Neigungen des Körpers zerstört und dazu noch die Arme zu sehr in die Höhe gehoben. Er war also keineswegs ein Beispiel für einen vollkommenen Tänzer der *belle danse*. Darüber hinaus zog er jedoch aus seinem Misserfolg keine Lehre, sondern bestand weiterhin darauf, dass er ein guter Tänzer sei, nur die Präsenz des Königs habe ihn aus der Fassung gebracht. Natürlich war ihm auch beim zweiten Ball ein etwas zweifelhafter Erfolg beschieden.[77] Das eigentliche Vergehen des jungen Mannes war jedoch die Nicht-Beachtung der *cadence*, die mehr als nur Taktgefühl bezeichnet.[78] Schon Thoinot Arbeau schrieb zu Beginn seines Tanztraktates:

> Sans la vertu rithmique, la dance seroit obscure et confuse: daultant qu'il fault que les gestes des membres accompaignent les cadences des intruments musicaulx, et ne fault pas que le pied parle d'un, et l'instrument d'aultre.[79]

---

77 Saint-Simon, Louis de Rouvray (duc de): *Mémoires*, Tome I, Paris 1983, S. 45: »Je ne puis passer silence une aventure fort ridicule qui arriva au même homme à tous le deux [bals]. C'était le fils de Montbron, qui n'était pas fait pour danser chez le Roi, non plus que son père pour être chevalier de l'Ordre, qui le fut pourtant en 1688, et qui était gouverneur de Cambrai, lieutenant général, et seul lieutenant général de Flandres sous un nom qu'il ne put jamais prouver être le sien. Ce jeune homme, qui n'avait encore que peu ou point paru à la cour, menait Mlle de Moreuil, fille de la dame d'honneur de Madame la Duchesse, des bâtards de cette grande maison de Moreuil, et qui, non plus que lui, ne devait pas être admise à cet honneur. On lui avait demandé s'il dansait bien, et il avait répondu avec confiance qui donna envie de trouver qu'il dansait mal. On eut contentement: dès la première révérence, il se déconcerta. Plus de cadence dès les premiers pas. Il crut la rattraper et couvrir son défaut par des airs penchés et un haut port de bras: ce ne fut qu'un ridicule de plus qui excita une risée qui en vint aux éclats, et qui, malgré le respect de la présence du Roi qui avait peine à s'empêcher de rire, dégénéra enfin en véritable huée. Le lendemain, au lieu de s'enfuir ou de se taire, il s'excusa sur la présence du Roi qui l'avait étourdi, et promit merveilles pour le bal qui devait suivre. Il était de mes amis, et j'en souffrais. Je l'aurais même averti si le sort tout différent que j'avais eu ne m'eût fait craindre que mon avis n'eût pas de grâce. Dès qu'au second bal on le vit pris à danser, voilà les uns en pied, les plus reculés à l'escalade, et la huée si forte qu'elle fut poussée aux battements de mains. Chacun, et le Roi même, riait de tout son cœur, et la plupart en éclats, en telle sorte que je ne crois pas que personne ait jamais rien essuyé de semblable. Aussi disparut-il incontinent après, et ne se remontra-t-il de longtemps. Il eut depuis le régiment Dauphin-infanterie, et mourut tôt après sans avoir été marié. Il avait beaucoup d'honneur et de valeur, et ce fut dommage.«

78 Rentsch, Ivana: *Die Höflichkeit musikalischer Form. Tänzerische und anthropologische Grundlagen der frühen Instrumentalmusik*, Kassel 2012, siehe Kap. 5.3: *Grammatische Legitimität oder tanzmusikalische Sinnfälligkeit: der Triumph der Geometrie*, S. 310–351.

79 Arbeau: *Orchésographie*, S. 5f.

Auch Furetière definierte das Tanzen vor allem unter dem Aspekt der Bewegungsausführung in Zusammenhang mit dem Takt und der musikalischen Phrasierung:

> C'est, Se plier, & se relever en cadence, c'est à dire, au commencement de la mesure d'un air.[80]

Das harmonische Auftreten, das durch Einklang demonstrierte Zusammengehörigkeitsgefühl, war von hoher symbolischer Bedeutung während der ritualisierten tänzerischen Zusammenkünfte, sowohl beim Ball als auch beim Hofballett. Im *Ballet des Plaisirs* von 1655 unterstreichen die Verse Isaacs de Benserade für das *Génie de la danse* (getanzt von Ludwig XIV.) die Problematik, mit dem König nicht übereinzustimmen, wobei das Bild des Tanzens metaphorisch für die Politik und den Willen des Königs steht:[81]

> Qu'on ne s'y trompe pas, il est bon que celuy
> Qui ne se sent pas juste ait un peu de prudence,
> Et malheur à qui ne danse
> De Cadence avec luy.[82]

Das dabei implizit angesprochene Thema der Harmonie verweist auf das Prinzip der göttlichen Ordnung, deren Garant der König ist, sowie auf den kosmologischen Aspekt des Tanzes, der, inspiriert von der neuplatonischen Vorstellungswelt, bei Hofbällen und insbesondere im Hofballett eine große Rolle spielte.[83] Dieser Gedanke findet sich nicht nur im ausklingenden 16. Jahrhundert, sondern wird während des 17. Jahrhunderts von Musiktheoretikern wie Marin Mersenne[84] und Balletttheoretikern wie Claude-François Ménestrier[85] weiter fortgeführt. Das Festhalten des Hofes am ritualisierten Ablauf der Hofbälle lässt sich auch unter diesem Aspekt betrachten. Dies veranschaulicht, dass selbst noch zu einer Zeit, als der formal erstarrte Hofball immer weniger zum Vergnügen der Beteiligten beitrug, die Notwendigkeit der gemeinsamen harmonischen Ausführung bis zur Revolution nicht in Frage gestellt wurde.

---

80 Furetière: »Danser«.

81 Cohen, Sarah R.: *Art, Dance, and the Body in French Culture of the Ancien Régime*, Cambridge 2000, S. 52.

82 *Ballet des Plaisirs, dansé par sa Majesté le 4. jour de Feburier* [sic!] *1655*, Paris 1655, S. 14.

83 Zu Aspekten des frühen Hofballetts siehe Mourey, Marie-Thérèse: »Auf der Suche nach der verborgenen Weltharmonie: der frühe Ballet de cour«, in: Betzwieser, Thomas et al. (Hrsg.): *Tanz im Musiktheater, Tanz als Musiktheater*, Würzburg 2009, S. 409–421 sowie Rüegger, Emmanuèle: *Le spectacle total à la Renaissance: genèse et premier apogée du ballet de cour*, Zürich 1995. Zu Kosmologien siehe Kap. 2 von Schulze: *Französischer Tanz und Tanzmusik in Europa zur Zeit Ludwigs XIV.*, S. 45–90.

84 Mersenne, Marin: *Harmonie universelle contenant la théorie et la pratique de la musique*, Paris 1636.

85 Ménestrier, Claude-François: *Des Ballets anciens et modernes selon les regles du theatre*, Paris 1682.

Von Maskeraden und Kontratänzen zur Persiflage des höfischen Rituals

Verschiedene Elemente der höfischen Tanzkultur brachen mit den Zwängen der Hofrituale: Schon seit dem Mittelalter war der Karneval Anlass zu zwanglosen Maskeraden und ab dem Ende des 16. Jahrhundert auch der traditionelle Zeitpunkt für Hofballette und Verkleidungsfeste. Beim spielerischen Rollentausch anlässlich der Maskeraden und Maskenbälle, besonders beim öffentlichen Ball der Pariser Oper, wurde die gegenseitige Verabredung getroffen, so zu tun, als ob man sich nicht (er)kennen würde. Das erlaubte dem Hochadel, für einen kurzen Moment aus der Repräsentationspflicht zu flüchten und »bot Gelegenheit, die strengen Regeln des zeremoniellen Umgangs vorübergehend ein wenig zu lockern, ohne dass tatsächlich ein sozialer Rollentausch zwischen Oben und Unten stattgefunden hätte«[86]. Eine maskierte Person konnte selbst die Ballkönigin zum Tanz auffordern, wie das folgende Beispiel zeigt:

> Le Masque a même la liberté de prendre la Reine du bal pour danser, quand ce seroit une Princesse de Sang, quoique non masquée; comme je l'ai vu arriver dans un bal que le Roi donnait à Versailles, par un masque déguisé en paralitique, et enveloppé d'une vieille couverture, qui eut la hardiesse d'aller prendre Madame la Duchesse de Bourgogne; elle eut aussi la complaisance de l'accepter, pour ne pas rompre l'ordre du bal: on sut depuis que ce masque n'étoit qu'un simple officier de la Cour: cependant il n'en fut pas blâmé, parce que c'est une licence que le bal masqué autorise.[87]

Beim Maskenball wird zwar die höfische Rangordnung außer Kraft gesetzt, der geordnete Ablauf des Balles aber unter allen Umständen beibehalten, da die Paare auch hier einzeln vor den Zuschauern tanzen. Deshalb hatte die Duchesse de Bourgogne die Einladung des als Gelähmten kostümierten Offiziers angenommen.

Ab 1685 wurden durch André Lorin die englischen *country dances* und die *contredanse* am französischen Hof eingeführt.[88] Ab dem Beginn des 18. Jahrhunderts bildeten sich wieder parallele Hofhaltungen neben Versailles, wo unter anderem bei der Duchesse du Maine eigene kulturelle Kreise entstanden. Bei den Kontratänzen spielte Hierarchie ebenfalls keine Rolle mehr. Sowohl bei der *Contredanse à l'anglaise*, die in zwei sich gegenüberstehenden Reihen, als auch bei der *Contredanse à la française*, die von jeweils vier Paaren in quadratischer Anordnung getanzt wurde, tanzten alle teilnehmenden Tänzer und Tänzerinnen miteinander.[89] Die Ungezwungenheit dieses Tanzes, der Umstand, dass auf Rangordnung und perfekte Ausführung weniger Wert gelegt wurde, machten die *Contredanse* zu einem der Lieblingstänze der jungen adeligen Generation um 1700. Der Erfolg dieser Tanzform war unaufhaltbar. So wurden im 18.

86 Stollberg-Rilinger: *Rituale*, S. 166.

87 Bonnet: *Histoire générale de la danse sacrée et profane* S. 148f.

88 Lorin, André: *Dances for the Sun King: André Lorin's »Livre de contredance«* Livre de Contredance [1685 und 1688], hrsg. von Julia Sutton und Rachelle Palnick Tsachor, Annapolis 2008.

89 Guilcher, Jean-Michel: *La Contredanse. Un tournant dans l'histoire française de la danse,* Brüssel 2003.

und auch noch im 19. Jahrhundert viele verschiedene Kontratänze komponiert, choreographiert und in Tanztrakten beschrieben. Sie wurden jedoch vor allem bei kleineren improvisierten Bällen wie den *bals d'appartement* in den königlichen Gemächern getanzt. Für die Verfechter der französischen Tanzkunst, deren Ideal die *belle danse* war, war die Ästhetik der Kontratänze das Gegenteil der Prinzipien von Grazie und Eleganz, die den französischen Tanzstil auszeichnen:

> [...] qui doivent avoir des mouvements doux et gracieux, qui ne dérangent pas le corps de ce bon air qui est si fort estimé et usité par notre nation: ce qui n'est pas de même de plusieurs contredanses que l'on a introduit en France depuis quelque temps, et qui ne sont pas du goût de tous ceux qui aiment la belle Danse. Il est vrai qu'il y en a plusieurs qui n'ont aucuns desseins, ni aucuns goûts, puisque c'est toujours les mêmes figures, sans aucuns pas assurez, toute la plus grande perfection de ces contre-danses et de se tourmenter le corps, de se tirer en tournant, de taper des pieds, comme des sabotiers, et de faire plusieurs attitudes qui ne sont point de la bien-śeance [...].[90]

Bei den berühmten Festen im Schloss der Duchesse du Maine in Sceaux wurden bevorzugt Kontratänze getanzt.[91] Diese Vorliebe drückt sich auch in den Statuten ihres satirischen Pseudo-Ordens der Honigfliege, dem *Ordre de la Mouche-à-Miel* aus, die ihren Mitgliedern vorschreibt:

> d'apprendre incessament [sic] à danser toutes contredanses, comme Furstemberg, Pistolet, Derviche, Pet en cul, et autres, de les danser encore plus volontiers, s'il le faut, pendant la canicule que dans tous les autres temps.[92]

Es wurde also von den Mitgliedern nicht nur verlangt, die verschiedenen Kontratänze zu erlernen, sondern sie ebenfalls besonders gerne in der größten Sommerhitze zu tanzen. Die satirische Imitation der Rituale von Ritterorden oder von rituellen Festen anderer sozialer Schichten wie Bauernhochzeiten ist ein weiteres Phänomen der adeligen Tanzkultur.[93] Es scheint, als ob für aristokratische Vergnügungen, selbst bei ungezwungeneren Zusammenkünften, immer rituelle Rahmen für die Vergnügungen geschaffen wurden.

---

90 Rameau: *Le Maître à danser*, S. 107f.

91 Cohen: *Art, Dance, and the Body in French Culture of the Ancien Régime*, S. 210f. sowie Cessac, Catherine/Couvreur, Manuel (Hrsg.): *La Duchesse du Maine (1676–1753). Une mécène à la croisée des arts et des siècles*, Brüssel 2003.

92 Abbé Genest: *Divertissements de Sceaux*, S. 100, 237–240 zitiert nach Guilcher: *La Contredanse*, S. 60.

93 Siehe dazu auch Schnitzer, Claudia: *Höfische Maskeraden. Funktion und Ausstattung von Verkleidungsdivertissements an deutschen Höfen der Frühen Neuzeit*, Tübingen 1999.

Hofballett

Aus der Tradition der europäischen Festkultur des Spätmittelalters und der Renaissance entwickelte sich in Frankreich im letzten Drittel des 16. Jahrhunderts das Hofballett, in dem Tanz, Musik, Gesang, Poesie, Deklamation, Dekor, Theatermaschinen und Kostüme zu einem *spectacle total* verbunden wurden. Schon Ende des 16. Jahrhunderts existierten Choreographien, deren Besonderheit die von den Raumwegen der Tänzer auf den Boden gezeichneten Muster waren. Ein herausragendes Beispiel für die symbolische Aufladung geometrischer Figuren ist das Druidenalphabet des *Ballet du Duc de Vendôme* (1610)[94]. Abgesehen von den geometrischen Balletten lag das Hauptaugenmerk zu Beginn des 17. Jahrhunderts vermutlich mehr auf dem Ausdruck der dargestellten Figuren und der pantomimischen Darstellung. Die Themen bezogen sich auf einen konkreten Anlass oder schöpften aus vielfältigen politischen, literarischen, allegorischen, burlesken und karnevalesken Inspirationen.[95] Die Grundstruktur bestand aus einem ouvertüreähnlichen, gesungenen oder deklamierten *récit* und einem festgelegten Ablauf von *entrées*, den eigentlichen tänzerischen Auftritten, deren Anzahl variabel sein konnte. Abgeschlossen wurde das Hofballett von einem *grand ballet*, das manchmal in einen allgemeinen Ball überging. In den Balletten unter Ludwig XIV. kam es zu einer zunehmenden Abkehr von grotesken und burlesken Themen und Elementen.[96] Am Ende des 17. Jahrhunderts und im 18. Jahrhundert wurden Hofballette nur noch sporadisch aufgeführt. Einer der Gründe dafür liegt in der Durchsetzung der absolutistischen Macht des Königs gegenüber dem früher oft rebellischen Adel. Dadurch waren Hofballette als rituelle, gemeinschaftsstiftende Kommunikationsräume nicht mehr notwendig. Auch trug die Entwicklung der Tanztechnik, mit welcher der Adel im Vergleich zu den Berufstänzern nicht mehr Schritt halten konnte, zur Veränderung bei. Außerdem kam es zu einem Paradigmenwechsel von der vielschichtig symbolisch aufgeladenen Präsenz des Herrschers und des Adels hin zur Repräsentation durch Berufstänzer, bei der König und Adel zum Zuschauer wurden. Dieser Prozess beschleunigte sich durch die Entstehung der *tragédie lyrique* und später dann der *opéra-ballet*.[97]

Die Ballette wurden mehrheitlich von Männern, Adeligen und Berufstänzern aufgeführt. Hofballette, in denen die Fürstinnen und ihre Hofdamen auftraten, waren seltener und entbehrten aller burlesken und unziemlichen Elemente. Die Ballette waren

94 *Ballet de Monseigneur le duc de Vandosme, dancé luy douziesme en la ville de Paris, dans la grande salle de la maison royalle du Louvre. Puis en celle de l'Arsenac, le dix-sept, & dix-huictiesme jour de janvier 1610*, Paris 1610, S. 34–38.

95 Zum Repertoire der Hofballette siehe: *Ballets et mascarades de cour de Henri III à Louis XIV (1581–1652)*, hrsg. von Paul Lacroix, Genf 1968 (OA Paris 1868–1870), *Ballets pour Louis XIII, Danse et politique à la cour de France (1610-1643)*, hrsg. von Marie-Claude Canova-Green, Toulouse 2010, *Ballets burlesques pour Louis XIII, Danse et jeux de transgression (1622–1638)*, hrsg. von Marie-Claude Canova-Green und Claudine Nédelec, Toulouse 2012, *Ballets pour Louis XIV de Isaac de Benserade*, 2 Bde., hrsg. von Marie-Claude Canova-Green, Toulouse 1997.

96 Franko, Mark: *Dance as Text. Ideologies of the Baroque Body*.

97 Vgl. Apostolides: *Le Roi-machine*, sowie Burke: *The Fabrication of Louis XIV*.

in ihrer Form und Themenwahl sehr frei und konnten sowohl eine geschlossene narrative Handlung darstellen, als auch, als *ballet à entrées,* eine lose Abfolge von Auftritten darbieten, die unter einem Thema, dem *sujet*, zusammengefasst waren. Spezifisches Element der Auftritte war die Verwendung der Maske für die verschiedenen Rollen. Das Rollenrepertoire setzte sich aus abstrakten Begriffen wie Allegorien und Personifikationen emblematischer Natur einerseits und aus mythologischen, literarischen, historischen, exotischen und fantastischen Figuren andererseits zusammen, ergänzt durch Gestalten des alltäglichen Lebens.[98]

Unter den thematisch ausgerichteten Hofballetten befanden sich die *ballets de nations*, die sich fremder Völker und Nationen als Sujet bedienten und damit eine klare politische Instrumentalisierung zugunsten der französischen Hegemonialansprüche erlaubten.[99] Marie-Claude Canova-Green beschreibt diese Kategorie der Hofballette als »ritualized parade of foreigners on the court stage«[100] Aus der höfischen Form heraus entwickelten sich die sogenannten *ballets de collège*.[101] Diese wurden in den Jesuitenkollegien von heranwachsenden jugendlichen Adeligen und Bürgerlichen vor prominentem Publikum alljährlich zur Preisverleihungszeremonie, mit welcher das Schuljahr beschlossen wurde, zur Aufführung gebracht.[102]

Wenn auch Geburt und Rang noch über den Ablauf des Hofballes entschieden, so hatten diese hierarchischen Regeln auf das Hofballett weniger Einfluss, bei dem vor allem der Verdienst und tänzerisches Können eine Rolle spielen. Es war eine besonders große Auszeichnung, mit dem König zu tanzen. Der Auftritt in einem Hofballett diente der Glorifizierung des Herrschers und der hochadeligen Tänzer, als vergnüglicher Zeitvertreib und zur Demonstration von Allianzen. Bereits Ludwig XIII. nahm regelmäßig an Balletten teil und komponierte und konzipierte das *Ballet de la Merlaison* (1635).[103] Doch ist dabei beachtenswert, dass auch Heinrich III., wiewohl er nicht als Tänzer teilnahm, so doch als königliche Instanz selbst im *Balet Comique de la Royne* direkt angesprochen wird: Er ist quasi in seiner sozialen Rolle direkt in die Handlung eingebunden, und zwar von dem Moment an, als der *Gentilhomme fugitif*

---

98 Zu den grundlegenden Werken über das französische Hofballett siehe Prunières, Henry: *Le Ballet de cour en France avant Benserade et Lully*, Paris 1914; McGowan, Magraret M.: *Le Ballet de cour en en France (1581–1643)*, Paris 1963; Christout, Marie-Françoise: *Le Ballet de cour au XVIIe siècle*, Genf 1987 sowie dies.: *Le Ballet de cour de Louis XIV (1643–1672)*, Pantin 2005; Hourcade, Philippe: *Ballets et Mascarades du Grand Siècle (1643–1715)*, Paris 2002.

99 Siehe Heiter, Gerrit Berenike: »Getanzte Vielfalt der Nationen. Ihre Darstellung und Funktion im französischen Hofballett«, in: Schlottermüller, Uwe, Weiner, Howard, Richter, Maria (Hrsg.): *»all'ungaresca – all espagnol«. Die Vielfalt der europäischen Tanzkultur 1420–1820,* Freiburg 2012, S. 59–71.

100 Canova-Green, Marie-Claude: »Dance and ritual: the *Ballet des nations* at the court of Louis XIII«, in: *Renaissance Studies* 4 (1995), S. 395.

101 Zu den ballets de collège siehe Rock, Judith: *Terpsichore at Louis-le-Grand. Baroque Dance on the Jesuit Stage in Paris*, Saint Louis 1996; Piéjus, Anne (Hrsg.): *Plaire et Instruire. Le spectacle dans les collèges de l'Ancien Régime*, Rennes 2007; Walsdorf: Die politische Bühne.

102 Siehe hierzu auch den Beitrag von Hanna Walsdorf in diesem Band.

103 *Ballet de la Merlaison*.

auf seiner Flucht vor der Zauberin Circe über den Bühnenraum gelaufen kommt, sich ihm respektvoll in kleinen Schritten nähert, eine große Verbeugung macht, ihn mit einer feierlichen Ansprache adressiert und sich dann unter seinen Schutz begibt.[104]

Zugleich ist das Hofballett ein Ort, an dem Fantasie und vielleicht sogar in einigen Fällen persönlicher Geschmack zum Ausdruck kommen konnten. Im selben Maße, in dem sich die adelige Abstammung beim Hofball durch die Noblesse des Tanzes ausdrücken musste, konnten die Hofleute, besonders aber die Männer im Hofballett, ihrer Verkleidungs- und Verwandlungslust frönen. Die große Rollenvielfalt, darunter zahlreiche Travestierollen, verlangte und erlaubte es den Tänzern, ihr darstellerisches Können in den nicht seltenen Pantomimeszenen unter Beweis zu stellen. De Pure beschreibt dies so:

> Sous le Masque, on dance pour autruy, on se pique d'exprimer ceux que l'on représente, & le déguisement peut cacher beaucoup de defaux, soit en la personne, soit à la dance.[105]

Allgemein herrschten kollektive Auftritte vor, zumeist tänzerisch gestaltete Szenen zu zweit mit gleichen oder ungleichen Paaren (der adelige Herr und seine Dame oder die eitle Alte und der junge Mann), oder zu mehreren. Soloauftritte waren selten. Es scheint als würde hier das Prinzip der gemeinsamen harmonischen Leistung und nicht das der virtuosen Einzelleistung vorherrschen. In manchen Fällen mündete das Hofballett nach dem abschließenden *grand ballet*, das nochmals alle Tänzer zusammen tanzen ließ, in einen allgemeinen Ball von Tänzern und Personen aus dem Publikum. Der durch das Hofballett eröffnete symbolische und rituelle Raum ermöglichte hier eine weitere Dimension der sozialen Interaktion innerhalb der Hofgesellschaft, in dem vor allem die Damen wieder am Tanz teilnehmen konnten.

Der zur Schau gestellte Reichtum bei den großen Hofballetten – allen voran beim *Balet Comique de la Royne* von 1581, aber auch beim multimedialen Fest von Ludwig XIV., *Les Plaisirs de l'Isle enchantée*[106] von 1664 – war natürlich auch ein Mittel zum Prestigeerwerb und zur Verteidigung der kulturellen Vorherrschaftsstellung im internationalen Kontext. Dabei war die Beteiligung des Herrschers selbst als Ausführender nicht unproblematisch:

> Despite the most specialized skills, performance always entails physical risks that place the perfect symmetry of power and representation at risk. Dance in particular is founded on an inherently fallible, even if dependably virtuosic, human performance before onlookers. When it comes down to the body, court ballet offers resistances to

104 *Le Balet comique de la Royne faict aux nopces de Monsieur le Duc de Ioyeuse & madamoyselle de Vaudemont sa sœur*, Paris 1582, S. 7v–9v.

105 Pure: Idée des spectacles anciens et nouveaux, S. 177f.

106 *Les Plaisirs de l'île enchantée, course de bague, collation ornée de machines, comédie de Molière de la Princesse d'Élide, mêlée de danse et de musique, ballet du palais d'Alcine, feu d'artifice et autres fêtes galantes et magnifiques faites par le Roi à Versailles le 7 mai 1664*, Paris 1665.

> the larger project of royal portraiture. How, for example, does a body mythically identified with the state – at its center, so to speak – represent power while remaining perpetually at risk and in danger of losing face?[107]

Das Bild des absolutistischen Herrschers, der von sich selbst ein allegorisch verklärtes Bild herstellt, also als ein olympischer Gott oder zumindest als herrliche, edle Gestalt auftritt, scheint durch die barocke Spiel- und Verkleidungslust gefährdet zu werden. Jedoch ist die Frage, ob es nicht gerade der ritualisierte Rahmen war, der solche Grenzgänge erlaubte. Mark Franko analysiert vor allem Travestierollen in Hinblick auf den rituellen Kontext.

> In the ritual context of ballet, the king's sexual ambiguity was doubtless performed to reassert agency as a personal trait. In its very ambiguity or doubleness this personal trait can reestablish a sensation of what Victor Turner called »communitas with one's peers.« »Communitas,« notes Turner, »is a relationship between concrete, historical, idiosyncratic individuals.« The king's cross-dressing thus opens up the realms of his physical and sexual force, even potential violence. Being performative and only »of the now« (antistructural in Turner's sense) makes royal cross-dressing all the more terrible in that it announces the threat of a return to structure.[108]

Die Verse in den zahlreichen *livrets de ballet* belegen die vielschichtige Sichtweise auf die soziale Rolle, also den hierarchischen Rang und eventuelle familiäre Verknüpfungen, auf die individuelle Person mit ihren Stärken und Schwächen und die im Hofballett verkörperte Rolle – mit den ihr zugehörigen Stereotypen und Symboliken. Für das Publikum war eben dieses Spannungsfeld der Interaktion von Präsenz und Repräsentation von großem politischen Interesse, aber auch Teil der Unterhaltung.

Der politische Kontext des Hofballetts war bereits bei den anfänglichen Bemühungen um das Genre gegeben. Caterina de' Medici nutzte Tanz und Maskeraden für ihre politischen Ziele.[109] Die in den Religionskriegen (1562–1598) zerstrittenen Parteien sollten durch das Tanzen, das die Verkörperung der himmlischen Sphärenharmonie auf Erden darstellte, zu einem ebenso harmonischen Zusammenleben veranlasst werden. Trotz des Anscheins von Spontaneität wurde das Hofballett in einem genau definierten rituellen Zeitraum veranstaltet: Zum Karneval oder zu kollektiven, rituellen Ereignissen mit politischer Tragweite, wie etwa Taufen, Hochzeiten, Siegesfeiern, Botschaftsempfängen und festlichen Einzügen.

---

107 Franko, Mark: »The King cross-dressed. Power and Force in Royal Ballets«, in: Melzer, Sara E./ Norberg, Kathryn (Hrsg.): *From the Royal to the Republican Body: Incorporating the Political in Seventeenth- and Eighteenth-Century France,* Berkeley 1998, S. 64–85, hier S. 67.

108 Ebd., S. 72. Das Zitat von Victor Turner stammt aus: *The Ritual Process: Structure and Anti-Structure,* New York 1995, S. 131.

109 Capodieci, Luisa: *Medicea Medaea. Art, astres et pouvoir à la cour de Catherine de Médicis*, Genève 2011.

Zusammenfassung: Tanzen bei Hofe – ein prekäres Gleichgewicht zwischen Contenance, Virtuosität und Vergnügen

Wiewohl Tanz als weltliches Vergnügen zu ambivalenten Positionen sowohl seitens der katholischen Kirche als auch seitens der protestantischen Kirchen führte, hat sich im europäischen und insbesondere im französischen Adel vom ausgehenden 16. Jahrhundert bis zum Ausbruch der Französischen Revolution die Bedeutung des Tanzes als performative Lernkultur durchgesetzt.[110] Das tatsächliche Ausmaß des Stellenwertes dieser Kulturtechnik für die Aneignung des Körperhabitus und der komplexen Umgangsformen lässt sich heute nur schwer nachempfinden. Neben der nonverbalen Kommunikation, der Eloquenz des Körpers wurde dabei gemeinschaftliches Verhalten in rituellen Kontexten einstudiert und öffentlich demonstriert.

Mittels des Tanzes und der ihm eigenen Disziplin wurden Werte wie Selbstbeherrschung, Disziplin, Eleganz und Einfachheit, Maßhalten und natürlich auch die Unterordnung durch Regeln und die Einordnung in ein hierarchisches Weltbild verkörpert und weitergegeben – Werte, die generell vom französischen *Classicisme* vertreten wurden. Im höfischen Kontext war Tanz immer repräsentativer Schautanz, unabhängig davon, ob er bei Bällen, Maskeraden, in den königlichen *Appartements* oder aufwendig vorbereitet bei Hofballetten stattfand. Der Blick des zusehenden Kollektivs war implizit Teil des Ereignisses, dessen ritueller Charakter vor allem durch den Rahmen, den Anlass und die Interaktion von Präsenz und Repräsentation bestimmt wurde. Teil dieses Anlasses sozialer Performanz zu sein, war gleichbedeutend mit hohem Prestigegewinn und eine sichtbare Zusicherung, zum engsten Kreis des Fürsten zu gehören.

Jedoch war der Grat zwischen erwünschter, wenn nicht sogar erwarteter tänzerischer Performativität und »anrüchiger« Virtuosität sehr schmal. Denn, wie eingangs erwähnt, ziemte es sich für einen Adeligen nicht, eine zu große Virtuosität zur Schau zu stellen. Das Ideal setzte sich aus nobler Verhaltenheit und Eleganz zusammen, gepaart mit jener Grazie, die jegliche Anstrengung zu verbergen wusste. Der ästhetische Anspruch der *belle danse* wurde zum grundlegenden Zug des klassischen beziehungsweise des akademischen Tanzes. Der Tanzmeister stellte dabei eine für die Gesellschaft des *Ancien Régime* problematische Gestalt dar, gehörte er doch zu den wenigen Personen, die, wie der Schauspieler, aufgrund ihrer spezifischen Körpererziehung und Technik den Adel körperlich imitieren konnten. Trugen Verschriftlichung und gezielte Akademisierung der Tanzkunst zur Normierung und Kodifizierung des französischen Stils bei, so zeigt sich sowohl in der Ballkultur als auch im Hofballett, dass während des 17. und 18. Jahrhunderts nicht nur kulturelle, sondern letzten Endes auch gesellschaftliche Transfers stattfanden. Im 18. Jahrhundert versuchte der Adel, obwohl er sich den gesellschaftlichen Zwängen des Lebens in Versailles unterordnete,

110 Siehe Wéry, Anne: *La Danse écartelée de la fin du Moyen Âge à l'Âge Classique. Mœurs, esthétiques et croyances en Europe romane*, Paris 1992; Louison-Lassablière, Marie-Joëlle: *Études sur la danse, De la Renaissance au siècle des Lumières*, Paris 2003; Ruel Robins, Marianne: *Les Chrétiens et la danse dans la France moderne*, Paris 2006.

sich durch privatere Veranstaltungen sowie letzten Endes durch die Zuwendung zur Pariser Stadtkultur und Mode einen geselligen Freiraum zu schaffen, der eher die Vergnügungssucht als die Repräsentationszwänge bediente.

Referenzen

Quellen

Arbeau, Thoinot: *Orchésographie et Traicté en forme de dialogue par lequel toutes personnes peuvent facilement apprendre et practiquer l'honneste exercice des dances*, Langres 1589.

Ballet des Plaisirs, dansé par sa Majesté le 4. jour de Feburier [sic!] *1655*, Paris 1655.

Ballet de Monseigneur le duc de Vandosme, dancé luy douziesme en la ville de Paris, dans la grande salle de la maison royalle du Louvre. Puis en celle de l'Arsenac, le dix-sept, & dix-huictiesme jour de janvier 1610, Paris 1610.

Ballet de la Merlaison, dansé par Sa Maiesté en son Chasteau de Chantilly le Ieudy 15. Mars 1635, Paris 1635.

Ballet du Roy, des Festes de Bacchus, Dansé au Palais Royal, le 2. & le 4. jour du May 1651, Paris 1651.

Ballets et mascarades de cour de Henri III à Louis XIV (1581–1652), hrsg. von Paul Lacroix, Genf 1968 (OA Paris 1868–1870).

Ballets pour Louis XIII, Danse et politique à la cour de France (1610–1643), hrsg. von Marie-Claude Canova-Green, Toulouse 2010.

Ballets burlesques pour Louis XIII, Danse et jeux de transgression (1622–1638), hrsg. von Marie-Claude, Canova-Green und Claudine Nédelec, Toulouse 2012.

Ballets pour Louis XIV de Isaac de Benserade, 2 Bde., hrsg. von Marie-Claude Canova-Green, Toulouse 1997.

Le Balet comique de la Royne faict aux nopces de Monsieur le Duc de Ioyeuse & madamoyselle de Vaudemont sa sœur, Paris 1582.

Bonnet, Jacques: *Histoire générale de la danse sacrée et profane*, Paris 1724.

Bruyère, Jean de la: *Les Caractères de Théophraste, traduits du grec, avec les Caractères ou les mœurs de ce siècle*, Paris 1692 (OA 1688).

Caroso, Fabritio*: Il Ballarino*, Venedig 1581.

—: *Nobiltà di Dame*, Venedig 1600.

Castiglione, Baldassare di: *Il Libro del Cortegiano*, Venedig 1528 (Reprint Rom 1986).

Courtin, Antoine de: *Nouveau traité de la civilité qui se pratique en France parmi les honnêtes gens*, Paris 1672 (OA 1671).

Dumanoir, Guillaume: *Le Mariage de la musique avec la dance, contenant la reponce au livre des treize pretendus Academistes, touchant ces deux Arts*, Paris 1664.

Feuillet, Raoul-Auger: *Chorégraphie ou l'art de décrire la danse par caractères, figures et signes démonstratifs*, Paris 1700.

Furetière, Antoine: *Dictionaire universel, contenant généralement tous les mots françois tant vieux que modernes et les termes de toutes les sciences et des arts*, Den Haag 1690.

Héroard, Jean: *Journal*, hrsg. von Madeleine Foisil, 2 Bde., Paris 1989.

Lauze, François de: *Apologie de la danse et la parfaicte méthode de l'enseigner tant aux cavaliers qu'aux dames*, o.O. 1623.

Les Plaisirs de l'île enchantée, course de bague, collation ornée de machines, comédie de Molière de la Princesse d'Élide, mêlée de danse et de musique, ballet du palais d'Alcine, feu d'artifice et autres fêtes galantes et magnifiques faites par le Roi à Versailles le 7 mai 1664, Paris 1665.

Lorin, André: *Dances for the Sun King: André Lorin's »Livre de contredance« Livre de Contredance* [1685 und 1688], hrsg. von Julia Sutton und Rachelle Palnick Tsachor, Annapolis 2008.

Magny, Claude-Marc: *Principes de chorégraphie, suivis D'un Traité de la Cadence, qui apprendra les tems & les valeurs de chaque pas de la Danse, détaillés par caracteres, figures & signes démonstratifs*, Paris 1765.

Ménestrier, Claude-François: *Des Ballets anciens et modernes selon les règles du Théâtre*, Paris 1682 (Reprint Genf 1972).

Mersenne, Marin: *Harmonie universelle contenant la théorie et la pratique de la musique*, Paris 1636.

Negri, Cesare: *Le Gratie d'Amore*, Mailand 1602.

—: *Nuove inventioni di balli*, Mailand 1604.

Pécour, Guillaume-Louis/Feuillet, Raoul Auger: *Recueil de dances*, Paris 1700.

Pelletier, Thomas: *La Nourriture de la Noblesse*, Paris 1604.

Praetorius, Michael: *Terpsichore*, Wolfenbüttel 1612 (Reprint 1929).

Pure, Michel de: *Idée des spectacles anciens et nouveaux*, Paris 1668.

Rameau, Pierre: *Le Maître à danser, Qui enseigne la manière de faire tous les differens pas de Danse dans toute la regularité de l'Art, & de conduire les Bras à chaque pas*, Paris 1725.

Saint-Hubert, Nicolas de: *La Manière de composer et faire réussir les ballets*, Paris 1641.

Saint-Simon, Louis de Rouvray (duc de): *Mémoires*, Paris 1983.

Literatur

Adelmann, Anette/Wetzel, Katharina: »Ritualraum«, in: Brosius, Christine/Michaels, Axel/ Schrode, Paula (Hrsg.): *Ritual und Ritualdynamik, Schlüsselbegriffe, Theorien, Diskussionen*, Göttingen 2013, S. 180–187.

Althoff, Gerd/Stollberg-Rilinger, Barbara: »Spektakel der Macht?«, in: Stollberg-Rilinger, Barbara/ Puhle, Matthias/Götzmann, Jutta/Althoff Gerd (Hrsg.): *Spektakel der Macht, Rituale im alten Europa 800–1800*, Darmstadt 2008, S. 15–19.

Ambos, Claus/Weinhold, Jan: »Rahmen und Rahmungsprozesse«, in: Brosius, Christine/Michaels, Axel/Schrode, Paula (Hrsg.): *Ritual und Ritualdynamik, Schlüsselbegriffe, Theorien, Diskussionen*, Göttingen 2013, S. 92–99.

Apostolides, Jean-Marie: *Le Roi-machine. Spectacle politique au temps de Louis XIV*, Paris 1981.

Bal des Débutantes: URL: http://www.lebal.fr (15. 1. 2016).

Bély, Lucien (Hrsg.): *Dictionnaire de l'Ancien Régime, Royaume de France, XVIe–XVIIIe siècle*, Paris 1996.

Boucher, Jacqueline: *Société et mentalités autour de Henri III*, 4 Bde., Paris 1981.

Bourdieu, Pierre: *La Distinction*, Paris 1979.

Braun, Rudolf/Gugerli, David: *Macht des Tanzes – Tanz der Mächtigen. Hoffeste und Herrschaftszeremoniell 1550–1914*, München 1993.

Burke, Peter: *The Fabrication of Louis XIV*, New Haven 1994 (OA 1992).

Canova-Green, Marie-Claude: »Dance and ritual: the *Ballet des nations* at the court of Louis XIII«, in: *Renaissance Studies* 4 (1995), S. 395–403.

Capodieci, Luisa: *Medicea Medaea, Art, astres et pouvoir à la cour de Catherine de Médicis*, Genève 2011.

Cessac, Catherine/Couvreur, Manuel (Hrsg.): *La Duchesse du Maine (1676–1753). Une mécène à la croisée des arts et des siècles*, Brüssel 2003.

Chatenet, Monique: *La France au XVIe siècle. Vie sociale et architecture*, Paris 2002.

Christout, Marie-Francoise: *Le Ballet occidental. Naissance et métamorphoses XVIe–XXe siècles*, Paris 1995.

—: *Le Ballet de cour au XVIIe siècle*, Genf 1987.

—: *Le Ballet de cour de Louis XIV (1643–1672)*, Pantin 2005.

Cohen, Sarah R.: *Art, Dance, and the Body in French Culture of the Ancien Régime*, Cambridge 2000.

Dalesme, Chloé: *Les tableaux représentant des bals à la cour des Valois*, Tours 2005.

Drescher, Thomas/Gätjen, Bram/Rônez, Marianne/Mazurowicz, Ulrich/Jewanski, Jörg: »Violine«, in: *MGG*^{2}, Sachteil, Bd. 9, Kassel 1998, Sp. 1597–1686.

Elias, Norbert: *Die höfische Gesellschaft. Untersuchungen zur Soziologie des Königtums und der höfischen Aristokratie*, Frankfurt a. M. 1969.

—: *Über den Prozess der Zivilisation, Soziogenetische und psychogenetische Untersuchungen*, Bd. 2: *Wandlungen der Gesellschaft. Entwurf zu einer Theorie der Zivilisation*, Frankfurt a. M. 1997.

Faust, Nicole: *Körperwissen in Bewegung. Vom klassischen Ballett zum Ausdruckstanz*, Marburg 2006.

Fink, Monika: *Der Ball. Eine Kulturgeschichte des Gesellschaftstanzes im 18. und 19. Jahrhundert*, Innsbruck 1996.

Franko, Mark: *Dance as Text, Ideologies of the Baroque Body*, Cambridge 1993.

—: »The King cross-dressed, Power and Force in Royal Ballets«, in: Melzer, Sara E./Norberg, Kathryn (Hrsg.): *From the Royal to the Republican Body: Incorporating the Political in Seventeenth- and Eighteenth-Century France*, Berkeley 1998, S. 64–85.

Frieling, Kirsten O.: »Haltung bewahren: Der Körper im Spiegel frühneuzeitlicher Schriften über Umgangsformen«, in: Mallinckrodt, Rebekka von (Hrsg.): *Bewegtes Leben, Körpertechniken in der Frühen Neuzeit*, Wiesbaden 2008, S. 39–59.

Füssel, Marian: »Zeremoniell«, in: Jaeger, Friedrich (Hrsg.): *Enzyklopädie der Neuzeit*, Bd. 15, Stuttgart 2012, Sp. 451–457.

Gareis, Iris: »Ritual«, in: Jaeger, Friedrich (Hrsg.): *Enzyklopädie der Neuzeit*, Bd. 11, Stuttgart 2010, Sp. 297–306.

Garstka, Britta: *Ludwig, XIV. – tanzender König und absolutistischer Herrscher*, Hamburg 2006.

Gennep, Arnold van: *Les Rites de passage. Étude systématique des rites*. Paris 2011 (OA 1911).

Gestrich, Andreas: »Höfisches Zeremoniell und sinnliches Volk. Die Rechtfertigung des Hofzeremoniells im 17. und frühen 18. Jahrhundert«, in: Berns, Jörg Jochen/Rahn, Thomas (Hrsg.): *Zeremoniell als höfische Ästhetik in Spätmittelalter und Früher Neuzeit,* Tübingen 1995, S. 57–73.

Glon, Marie: *Les Lumières chorégraphiques. Les maîtres de danse européens au coeur d'un phénomène éditorial (1700-1760)*, Dissertation EHESS Paris 2014.

Guilcher, Jean-Michel: *La Contredanse. Un tournant dans l'histoire française de la danse*, Brüssel 2003.

Harris-Warrick, Rebecca: »Ballroom Dancing at the Court of Louis XIV«, in: *Early Music* 14/1 (1986), S. 40–49.

Heiter, Gerrit Berenike: »Getanzte Vielfalt der Nationen. Ihre Darstellung und Funktion im französischen Hofballett«, in: Schlottermüller, Uwe/Weiner, Howard/Richter, Maria (Hrsg.): *»all' ungaresca – all espagnol«. Die Vielfalt der europäischen Tanzkultur 1420–1820*, Freiburg 2012, S. 59–71.

Hengerer, Mark: »Zur Konstellation der Körper höfischer Kommunikation«, in: Burckhardt, Johannes/Werkstetter, Christiane (Hrsg.): *Kommunikation und Medien der Frühen Neuzeit*, München 2005, S. 519–446.

Hourcade, Philippe: *Ballets et Mascarades du Grand Siècle (1643–1715)*, Paris 2002.

Klepacki, Leopold: »Aus dem Takt kommen«, in: Gödde, Günther/Zirfas, Jörg (Hrsg.): *Takt und Taktlosigkeit. Über Ordnungen und Unordnungen in Kunst, Kultur und Therapie*, Bielefeld 2012, S. 57–68.

Lancelot, Francine: *La Belle Dance. Catalogue raisonné fait en l'an 1995*, Paris 1996.

Lecomte, Nathalie: *Entre cours et jardins d'illusion. Le ballet en Europe (1515–1715)*, Pantin 2014.

Lippe, Rudolf zur: *Naturbeherrschung am Menschen*, Bd. 2: *Geometrisierung des Menschen und Repräsentation des Privaten im französischen Absolutismus*, Frankfurt a. M. 1974.

Little, Meredith Ellis/Marsh, Carol G.: *La Danse Noble. An Inventory of Dances and Sources*, Williamstown et al. 1992.

Louison-Lassablière, Marie-Joëlle: *Études sur la danse, De la Renaissance au siècle des Lumières*, Paris 2003.

—: *Brantôme et les danses de cour* (2008), URL: http://cour-de-france.fr/article496.html (8. 1. 2016).

Malkiewicz, Michael: »Branle«, in: Hartmann, Annette/Woitas, Monika (Hrsg.): *Das große Tanzlexikon. Tanzkulturen – Epochen - Personen – Werke*, Laaber 2016, S.117–118.

Mat'a, Petr: »Zeremoniell – Ständische Gesellschaft«, in: Jaeger, Friedrich (Hrsg.): *Enzyklopädie der Neuzeit*, Bd. 15, Stuttgart 2012, Sp. 457–460.

McGowan, Margaret M.: *Le Ballet de cour en en France (1581–1643)*, Paris 1963.

—: *Dance in the Renaissance, European Fashion – French Obsession*, New Haven 2008.

—: »Dance in Sixteenth and Early Seventeenth Century France«, in: Nevile, Jennifer (Hrsg.): *Dance, Spectacle, and the Body Politick, 1250–1750*, Bloomington et al. 2008.

Montadon, Alain (Hrsg.): *Bibliographie de savoir-vivre en Europe du Moyen Âge à nos jours*, 2 Bde., Bd. I: *France – Angleterre – Allemagne*, Bd. II: *Italie – Espagne – Portugal – Roumanie – Norvège – Pays Tchèque et Slovaque – Pologne*, Clermont-Ferrand 1995.

Mourey, Marie-Thérèse: »Auf der Suche nach der verborgenen Weltharmonie: der frühe Ballet de cour«, in: Betzwieser, Thomas (Hrsg.): *Tanz im Musiktheater, Tanz als Musiktheater*, Würzburg 2009, S. 409–421.

—: »Der Körper als Medium höfischer Kommunikation am Beispiel des Hofballets«, in: Walter, Axel (Hrsg.): *Medien höfischer Kommunikation. Formen, Funktionen und Wandlungen am Beispiel des Gothaer Hofes*, Leiden u.a. 2015 (= *Daphnis* 42), S. 491–513.

—: »Tanzen als Schule galanten Gebahrens«, in: Florack, Ruth/Singer, Rüdiger (Hrsg.): *Die Kunst der Galanterie: Facetten eines Verhaltensmodells in der Literatur der Frühen Neuzeit*, Berlin u. a. 2012, S. 275–299.

Piéjus, Anne (Hrsg.): *Plaire et Instruire. Le spectacle dans les collèges de l'Ancien Régime*, Rennes 2007.

Prest, Julia: »The Politics of Ballet at the Court of Louis XIV«, in: Nevile, Jennifer (Hrsg.): *Dance, Spectacle, and the Body Politick, 1250–1750*, Bloomington et al. 2008, S. 229–240.

Prunières, Henry: *Le Ballet de cour en France avant Benserade et Lully*, Paris 1914.

Raviart, Naïk: »Le Bal français, du début du règne de Louis XIV à l'aube de la Révolution«, in: Yves Guilcher et al. (Hrsg.): *Histoires de bal.* Vivre, représenter, recréer le bal, Paris 1998, S. 19–54.

Regitz, Hartmut/Regner, Otto Friedrich/Schneiders, Heinz-Ludwig: *Reclams Ballettführer*, Stuttgart [10]1988.

Rentsch, Ivana: *Die Höflichkeit musikalischer Form. Tänzerische und anthropologische Grundlagen der frühen Instrumentalmusik*, Kassel 2012.

Rock, Judith: *Terpsichore at Louis-le-Grand, Baroque Dance on the Jesuit Stage in Paris*, Saint Louis 1996.

Roucher-Kougioumtzoglou, Eugenia: »Belle danse«, in: Le Moal, Philippe (Hrsg.): *Dictionnaire de la danse*, Paris 2008, S. 687f.

—: *Aux Origines de la danse classique. Le Vocabulaire de la »belle dance« 1661–1701*, Dissertation Université de Paris Nord Villetaneuse 1991.

Rousier, Claire (Hrsg.): *Scènes de bal, bals en scène*, Pantin 2010.

Rüegger, Emmanuèle: *Le spectacle total à la Renaissance: genèse et premier apogée du ballet de cour*, Zürich 1995.

Ruel Robins, Marianne: *Les Chrétiens et la danse dans la France moderne*, Paris 2006.

Salmen, Walter: *Der Tanzmeister*, Hildesheim et al. 1997.

—: *Tanz im 17. und 18. Jahrhundert*, Leipzig 1988.

Schlögel, Rudolf: »Resümee: Typen und Grenzen der Körperkommunikation in der Frühen Neuzeit«, in: Burckhardt, Johannes/Werkstetter, Christiane (Hrsg.): *Kommunikation und Medien der Frühen Neuzeit*, München 2005, S. 447–560.

Schnitzer, Claudia: *Höfische Maskeraden. Funktion und Ausstattung von Verkleidungsdivertissements an deutschen Höfen der Frühen Neuzeit*, Tübingen 1999.

Schulze, Hendrik: *Französischer Tanz und Tanzmusik in Europa zur Zeit Ludwigs XIV. Identität, Kosmologie und Ritual*, Hildesheim et al. 2012.

Semmens, Richard Templar: *The Bals Publics at the Paris Opera in the Eighteenth Century*, Hillsdale (NY) 2004.

Simonis, Linda: »Habitus«, in: Nünning, Ansgar (Hrsg.): *Metzler Lexikon Literatur- und Kulturtheorie*, Stuttgart 2008, S. 271f.

Stollberg-Rilinger, Barbara: *Rituale*, Frankfurt a. M. 2013.

Swartz, David: *Culture & Power. The Sociology of Pierre Bourdieu*, Chicago 1997.

Turner, Victor: *Das Ritual. Struktur und Anti-Struktur*, Frankfurt a. M. 2005 (OA 1969)

Turner, Victor: *The Ritual Process: Structure and Anti-Structure,* New York 1995

Walsdorf, Hanna: *Die politische Bühne. Ballett und Ritual im Jesuitenkolleg Louis-le-Grand, 1701–1762*, Würzburg 2012.

Werden, Angelika: *Tanz vernetzt. Das »balet comique de la royne« in der höfischen Kultur der Valois (1581/1582)*, Köln 2011.

Wéry, Anne: *La Danse écartelée de la fin du Moyen Âge à l'Âge Classique, Mœurs, esthétiques et croyances en Europe romane*, Paris 1992.

Wiener Opernball, URL: http://www.wiener-staatsoper.at/Content.Node/home/opernball/Allgemein.de.php (15. 1. 2016).

Winkler, Nicoline: »Die ›Régence‹ und ihre ›Bals publics‹. Pariser Contredanses in ihrem kulturellen Umfeld«, in: Schlottermüller, Uwe/Weiner, Howard/Richter, Maria (Hrsg.): *»all' ungaresca – all espagnol«. Die Vielfalt der europäischen Tanzkultur 1420–1820*, Freiburg 2012, S. 191–225.

Wulf, Christoph: *Zur Genese des Sozialen. Mimesis – Performativität – Ritual*, Bielefeld 2005.

Wulf, Christoph et al. (Hrsg.): *Das Soziale als Ritual. Zur performativen Bildung von Gemeinschaften*, Opladen 2001.

Lernkultur Ballett: Funktionen, Be/Deutungen und die Rede von der Performanz

Hanna Walsdorf

Wie über Tanz im Allgemeinen und Ballett im Besonderen gesprochen und geschrieben wird, hat eine ganz eigene Geschichte. So gibt es einerseits eine *praktische Wissens*geschichte des Tanzes, die zugleich verkörpert und verbalisiert ist, die durch die (Wieder-) Aufführung neuer und vergangener Tanzereignisse weitergesponnen wird. Dagegen hält, andererseits, die *theoretische Wissenschafts*geschichte verschiedene funktionale und ästhetische Wesensbestimmungen des Balletts in seinen wechselnden historischen Kontexten bereit, die auf der Lektüre von textlichen und bildlichen Überlieferungen basiert. Dass hieraus recht diverse Befunde und Deutungsweisen resultieren, liegt auf der Hand. Wie etwa die Theater-, Musik- und Tanzwissenschaft an den Gegenstand »Ballett« oder »Ballettgeschichtsschreibung« herangeht, ist methodisch und konzeptuell mitunter weit entfernt von den Ansätzen, die in der Ethnochoreologie oder der kulturellen Anthropologie verfolgt werden. Die Kombination der jeweiligen Verstehenskonzepte erscheint daher als besonders reizvoll, ermöglicht sie es doch, Ballett als historisch gewachsene performative Lernkultur fasslich zu machen. Wie sich das Sprechen und Schreiben über das Ballett seit dem 17. Jahrhundert zu dessen performativem Erlernen verhält, soll die Gegenüberstellung von zeitgenössischen und rückblickenden Einschätzungen im Folgenden zeigen – ergänzt durch ein historisches Fallbeispiel aus der Theatertanztradition der Pariser Jesuiten: das Ballett *L'Homme instruit par le spectacle, ou le Théâtre changé en école de vertu* (1726).

Ballett als Diskursgegenstand

Soziale Identitäten und Hierarchien verhandeln, eschatologische und teleologische Bedeutungen transportieren, Emotionen wecken: Welche Funktionen und Bedeutungen ein theatrales Tanzereignis in sich trage, ist von Ballettschaffenden, Theoretikern und Wissenschaftlern damals und heute zum Teil sehr unterschiedlich bewertet worden. Während zeitgenössische Kommentatoren etwa den Wandel der europäischen Theatertanzästhetik im 18. Jahrhundert erst herbei- und dann *be*schrieben, um die als überkommen empfundene choreographische Ordnung im Ballett durch Emotion und

Handlung zu ersetzen, interessierte man sich im 20. Jahrhundert zunächst für andere Aspekte der Ballettgeschichte. So folgte der Diskurs über den europäischen Theatertanz zunächst der ›linguistischen Wende‹ der 1960er und 70er Jahre, indem sie die papiernen Hinterlassenschaften der Tanzkunst, in Präskripte und Deskripte klassifiziert, fortan als Texte las und verwaltete, die semiotisch aufgeschlüsselt werden könnten.

Mit der Einsicht, dass Balletttanz vor allem in der Aufführung lebt und sich primär durch seine Ereignishaftigkeit auszeichnet, wirkte sich dann die ›performative Wende‹ der 1990er Jahre auf die Diskussion über den Tanz gegenwärtiger und vergangener Gesellschaften aus. Tanz als flüchtigste aller Künste widerstehe jedoch dem direkten analytischen Zugriff. Durch Rekonstruktionen historischer Tänze und Ballette, die naturgemäß außerhalb ihres originären Kontextes zur Aufführung kommen, wird der Wert der überlieferten schriftlichen Tanzanleitungen, Musiken und Bilder, informiert durch gründlich durchleuchtete zeitgenössische Rezensionen und Traktate, bis heute immer wieder aufs Neue performativ beglaubigt.

Abseits von den historisch (und nicht selten eurozentrisch) ausgerichteten Forschungsbeiträgen aus der Theater- und Tanzwissenschaft haben Vertreterinnen und Vertreter der Ethnochoreologie und kulturellen Anthropologie bereits in den 1960er Jahren den Tanz vergangener wie gegenwärtiger Gesellschaften als kulturell determinierten Bedeutungsspeicher aufgefasst – so auch das aus dem höfischen Kontext der Frühen Neuzeit hervorgegangene Ballett. Es sei hier der Versuch unternommen, die verschiedenen Brechungswinkel im kulturanthropologischen Diskurs über das Ballett pointiert aufzuzeigen und per Gedankenspiel auf historische Belegzitate zurückzuwerfen: Wie wirk(t)en die Kategorien der kulturellen Determinationen bzw. Ethnizität und der Performativität/Performanz auf die Rede vom Theatertanz?

Kulturelle Determinationen

»An anthropologist looks at ballet as a form of ethnic dance«[1], überschrieb Joann Kealiinohomoku bereits 1970 einen Aufsatz, in dem sie gleich eingangs feststellt, dass diese Idee »unacceptable to most Western dance scholars«[2] sei. Dabei bedeute »ethnisch« in Bezug auf Tanz nichts anderes als die Tatsache, dass alle Tanzformen die Traditionen der Kultur wiederspiegeln, aus der sie hervorgegangen sind[3] – das trifft auf balinesischen Tempeltanz ebenso zu wie auf das europäische Ballett. Dennoch gefällt sich die Ballettgeschichtsschreibung bis heute darin, mit einer ethnozentrisch-imperialistischen Sicht auf sich selbst die Einzigartigkeit des – beinahe schon als akulturell eingestuften, weil künstlerischen – Balletts zu proklamieren:

1 Kealiinohomoku, Joann: »An Anthropologist looks at Ballet as a form of Ethnic Dance«, in: Dils, Ann/Cooper Albright, Ann: *Moving History/Dancing Cultures. A Dance History Reader*, Middletown 2001, S. 33–43 (Erstabdruck in: Van Tuyl, Marian (Hrsg.): *Impulse 1969–1970*, San Francisco 1970, S. 24–33).

2 Ebd., S. 33.

3 Vgl. ebd. Siehe auch DeMille, Agnes: *The Book of the Dance*, New York 1963, S. 74: »theatre always reflects the culture that produces it«.

»In short we treat Western dance, ballet particularly, as if it was the one great divinely ordained apogee of the performing arts.«[4]

Der erfolgreiche Export dieser Theatertanzform in ferne Länder scheint ihre besondere Qualität zu bestätigen, jedoch bedeutet die internationale Präsenz keineswegs, dass das Ballett dadurch selbst zu einer internationalen oder gar universellen Tanzform wird:

> Nevertheless, ballet is a product of the Western world, and it is a dance form developed by Caucasians who speak Indo-European languages and who share a common European tradition. Granted that ballet is international in that it »belongs« to European countries plus groups of European descendants in the Americas. But, when ballet appears in such countries as Japan or Korea it becomes a borrowed and alien form. Granted also that ballet has had a complex history of influences, this does not undermine its effectiveness as an ethnic form.[5]

Kealiinohomoku listet eine Vielzahl von Merkmalen auf, die das Ballett als einen Reflektor genuin europäischen kulturellen Erbes ausweisen: vom theatralen Setting und dem requisitären Einbezug heimischer Tiere und Pflanzen über die Darstellung westlicher Sitten und Bräuche, Weltanschauungen und Legenden bis hin zur Repräsentation ästhetischer Werte und sozialer (ständischer) Gefüge.[6] Auch wenn sie es nicht weiter differenziert und immer nur von »dem Ballett« spricht, sind die genannten Merkmale für (fast) alle Entwicklungsstufen desselben zutreffend; nicht zuletzt hat sich bereits Aristoteles, eine wichtige Referenz für die Tanztheoretiker späterer Jahrhunderte, einschlägig über den Theatertanz geäußert. Der stete ästhetische Wandel, den der europäische Bühnentanz vom 17. bis ins 21. Jahrhundert erfahren hat, blieb immer in den Grenzen einer Theaterkultur, die ihrerseits (und naturgemäß) einem steten Wandel unterworfen war:

> Ballet technique developed over the centuries to such an extent that only a few individuals with the right kind of bodies, stamina, mental strength, as well as artistic flair excel in it today. […] Through its specialization and professionalization, ballet turned into an ›art form‹ somewhat separated from its context. When asked about ballet one does not immediately think: the Sun King, Versailles, 17th-century France, despotic aristocratic system, etc. Rather, the first images that come to mind are likely to be tutu, pointe shoes, turn-out and elongated lines. The form moved away from its historical heritage and has become to be perceived by most of its audience as having a quasi a-cultural reality, as somewhat existing within a neutral, transnational space.[7]

---

4 Kealiinohomoku: »An Anthropologist looks at Ballet as a form of Ethnic Dance«, S. 35.

5 Ebd., S. 40. Siehe auch Grau, Andrée: »When the Landscape becomes Flesh: An Investigation into Body Boundaries with Special Reference to Tiwi Dance and Western Classical Ballet«, in: *Body and Society* 4 (2005), S. 141–163; 141: »[…] neither ›dance‹ nor ›body‹ can be accepted as universal concepts since they are both embedded within a typical ›Western‹way of making sense of the world.«

6 Kealiinohomoku: »An Anthropologist looks at Ballet as a form of Ethnic Dance«, S. 40f.

7 Siehe hierzu Grau: »When the Landscape becomes Flesh«, S. 145f.

Doch so einleuchtend sowohl Kealiinohomokus (1970) als auch Graus (2005) Argumentation auch ist, so wenig Anklang hat ihr Versuch eines Brückenschlages zwischen Anthropologie und historischer Tanzwissenschaft gefunden. »All dances are ethnic, but some are more ethnic than others«[8], konstatierte auch Theresa Buckland. Offenbar bestehe nach wie vor ein tiefes Missverständnis darin, welche akademische Disziplin für welche Tanzformen zuständig sei:

> The anthropological treatment of dance employs specific methodologies and theoreticcal perspectives. Typical mistaken beliefs about the discipline are that it involves the application of cultural theory to dance, or that its sole object of investigation constitutes those dance practices which are constructed as ›other‹ to those which have their dominant origins in the theatrical contexts of north America and Europe. The anthropology of dance, though, is an academic discourse which seeks to understand, through empirical and conceptual inquiry, all dance and movement systems and necessitates the sustained practice of ethnography in order to understand emic perceptions.[9]

Nur sehr zögerlich öffnet sich die westliche Tanzwissenschaft, insbesondere die deutschsprachige, diesem erweiterten Interpretationshorizont für ihren Untersuchungsgegenstand. Dabei enthalten bereits zentrale Schriften aus dem historischen Literaturkorpus zum Ballett eine Reihe von Zitaten, die ein Bewusstsein um die Ethnizität und die Performativität der Tanzkunst als verkörpertes Wissen belegen – ohne freilich diese Begriffe zu kennen.

Performanz/Performativität

Der Performanzbegriff ist bekanntlich erst in den 1960er Jahren geprägt worden und in den kulturwissenschaftlichen Diskurs eingeflossen.[10] Jedoch finden sich schon in den frühesten Tanztraktaten, die sich mit Wesen und Wert des Balletts beschäftigen, sinnverwandte Erörterungen dessen, was ein Ballett ist, wie es zu lernen sei und zu sein habe, und zwar in seiner Aufführung auf der Bühne. Der französische Jesuitenpater Claude-François Ménestrier (1631–1705) etwa fokussiert sich in seiner Abhandlung *Des Ballets anciens et modernes selon les règles du théâtre* (1682) auf die für das Ballett essentielle Körperbewegung:

> Le Ballet est une imitation comme les autres Arts, & c'est ce qu'il a de commun avec eux. La difference est, qu'au-lieu que les autres Arts n'imitent que certaines choses, comme la Peinture n'exprime que la figure, les couleurs, l'arrangement ou la disposition des choses, le Ballet exprime les mouvemens que la Peinture, & la Sculpture ne sçauroient exprimer, & par ces mouvemens il va jusqu'à exprimer la Nature des choses, & les habitudes de l'ame, qui ne peuvent tomber sous les sens que par ces mouvemens. Cette imitation se fait donc par les mouvemens du corps, qui sont les Interpretes des Passions, & des sentimens

8 Buckland, Teresa: »All Dances Are Ethnic, but Some Are More Ethnic Than Others: Some Observations on Dance Studies and Anthropology«, in: *Dance Research* 1 (1999), S. 3–21.

9 Ebd., S. 5.

10 Vgl. Walsdorf, Hanna: »Performanz«, in: Brosius, Christiane/Michaels, Axel/Schrode, Paula (Hrsg.): *Ritual und Ritualdynamik. Schlüsselbegriffe, Theorien, Diskussionen*, Stuttgart 2013, S. 85–91.

> interieurs. Et comme le corps a des parties differentes, qui composent un tout, & font une belle harmonie, on se sert du son des instrumens pour regler ces mouvemens, qui expriment les effets des Passions de l'ame.[11]

Das Ballett sei wie die anderen Künste auch eine Art der Nachahmung, habe der Malerei und der Skulptur dabei jedoch voraus, dass sie Bewegung imitieren könne, die die Natur der Dinge und gar die Empfindungen und Zustände der Seele ausdrückten. Die im Tanz vollzogenen Körperbewegungen seien Interpreten der Leidenschaften und Gefühle, unterstützt von einer Begleitmusik, die ihrerseits die Leidenschaften der Seele zum Ausdruck bringe. An anderer Stelle wird Ménestrier genauer – und seine Argumente erinnern stark an die knapp 300 Jahre später von Kealiinohomoku formulierten Ethnizitätsmerkmale des Balletts (s.o.):

> Les Mouvemens sont si essentiels au Ballet, que c'est par les mouvemens que les Ballets sont des imitations des choses, imitant par ces mouvemens les actions des hommes, & leurs mœurs, comme ils imitent les mouvemens naturels des animaux, & ceux que reçoivent naturellement, ou violemment tous les autres corps. C'est ce qui a fait dire à Plutarque que le Ballet est une Poësie muette, qui parle, parce que sans rien dire il s'exprime par les gestes & par les mouvemens. Ce qui est parler aux yeux.[12]

Ohne die Flüchtigkeit einer Ballettaufführung zu beklagen – das wäre ohnehin müßig –, charakterisiert Ménestrier hier erneut die imitatorischen Qualitäten von Tanzbewegung. Sie machten ein Ballett zu einem stummen Gedicht, das von den Taten und Sitten der Menschen ebenso erzähle, wie es die natürlichen Bewegungen der Tiere nachahme. Die Bewegungen des Körpers setzt schon Ménestrier in direkten Bezug zu den Bewegungen der Seele:[13]

> Et cela nous apprend la difference qu'il y a entre les Ballets, & la simple danse; que la simple danse est un mouvement qui n'exprime rien, & observe seulement une juste cadence avec le son des instrumens par des pas & des passages simples ou figurez, au lieu que le Ballet exprime selon Aristote les actions des hommes, leurs mœurs, & leurs passions. C'est pour cela que Theophraste traitant de la Musique, a dit qu'il y a dans nous trois principes des mouvemens de la danse, la Douleur, le Plaisir, & un Instinct divin: parce que naturellement la douleur & le plaisir produisent des mouvemens au dehors, comme la fureur divine qui est un mouvement surnaturel est obligée de se faire sentir au dehors, l'ame ne la pouvant recevoir qu'elle ne se répande sur le corps.[14]

Im Gegensatz zum ›einfachen Tanz‹, der lediglich Schritte und (geometrische) Figuren zu seiner musikalischen Begleitung *aus*führe, sei das Ballett in der Lage, Taten, Sitten und Leidenschaften durch die Bewegungen der tanzenden Körper auszudrücken

---

11 Ménestrier, Claude-François: *Des Ballets anciens et modernes selon les règles du théâtre*, Paris 1682 (Reprint Genf 1972), S. 40f.

12 Ebd., S. 153f. Das Referenzzitat Plutarchs lautet »Saltationem mutam et pictura loquentem«, d.h. »Der Tanz ist eine stumme Pantomime und ein sprechendes Gemälde«.

13 Siehe hierzu Thurner, Christina: *Beredte Körper – bewegte Seelen. Zum Diskurs der doppelten Bewegung in Tanztexten*, Bielefeld 2009.

14 Ménestrier: *Des Ballets anciens et modernes selon les règles du théâtre*, S. 154.

oder besser: in ein Ballett verwandelt *auf*zuführen. Eben jene Bewegtheit gewichtet Ménestrier als besondere Qualität des Balletts gegenüber den anderen Künsten, niemals als Mangel oder traditiven Missstand.

Ein weiterer Gewährsmann für ein performatives (und ethnisches?) Bewusstsein ist – unter vielen anderen – der selbsternannte Ballettreformer Jean Georges Noverre (1727–1810), der in seinen 1760 publizierten *Lettres sur la Danse, & sur les Ballets* die von Ménestrier formulierten Ideen fortspinnt:

> Le Ballet bien composé est une Peinture vivante des passions, des mœurs, des usages, des cérémonies, & du *costume* de tous les Peuples de la terre; conséquemment, il doit être Pantomime dans tous les genres, & parler à l'ame par les yeux. Est-il dénué d'expression, de tableaux frappants, de Situations fortes, il n'offre plus alors qu'un Spectacle froid & monotone. Ce genre de composition ne peut souffrir de médiocrité; à l'exemple de la Peinture, il exige une perfection d'autant plus difficile à atteindre qu'il est subordonné à l'imitation fidelle de la nature, & qu'il est mal-aisé, pour ne pas dire impossible, de saisir cette sorte de vérité séduisante qui dérobe l'illusion au Spectateur, qui le transporte en un instant, dans le lieu où la Scène a dû se passer; qui met son ame dans la même situation où elle seroit, s'il voyoit l'action réelle dont l'Art ne lui présente que l'imitation.[15]

Ein gut komponiertes Ballett sei ein lebendiges Gemälde nicht nur der Leidenschaften und Sitten, sondern auch der Gewohnheiten, Feste und Gebräuche aller Völker dieser Erde, lässt Noverre seine Leserschaft nicht ohne Übertreibung wissen. Ohne Pantomime sei dies freilich nicht umzusetzen, denn es müsse ja schließlich durch die Augen der Zuschauer bis in deren Seelen vordringen. Naturgetreu müsse die Darstellung sein, auf dass sich in der Illusion des Theaters beim Publikum genau die Regungen einstellten, die in der hier imitierten natürlichen Handlung aufgetreten wären – eine recht abstrakte Forderung. Der aufführungspraktisch entscheidende Satz folgt dann zu Beginn des vierzehnten Briefes:

> Un homme d'esprit fera d'excellents Programmes & fournira à un Peintre les plus grandes idées; mais le mérite consiste dans la distribution & dans l'exécution. [...] rien ne coûtera sur le papier; les idées se multiplieront; tout sera facile & quelques mots arrangés avec Art présenteront à l'imagination une foule de choses agréables; mais qui ne feront plus telles, dès que l'on essaiera de leur donner une forme réelle; & c'est alors que l'Artiste connoîtra l'immensité de la distance du projet à lexécution.[16]

Dass also ein Szenarium (oder eine Choreographie) nicht das Ballett ist, wusste schon Noverre. Der Schritt vom Papier zur Aufführung gelangte aber erst mit der Einführung des Performanzbegriffs in den Diskurs um das Ballett zu langwährender Prominenz: Rund 200 Jahre nach dem Erstdruck der *Lettres*, nach Jahrzehnten der Textverhaftung, wurde die Performativität des Balletts als zentrales Interpretament der Ballettgeschichtsschreibung (wieder-)entdeckt.

15 Noverre, Jean Georges: *Lettres sur la danse, et sur les ballets*, Lyon 1760, S. 18f.
16 Ebd., S. 397.

Ballett als performative Lern- und Lehrkultur

Performative Aneignung des Ballettvokabulars

Die für das (klassische) Ballett maßgeblichen Fußpositionen und Schritte, Armhaltungen und Figuren haben sich im Laufe der Jahrhunderte ebenso weiterentwickelt und teilweise verändert wie die Tänzerinnen und Tänzer, die sie erlernten und in diesem oder jenem Kontext aufführten. Standardisierte Formen – bestimmte Tanzsätze, Strategien der Raumnutzung, Tänzerformationen in Gruppen, Soli oder in Pas de deux – verfeinerten sich mit der Gesellschaft, die sie hervorbrachte, mit ihrer Musik, Weltsicht und moralischen Ordnung. So war es im 17. Jahrhundert die Aufgabe privater Tanzmeister, dem (adeligen) Nachwuchs die rechte Haltung des Körpers beim Tanz nahezubringen, schließlich gehörte dieses Körperwissen damals zur Allgemeinbildung. Über den Stellenwert des Tanzes innerhalb einer Gesellschaft sagt das viel aus. Nicht zufällig stellte Molière seinem Mr. Jourdain im *Bourgeois gentilhomme* (1670) unter anderem einen Tanzmeister an die Seite; nicht von ungefähr ließ Père du Cerceau den *maître à danser* Choragidas in seinem Theaterstück *Esope au Collège* (Lyon 1715?) sagen:

> Commençons tout de bon, dansez votre menuet.
> Les bras, monsieur, les bras. Dénouez le jarret.
> Serrez vos pas ... Allons, une danse un peu fine.
> Effacez votre épaule ... avancez la poitrine.
> Donnez la main ... suivez ... les pieds plus en dehors.
> Levez la tête ... là, soutenez votre corps.
> Avancez ... les deux mains ... eh! monsieur, la cadence!
> Tournez court ... revenez ... faites la révérence.[17]

Wie wichtig die Einigung auf ein Vokabular ist, zeigt sich in diesen Worten fast nebenbei: Der Tanzschüler muss nicht nur dem Haltungsdiktat folgen (auf die Arme achten, Knie und Schultern entspannen, die Brust schwellen lassen, die Füße verstärkt ausdrehen, den Kopf heben usw.), sondern auch die tanzspezifischen Kommandos verstehen und umsetzen können (*menuet*, *cadence*, *révérence*). Dadurch, dass es sich hier um ein Menuett handelt, weiß der Schüler auch sofort, welchen Grundschritt er dabei zu tun hat.[18] Der performativ, mit dem und durch den Körper zu lernende Bewegungsschatz ist in dieser Tradition zugleich verbal kodiert: Jede Bewegung hat einen Namen, der die motorische mit der rationalen Ebene des körperlichen Tuns verbindet.[19]

Mit der Akademisierung des Tanzes im Frankreich des 17. Jahrhunderts differenzierten sich so auch die bis dahin kaum zu unterscheidenden Sphären von höfischem/

---

17 Du Cerceau, Jean-Antoine: »Esope au Collège«, in: *Théâtre du Père Du Cerceau, à l'usage des collèges. Nouvelle édition, revue et augmentée d'une notion sur la vie et les ouvrages de cet auteur*, Paris 1822, S. 161–259; hier S. 226.

18 Siehe hierzu erklärend Bennett, Giles: *Tanz zur Zeit von Madame de Pompadour*, URL: http://www.historicum.net/themen/pompadour-und-ihre-zeit/kunst-und-musik/iii-tanz/art/3_Gesellschaft/html/artikel/2744/ca/1d9e29ac257877d4ea066087a48b88d2/.

19 Ein Beispiel von nicht verbalisiertem, weil nicht verbalisierbarem verkörpertem Wissen schildert Karin Polit in ihrem Beitrag zu diesem Band.

Gesellschaftstanz und Theatertanz zunehmend. Die Schritte und Figuren wurden immer komplizierter, so dass die Trainingsintensität massiv erhöht werden musste, wollte man all die tänzerischen Extravaganzen souverän und zum Gefallen des erlauchten Publikums beherrschen. Mit den tanztechnischen Anforderungen stiegen nun freilich auch die Anforderungen an den Tanzmeister – zahlreiche Lehrwerke wie Gottfried Tauberts *Rechtschaffener Tantzmeister* (Leipzig 1717) oder Pierre Rameaus 1725 veröffentlichte Schrift *Le Maître à danser*[20] bezeugen den gewachsenen Bedarf an Leitfäden eindrücklich. Auch die erforderliche Beschaffenheit des Tänzerkörpers geriet ins Blickfeld des zeitgenössischen Diskurses: Noverre beispielsweise hat dem Körperbau und der Körperbildung von Tänzern den elften und zwölften seiner *Lettres* gewidmet.[21] Obwohl die französische Tanzkunst seinerzeit in ganz Europa maßgeblich war, erfolgte eine Standardisierung der Ballettstunde nicht etwa in der ehrwürdigen, 1661 gegründeten *Académie royale de danse* in Paris, sondern in der *Kaiserlichen Ballett Akademie* in Mailand – und das erst im 19. Jahrhundert. Der italienische Tänzer und Choreograph Carlo Blasis (1797–1878) formulierte mit seinem *Traité élémentaire, Théorique et Pratique de l'Art de la Danse*[22] (1820) die noch bis heute grundlegende Aufteilung des Ballettunterrichts in Lektionen, die mit den Exercices *adagio*, *pirouettes* und *allegro* beginnen. Er richtet sich mit seinem Lehrkonzept ausdrücklich an Bühnentänzer und bezieht sich nicht mehr, wie die meisten Tanztheoretiker vor ihm, primär auf den Gesellschaftstanz. Blasis' Tanztechnik hat bis heute Gültigkeit, auch wenn inzwischen Erweiterungen und stilistische Varianten hinzugekommen sind.

Die Weiterentwicklung der Bein- und Fußarbeit (Spitzentanz, Winkel der Auswärtsdrehung der Füße) sowie der Armarbeit (barocke Gesten und Haltungs[a]symmetrien werden von klassischen *Ports de bras* abgelöst) im 19. Jahrhundert brachten nicht nur eine weitere Steigerung der Virtuosität mit sich, sondern notwendigerweise auch eine erhebliche Intensivierung des täglichen Trainings. Für lange Zeit etablierte sich nun ein quasi bipolares System der Ballettpädagogik aus einer »französischen« und einer »italienischen« Schule, deren Unterschiede sich bis ins 20. Jahrhundert stetig vergrößert zu haben scheinen. Die berühmte russische Ballettpädagogin Agrippina Waganowa (1879–1951) schildert ihre einschlägigen Erfahrungen als Stimulans für die Ausarbeitung einer eigenen Lehrmethode:

> Damals, in den [achtzehnhundert-] neunziger Jahren, herrschten die veralteten Ballett-Traditionen, die sich Ende des achtzehnten Jahrhunderts gebildet hatten. Mit dem Erscheinen des italienischen Tänzers Cecchetti auf der [St. Petersburger] Ballettbühne herrschten nun zwei Systeme: das französische und das italienische. Die namhaften Lehrer

20 Rameau, Pierre: *Le Maître à danser. Qui enseigne la maniere de faire tous les differens pas de Danse dans toute la regularité de l'Art, & de conduire les Bras à chaque pas*, Paris 1725.

21 Siehe Noverre: *Lettres sur la danse, et sur les ballets*, S. 289–361.

22 Blasis, Carlo: *Traité élémentaire, Théorique et Pratique de l'Art de la Danse contenant les développemens, et les démonstrations des principes généraux et particuliers, qui doivent guider le danseur*, Bologna 1820 (dt. Ilmenau 1830: *Neue vollständige Tanzschule für die elegante Welt; oder faßliche und umfassende Anleitung zum Gesellschaftlichen und theatralischen Tanze; zum Selbstunterricht sowohl, wie auch zum Handbuch für Tanzlehrer bestimmt*).

> der Ballettschule jedoch wie auch die gesamte Truppe hielten an den Traditionen der Französischen Schule fest, die zu jener Zeit die Züge des Verfalls trug, wie Schlaffheit in der Haltung, seelenlose Arme mit durchhängenden Ellenbogen, Weichlichkeit in der Durchführung der virtuosen Bewegungen. [...] Demgegenüber war Cecchetti der typische Vertreter der Italienischen Schule, in dessen Unterrichtsmethode alle Haltungen energisch und dynamisch wirkten und die Arme straff ausgestreckt oder scharf eingebogen waren, Eigenschaften, die dem Tanz klare Ausdruckskraft verliehen. Dieser Unterschied in den Methoden machte mich aufmerksam und nachdenklich.[23]

Aus ihren Erfahrungen sollte Waganowa jene Unterrichtsmethode entwickeln, die bis heute in den Ballettschulen Russlands, Nordamerikas und Europas angewandt wird. In Deutschland gilt ihr pädagogischer Leitfaden in allen staatlichen Lehreinrichtungen für klassischen Tanz, und die Sankt Petersburger Ballettakademie wurde 1956 gar in *Waganowa-Ballettakademie* umbenannt.[24]

Diese komprimierte Geschichte des Ballettlernens und der damit verbundenen, stetig gewachsenen tanztechnischen Anforderungen impliziert zweierlei: zum Einen, dass das verkörperte Wissen von Balletttänzerinnen und –tänzern ein im doppelten Sinne dynamisches Wissen ist, das sich im Laufe seiner Überlieferung mehr und mehr verfeinert und ausdifferenziert hat; zum Anderen, dass eben dies nur kontextgebunden, d.h. im Rahmen sich wandelnder sozialer und ästhetischer Bedingungen nachvollzogen werden kann.

Soziale Funktionen und ästhetischer Wandel

Die Frage, was ein Ballett denn nun eigentlich sei, wurde seit der Entstehung des Begriffes sehr unterschiedlich beantwortet. Anhand der einschlägigen Definitionen aus historischen Lexika[25] lässt sich die Entwicklung der Gattung sehr gut nachvollziehen: Was wurde wann, durch wen, wie und wo aufgeführt? Den sozialen Rahmen, innerhalb dessen die Tanzform Ballett entstand, bildete bekanntlich die höfische Kultur Italiens und Frankreichs im 15. und 16. Jahrhundert. Bei fürstlichen Hoffesten wurden zwar schon zu dieser Zeit Schauspiele mit Tanzeinlagen aufgeführt und tänzerische Gesellschaftsspiele arrangiert, doch war das Ballett noch weit davon entfernt, eine eigenständige Bühnenkunstform zu sein – auch wenn das berühmte und der Überlieferung nach erste große Hofballett, das mit Gesang und Tanz durchsetzte *Ballet comique de la reine*[26] von 1581, nominell etwas anderes suggerieren mag. Hier wie auch

23 Waganowa, Agrippina Jakowlewna: *Die Grundlagen des klassischen Tanzes*, Berlin (Ost) 1954 (OA 1948), S. 7f.

24 Die Lehrpläne für die Ballettausbildung in kommunistischen Ländern wie China oder Kuba dürften von der Waganowa-Methode ebenfalls nur gering abweichen, sind sie doch in kulturellen Belangen für lange Zeit dem sowjetischen Vorbild verpflichtet gewesen.

25 Vgl. hierzu Walsdorf, Hanna: *Die politische Bühne. Ballett und Ritual im Jesuitenkolleg Louis-le-Grand, 1701–1762*, Würzburg 2012, S. 61–66.

26 *Balet comique de la Royne, faict aux nopces de Monsieur le Duc de Joyeuse & madamoyselle de Vaudemont sa sœur. Par Baltasar de Beaujoyeulx, valet de chambre du Roy, & de la Royne sa mere*, Paris 1582. Siehe auch Werden, Angelika: *Tanz vernetzt. Das »balet comique de la royne«*

bei den späteren Hofballetten Europas ging es primär um das Bestätigen sozialer Hierarchien und diente der Tanz als Domestizierungsinstrument des Herrschers (oder der Herrscherin) für den Adel,[27] denn

> in diesem *Ballet de cour* [...] diente der Tanz häufig dazu, makrokosmische Ordnungen und davon abgeleitete politische Systeme in einen bewegten Mikrokosmos zu verwandeln bzw. choreographisch zu visualisieren. Im Gegensatz dazu richtete sich an der Schwelle zum 18. Jahrhundert das Interesse zunehmend auf [näherliegende], allerdings nicht weniger rätselhafte Gegenstände, nämlich den Menschen selbst, seine geheimnisvollen Gefühlswelten, unbändigen Leidenschaften, ebenso Leben spendenden wie Leben bedrohenden Affekte. / Dieser Paradigmenwechsel zeigt sich [...] auf der tänzerischen Ebene durch die Vernachlässigung kunstvoll arrangierter Raumfiguren zugunsten ausdrucksstarker, tendenziell narrativer Gesten: Figurative Anordnungen der Tänzer im Raum vergleichbar einer bewegten Ornamentik verloren nun zunehmend an Bedeutung, um stattdessen einer affektgeladenen Gestik als einer spezifisch tänzerischen Rhetorik den Platz zu räumen.[28]

Als die Figuren also den Gesten Platz machten, bedeutete dies einerseits die Entwicklung des (nunmehr verstärkt pantomimischen) Balletts zu einer nachahmenden und mithin sprachähnlichen Kunst, und andererseits das Heraustreten der einzelnen Tänzer aus der bis dahin üblichen Anonymität der ›Figuren‹.[29] Bereits mit der 1661 proklamierten Gründung der *Académie royale de danse* durch Ludwig XIV. war die *Belle Danse* nach und nach ihrer Professionalisierung zugeführt und damit in den Kanon der Künste aufgenommen worden. Der Aufführungsrahmen und mit ihm die Intention der Ausdrucksform änderte sich also von einem quasi-rituellen Kontext hin zu einem professionalisierten theatralen Rahmen. Dem neuen Anspruch der Expressivität begegneten die Ballettschaffenden des frühen 18. Jahrhunderts mit kleinen Szenen, »die vor allem Affektdarstellungen zum Inhalt hatten – und zwar vorzugsweise sehr drastische Affekte wie Wut, Zorn, Eifersucht, Rache, aber auch heitere Glückseligkeit und ungetrübte Liebe«[30]:

---

in der höfischen Kultur der Valois (1581/1582), Köln 2011; Celler, Ludovic: *Les origines de l'opéra et le Ballet de la Reine (1581)*, Paris 2001.

27 Vgl. Braun, Rudolf/Gugerli, David: *Macht des Tanzes – Tanz der Mächtigen. Hoffeste und Herrschaftszeremoniell 1550–1914*, München 1993. Siehe auch Grau: »When the Landscape becomes Flesh«, S. 142f.: »Because ballet technique grew out of European court dance and developed as a ›courtly spectacle to glorify and sanctify absolute monarchical power‹ (Thomas, 2003: 95), it is commonly argued, too, that its training, technique and aesthetic reproduce the values and beliefs of the ›owning classes‹ (cf. Adair, 1992: 82–90).«

28 Schroedter, Stephanie: *Tanz um 1700: Passion, Expression, Action am Beispiel der Caractères de la Danse*, URL: http://www.bayreuth.de/files/pdf/doppeljubilaeum/kurzvortrag_stefanie_schroedter.pdf, S. 1; Hervorhebung: HW. Siehe auch Dies.: *Vom »Affect« zur »Action«. Quellenstudien zur Poetik der Tanzkunst vom späten Ballet de Cour bis zum frühen Ballet en Action*, Würzburg 2004.

29 Vgl. ebd, S. 1f.

30 Ebd, S. 2.

> Diese kleinen tänzerischen Ausdrucksstudien wurden in weiterer Folge in dramatische Handlungen eingebettet, für die auch eine spezifische Dramaturgie entwickelt wurde: Nach einer Einleitung zur Darstellung einer ungetrübten Ausgangssituation bahnt sich allmählich ein schicksalhaft-gefährlicher Konflikt an, der dann durch ein unverhofftes Ereignis gelöst wird, um den ursprünglichen Frieden wieder herzustellen.[31]

Die in Tanz übersetzten Narrative blieben dabei jedoch weiterhin meist der griechisch-römischen Mythologie verpflichtet und schöpften damit aus einem Figuren- und Sujetfundus, der für beinahe jede tagespolitische Thematik eine poetische, oder für den französischen Kontext treffender: fabelhafte Metapher bereithielt. Ohne die fundierte Kenntnis all der theatral aufbereiteten Mythen und vestimentär codierten Figuren war ein Verständnis der damaligen Ballette und ihrer Botschaft wohl unmöglich – man behalf sich daher, wie schon im *Ballet de cour* üblich, zum einen mit Programmzetteln, auf denen die Handlung des Balletts für das Publikum zusammengefasst war, und zum anderen mit Deklamationen, die simultan zum Bühnengeschehen selbiges erläuterten und kommentierten.[32]

Um die Mitte des 18. Jahrhunderts sollte sich die ästhetische Konzeption des Balletts wiederum fundamental ändern.[33] Nicht mehr der Affekt stand nun im Mittelpunkt choreographischer Verfahren, sondern Aktion und Emotion.[34] Letztere sollte – auf wahrhaftige und natürliche Weise – eine innere Bewegtheit in die äußere Bewegung des Tänzerkörpers transponieren, und das wiederum sollte auch das Publikum emotional ansprechen.[35] Mit der vor allem von Jean Georges Noverre schriftlich projektierten, groß angelegten Ballettreform sollten die als überkommen eingestuften Darstellungskonventionen des absolutistischen Balletts einer neuen Ästhetik weichen:

> Enfants de Terpsichore, renoncez aux cabrioles, aux entrechats & aux pas trop compliqués; abandonnez la minauderie pour vous livrer aux sentiments, aux grâces naïves & à l'expression; appliquez-vous à la Pantomime noble; n'oubliez jamais quelle est l'ame de votre Art; mettez de l'esprit & du raisonnement dans vos pas de deux; que la volupté en caractérise la marche & que le génie en distribue toutes les situations; quittez

31 Ebd.

32 Noch in Noverres *Lettres* von 1760 findet sich ein Belegzitat dafür, dass diese Praxis lange über das Ende des *Ballet de cour* hinaus zur Anwendung kam: »Conséquemment un Ballet bien fait peut se passer aisément du secours des paroles; j'ai même remarqué qu'elles refroidissoient l'action, qu'elles affoiblissoient l'intérêt. Je ne fais aucun cas d'un sujet Pantomime qui pour se faire entendre, a recours au récit ou au dialogue. Tout Ballet qui dénué d'intrigue, d'action vive & d'intérêt, ne me déploie que les beautés méchaniques de l'Art, & qui décoré d'un titre ne m'offre rien d'intelligible, ressemble à ces Portraits & à ces Tableaux que les premiers Peintres firent, au bas desquels ils étoient obligés d'écrire le nom des personnages qu'ils avoient voulu peindre, & l'action qu'ils dévoient représenter; tant l'imitation étoit imparfaite, le sentiment foiblement exprimé, la passion mal rendue, le dessein peu correct, & le coloris peu vraisemblable« (S. 121f.).

33 Vgl. Fairfax, Edmund: *The Styles of Eighteenth-Century Ballet*, Lanham 2003; Harris-Warrick, Rebecca/Brown, Bruce Alan (Hrsg.): *The Grotesque Dancer on the Eighteenth-Century Stage: Gennaro Magri and His World*, Madison 2005.

34 Vgl. Dassas, Frédéric (Hrsg.): *De la rhétorique des passions à l'expression du sentiment. Actes du colloque des 14, 15 et 16 mai 2002*, Paris 2003.

35 Siehe hierzu Thurner: *Beredte Körper – bewegte Seelen.*

> ces masques froids, copies imparfaites de la nature; ils dérobent vos traits, ils éclipsent, pour ainsi dire, votre ame, & vous privent de la partie la plus nécessaire à l'expression; défaites-vous de ces perruques énormes & de ces coëffures gigantesques, qui font perdre à la tête les justes proportions qu'elle doit avoir avec le corps: secouez l'usage de ces paniers roides & guindés qui privent l'exécution de ses charmes, qui défigurent l'élégance des attitudes, & qui effacent la beauté des contours que le buste doit avoir dans ses différentes positions.[36]

Die Forderung Noverres, die bis dato üblichen Masken, Perücken und Fischbeinröcke abzulegen, auf überflüssige Virtuosität zu verzichten und sich einer wahrhaftigen Nachahmung der Natur zu verschreiben, war versuchsweise hier und da bereits umgesetzt worden: So verzichtete John Weaver in *The Loves of Mars and Venus* 1717 in London auf jeglichen gesungenen oder gesprochenen Text, Marie Sallé tanzte 1729 in Paris in den *Caractères de la danse* ohne Maske, und Franz Anton Christoph von Hilverding kreierte bereits im Wien der 1740er Jahre dramatische Ballette; sein Schüler Gasparo Angiolini[37] sollte einer der größten Rivalen Noverres werden.

Die schließlich von Noverre im Anschluss an Ménestrier, Louis de Cahusac (1706–1759)[38] und weitere Tanztheoretiker schriftlich angestoßene Ballettreform[39] zugunsten eines *Ballet en action* konnte freilich nicht umgehend und schon gar nicht europaweit realisiert werden. Da »die konsequente Abkehr von formal-ästhetischen Positionen auf massive Widerstände« stieß, erklärten sich »selbst die Protagonisten der Ballettreform zu gewissen Konzessionen bereit, die sie in ihren Theorien – zumindest anfangs – nicht dulden wollten und auch weiterhin als sehr bizarr empfanden«.[40] Dennoch wurde mit den performativ wie auch schriftlich dargelegten Reformbestrebungen die Emanzipation des Balletts als eigenständiger Kunstform vorangetrieben, das nun endlich aus dem Schatten der Oper heraustreten und sich als ebenbürtige Bühnenkunst etablieren konnte. Die »Entwicklung der *Ballets pantomimes* des 19. Jahrhunderts und schließlich der großen, sogenannten klassisch-romantischen Ballette« wurde mit den *Ballets en action* des späten 18. Jahrhunderts wesentlich vorbereitet:[41]

---

36 Noverre: *Lettres sur la danse, et sur les ballets*, S. 55f.

37 Vgl. Angiolini, Gasparo: *Lettere di Gasparo Angiolini a monsieur Noverre sopra i balli pantomimi*, Mailand 1773 sowie Ders.: *Dissertation sur les ballets pantomimes des anciens*, Wien 1765. Siehe auch Tozzi, Lorenzo: *Il balletto pantomimo del Settecento. Gaspare Angiolini*, L'Aquila 1972; Huschka, Sabine: »Die Darstellungsästhetik des ›ballet en action‹. Anmerkungen zum Disput zwischen Gasparo Angiolini und Jean-Georges Noverre«, in: Schlottermüller, Uwe/ Weiner, Howard/Richter, Maria: *Vom Schäferidyll zur Revolution. Europäische Tanzkultur im 18. Jahrhundert*, Freiburg 2008, S. 93–106.

38 Vgl. Cahusac, Louis de: *La danse ancienne et moderne ou Traité historique de la danse*, 3 Bde., La Haye 1754.

39 Vgl. Thurner: *Beredte Körper – bewegte Seelen*, S. 82–90.

40 Vgl. Woitas, Monika: *Im Zeichen des Tanzes. Zum ästhetischen Diskurs der darstellenden Künste zwischen 1760 und 1830*, Herbolzheim 2004, S. 71.

41 Vgl. Schroedter: *Tanz um 1700*, S. 2.

> Die Handlungsballette, die wir heute noch auf unseren Bühnen sehen – seien es jene in der Ballett-Tradition des 19. Jahrhunderts oder auch jene modernen, die in einer zeitgenössischen Tanzsprache allzu menschliche Konflikte aufgreifen – haben also ihre Wurzeln: Wurzeln, die bis zu dem sogenannten »Barocktanz« zurückreichen, in dem man erstmals explizit mit der tänzerischen Darstellung von Emotionen experimentierte, um allzu Menschliches in eine originär tänzerische Sprache zu übertragen.[42]

In der Theorie hatte man mit dem *Ballet en action* »die Technik der Virtuosität durch die Zeichen der Empfindsamkeit ersetzt«[43] und die Sprache der Tanzbewegungen bzw. Gesten »der wörtlichen Sprache auf der Bühne als [...] Zeichensystem« gleichgestellt, verbänden sich doch »die Künste Schauspiel und Tanz [...] in der Pantomime«[44]. Und in der performativen Praxis? Dass die Virtuosität der Tanztechnik von den Ballettbühnen Europas verbannt werden solle (oder gar verbannt worden sei), ist reine Theorie geblieben. Das 19. Jahrhundert brachte der Ballettwelt u.a. mit dem Spitzentanz, der um 1830 erstmals zum Einsatz kam, vielmehr eine Potenzierung technischer Raffinessen. In den großen abendfüllenden Balletten der Romantik mit ihren nicht mehr mythologischen, sondern neuerdings fantastischen, exotischen und später auch literarischen Stoffen – von *La Sylphide* bis *Schwanensee* – wetteiferten die berühmtesten Ballerinen der Zeit um Ruhm und Ehre – die männlichen Tänzer rückten darüber nach Jahrhunderten der Dominanz in den Hintergrund.

Im Mittelpunkt einer Balletthandlung standen nun nicht mehr die herkömmlichen mythologischen Figuren, sondern echte Menschen zwischen realer und fantastischer (Zwischen-) Welt. Auffallend häufig wurden hier nun »junge Frauen und ihr Übergang von der Herkunftsfamilie zur Fortpflanzungsfamilie« thematisiert, wobei »die freie erotische Partnerwahl explizit als hoher Wert etabliert und gleichzeitig besonders problematisiert« wurde.[45] Verstößt eine junge Frau mit ihrer selbst getroffenen Partnerwahl gegen die im Ballett dargestellten sozialen Normen und/oder gegen den elterlichen Willen, gerät sie in der Zeitspanne zwischen der Partnerwahl und einer Legitimation der Beziehung durch Eheschließung in Todesgefahr. Findet nämlich die ersehnte Hochzeit nicht statt, muss die verlassene Braut die menschliche Welt verlassen und überschreitet die Grenze zu einer fantastischen Welt. Sie wird zu einem übernatürlichen Wesen, dem es aber immer noch möglich ist, »den erotischen Partner zumindest im Bereich dieses uneigentlichen, anderen Lebens zu erreichen«.[46] Die hier als Gegenpol zur menschlichen Welt etablierten fantastischen, übernatürlichen Zwischenwelten brachten eine ganz eigene Darstellungsästhetik hervor:

---

42 Ebd.

43 Thurner: *Beredte Körper – bewegte Seelen*, S. 90.

44 Ebd., S. 95f.

45 Vgl. Schneider, Katja: »Elementarwesen. Transformationen und Sujetstruktur im romantischen Ballett«, in: Oberzaucher-Schüller, Gunhild (Hrsg.): *Souvenirs de Taglioni*, Bd. 2: *Bühnentanz in der ersten Hälfte des 19. Jahrhunderts*, S. 213–223; hier S. 213. Siehe auch Guest, Ivor: *The Romantic Ballet in Paris*, Alton 2008.

46 Ebd., S. 213f.

> Die Tanztechnik des romantischen Balletts, beeinflusst von Carlo Blasis' System, bietet die Basis für die Evokation dieses [fantastischen] Raumes, geschaffen aus dem Ideal von weiblicher Schwerelosigkeit, von Körpern aus Licht und Luft, von »Schwebewesen« in einem eigentümlich entrückten Raum, der zugleich keusch und erotisch, kühl und rauschhaft erhitzt erscheint. Das romantische Ballett verführt nicht mehr [...] durch die Idee einer Geometrie des Raumes [...]. [Es entfaltet seinen] Zauber vielmehr auf der Basis einer noch weiter und feiner entwickelten Tanztechnik: Es ist eine Ästhetik des Fluiden, der Indirektheit, des Magisch-Verborgenen [...]. Elevation und Ballon, die hingetupften Momente auf Spitze, die Arabesken und Attitudes, diese Grundelemente des Balletts werden – darin besteht die Aura der großen Ballerinen – in einer neuen Weise eingesetzt.[47]

In den sogenannten *ballets blancs*, den weißen Akten, »in denen makellose akademische Technik gezeigt wird«, wurde dies – im wahrsten Sinne des Wortes – auf die Spitze getrieben. Es sind eben diese weißen Akte, »in denen sich das Ideal des klassischen Tanzes und seine Bildwirkung entfalten«[48] – und das durchaus mit geometrischen Linien und symmetrischen Konstellationen. Der Tänzerin im weißen Tütü, die (teilweise) auf Spitze tanzte und damit zur Verkörperung eines ätherischen Wesens wurde, war die Verehrung des Publikums gewiss: Berühmte Vertreterinnen der Zunft suchten sich gegenseitig in Technik und Ausdruck zu übertrumpfen. Der daraus sich entwickelnde Ballerinenkult, bei dem es dann bald doch nur noch um tanztechnische Virtuosität ging, wurde bereits von manchen Zeitgenossen kritisiert. Zwar galt nach wie vor der tänzerische Ausdruck von Handlung und Emotionen als Maß der Dinge, doch zeigte eben diese Virtuosität um ihrer selbst willen schnell negative Auswirkungen – nach dramaturgischer Kohärenz darf man in vielen Balletten gerade der Spätromantik nicht fragen.

Erstaunlicherweise werden in den nationalen wie internationalen Ballettwettbewerben wie dem seit 1973 stattfindenden *Prix de Lausanne* heute noch immer bestimmte Soli und Pas de deux aus Balletten dieser klassisch-romantischen Epoche als Pflichtelemente gezeigt, um technische Brillanz und darstellerische Ausdruckskraft zu demonstrieren. Daneben müssen sich die Kandidatinnen und Kandidaten in den Disziplinen »Moderner Tanz« und »Variation« beweisen.[49] Die Ballettgeschichte beginnt in diesem kompetitiven Mikrokosmos offenbar erst mit *Giselle* (1841) oder gar *Coppélia* (1870). Man integriert unter dem Schlagwort »Moderner Tanz« alles, was das Ballett des 20. Jahrhunderts selbst an technischen und stilistischen Neuerungen einerseits und

---

47 Brandstetter, Gabriele: »Tanz der Elementargeister. Der Mythos des romantischen Balletts«, in: Oberzaucher-Schüller, Gunhild (Hrsg.): *Souvenirs de Taglioni*, Bd. 2: *Bühnentanz in der ersten Hälfte des 19. Jahrhunderts*, S. 195–212; hier S. 207.

48 Vgl. Schneider: »Elementarwesen«, S. 222.

49 Die Bewertungskriterien sind »Artistry, Physical suitability, Courage and individuality, An imaginative and sensitive response to the music, A clear grasp in communicating differing movement dynamics, Technical facility, control, and coordination. While advanced skills will be taken in to account, jurors' primary focus will be on the candidate's potential to succeed as a professional ballet dancer«, siehe URL: http://www.prixdelausanne.org/v4/index.php/evaluation-system.html.

historischen Referenzen andererseits produziert hat, und das, was zeitgleich als explizite Gegenbewegung zum akademischen Tanz entstanden war.[50] Das Vokabular des klassischen Tanzes basiert zwar bis heute auf den Lehrwerken Blasis' und Waganowas, ist aber im 20. und 21. Jahrhundert um eine unüberblickbare Anzahl anderer Tanztechniken und -konzepte aus den unterschiedlichsten kulturellen Kontexten erweitert (und überformt?) worden. Akademischer wie nicht-akademischer Tanz konnte nun alles sein: konkret oder abstrakt, schön oder hässlich, dynamisch oder statisch, historisierend oder – anders. Das Freiheitsversprechen des modernen bzw. zeitgenössischen Tanzes steht in einem Spannungsverhältnis zum Publikumsinteresse, das nach wie vor nicht von den großen Repertoirestücken der romantischen Ära lassen will. Dabei sind die Tänzerinnen und Tänzer längst zu bloßen Interpreten geworden, die sich meist nur für die Perfektionierung ihrer Körper und ihrer Tanztechnik, nicht aber – ebenso wie ein Großteil des Ballettpublikums – für den historischen Hintergrund, d.h. für die ethnischen und kulturellen Entstehungsbedingungen des Balletts interessieren:

> Many people who attend ballet performances [...] do not have an in-depth understanding of the background, history and detailed aesthetics of the genre, and only a few will have any knowledge of the dancers' individual backgrounds and careers. Indeed, it is this ability to have an existence removed from its context of creation and representation that allows people to think of ballet as ›art‹, as belonging to the ›great tradition‹ of Western society. / It is interesting to note that while dancers are certainly involved in current discussions relating to technique, they are much less concerned about ballet's heritage, tradition and social history. Indeed, sometimes they can seem quite ignorant. This may not necessarily be the result of a lack of interest on their part, however. They may be responding to a social environment that did not see an intellectual engagement as being the preserve of dancers.[51]

Eine performative Lernkultur ist Ballett zweifellos immer gewesen, jedoch liegen Welten zwischen den Lerninhalten von damals und heute. Was seit dem 19. Jahrhundert als Ballett erscheint, ist eine hochprofessionelle, auf technische Brillanz individueller Tänzerpersönlichkeiten ausgerichtete Schaukunst auf dem Theater. Diese auch heute noch sichtbare Form des Balletttanzes fußt notwendigerweise auf einem anderen Ausbildungskonzept als das, was der Terminus Ballett zu Beginn der Gattungsgeschichte, d.h. ab dem späten 16. Jahrhundert bedeutete: Hier waren soziale Repräsentation und Interaktion der Sache noch ganz wesentlich. Das Erlernen und Aufführen der Tanzbewegungen erfolgte nicht im Sinne eines *l'art pour l'art*, sondern wurde stets theoretisch und ästhetisch verankert.[52] Wie sich bei der Betrachtung des höfischen Balletts und ganz besonders auch beim jesuitischen *Ballet de collège* des 17. und 18. Jahrhunderts zeigt, ist die Kenntnis des soziokulturellen und politischen, des ästhetischen, rituellen und pädagogischen Rahmens eine entscheidende Vorbedingung für das Verstehen des frühneuzeitlichen Balletts als Lernkultur und performative Praxis.

50 Vgl. etwa Huschka, Sabine: *Moderner Tanz. Konzepte, Stile, Utopien*, Reinbek bei Hamburg 2002.
51 Grau: »When the Landscape becomes Flesh«, S. 146.
52 Siehe hierzu auch den Beitrag von Gerrit Berenike Heiter in diesem Band.

Lehren, Lernen, Instruieren: Am Beispiel des *Ballet de collège*

Aus der theoretischen Perspektive der Tanzanthropologie wird Tanz als ein soziales Faktum gesehen, »which exists and has meaning only through human interactions«, wie Andrée Grau im Anschluss an John Blacking erläutert:[53]

> Thus it reflects, at least in parts, ideologies and worldviews. On the other hand dance can also be used to explore and manipulate the social reality. As such it can influence people's decision-making in other social contexts and occasionally be forerunner to political or other kinds of social actions.«[54]

Diese Sichtweise mag viele Tanzformen, aber wohl kaum die Ballettpraxis in jesuitischen Lehranstalten des *Ancien Régime* als Definitionsgrundlage im Blick gehabt haben, und doch trifft sie vollumfänglich darauf zu. Der Tanz im Pariser Jesuitenkolleg Louis-le-Grand etwa, zu dem eine Vielzahl von Quellen aus dem 17. und 18. Jahrhundert erhalten geblieben ist, diente nicht nur der körperlichen Ertüchtigung, sondern auch der sozialen und ästhetischen Bildung. So fanden die Tänzer und Komponisten, die als externe Lehrbeauftragte von der *Académie royale de musique* (kurz *Opéra*) in die Pariser Jesuitenschule kamen, dort eine Umgebung vor, in der die Aufführungskünste fest etabliert waren. Seit dem 17. Jahrhundert standen Theaterspiel, Musik und Tanz auf dem Curriculum und waren als performative Praxis auf der Jesuitenbühne zu einer festen Größe im Kulturleben der Hauptstadt gewachsen. Die Mitwirkung an einer solchen Aufführung versprach Prestige und Ehre für alle Beteiligten. Als jährlich wiederkehrendes Ereignis waren hier die Rahmenbedingungen geschaffen, in denen sich ästhetische Bildung und kulturelle Dynamik optimal verbinden konnten. Dabei sollten nicht nur die Schüler von den pädagogischen Inhalten profitieren, sondern auch das stets in großer Zahl herbeiströmende Publikum. Im Laufe eines Jahres gab es bei den Jesuiten in Paris wie auch in der Provinz mehrmals Theateraufführungen zu sehen. Im August, zum Abschluss des Schuljahres mit seinen Preisverleihungen, wurden eigens für diesen Anlass verfasste Tragödien in lateinischer Sprache gegeben. Daran wiederum wurde regelmäßig ein ebenfalls anlassgebundenes Ballett gekoppelt, das meist aus einem Prolog, einer Ouvertüre, vier Teilen zu je drei oder vier Entrées sowie einem abschließenden *Ballet général* bestand.[55]

Mit ihren Sujets waren die gegebenen Ballette durchwegs dem Ziel der moralischen Erziehung verpflichtet. Die in ihnen auftretenden Figuren waren zumeist der griechischen und römischen Mythologie entnommen – ganz so, wie es den Konventionen des Repräsentationstheaters in der Opéra entsprach. Patristische, oft tagesaktuelle Stoffe, die das Königshaus und/oder politische Ereignisse betrafen, bildeten die

53 Ebd., S. 144.

54 Ebd.

55 Vgl. Rock, Judith: *Terpsichore at Louis-le-Grand. Baroque Dance on the Jesuit Stage in Paris*, Saint Louis 1996, S. 41. Siehe auch Piéjus, Anne (Hrsg.): *Plaire et instruire. Le spectacle dans les collèges de l'Ancien Régime*, Rennes 2005.

Grundlage der Bühnentanzwerke. Obwohl die thematischen Bezugnahmen auf höfische Moden offensichtlich sind, gelang es den Jesuiten dennoch, ihre Sujets mit den Erziehungsidealen des Ordens in Einklang zu bringen. Es ging zwar vorrangig darum, die Schüler auf die Werte des »katholischen Christentums« zu orientieren, doch war die Bekanntmachung der Schüler mit der »französischen Monarchie, Kultur und Geschichte« ebenso wichtig wie das Bestreben, ihnen jene Weltgewandtheit zu vermitteln, die Bestandteil einer »standesgemäßen Erziehung für die Kinder des Adels« war. Auf diese Weise wurden sowohl Priester- und Ordensnachwuchs als auch »zukünftige Beamte für den Dienst am Königreich« ausgebildet, und nicht zuletzt wurde hier auch den Sprösslingen des Hofadels eine standesgemäße Ausbildung geboten.[56] Ebenso wie das gesprochene Jesuitentheater reklamierten auch die Ballette – zumindest nominell – einen moralischen Anspruch für sich, wenn in ihnen personifizierte Tugenden und Laster tänzerisch agierten.

Besonders markant stellte sich die Lernkultur Ballett im jesuitischen Kontext in der Aufführung des Jahres 1726 dar: *L'Homme instruit par le spectacle, ou le Théâtre changé en école de vertu*[57] (etwa: »Der durch das Schauspiel angeleitete Mensch, oder Das in eine Tugendschule verwandelte Theater«), ein Ballett im und über das Theater, war durch die Anwürfe der theaterfeindlichen Jansenisten inspiriert worden und bildete mithin eine getanzte Abrechnung mit den Kritikern der jesuitischen Theater- und Ballettpraxis. Die vier Teile des Balletts behandelten die Genres der Tragödie, der Komödie, des Balletts und der Oper – die performative Lernkultur Ballett wurde so in ihrem schulischen Aufführungskontext reflektiert und gleichsam pädagogisch verdoppelt. Was genau das Publikum von der Aufführung zu erwarten hatte und wie diese zu verstehen sei, wurde zunächst in einem neun Strophen umfassenden Prolog ausgeführt:

L'Ignorance est notre appanage,
Elle précéde la raison;
Elle la suit, & dans tout âge
Nous avons besoin de leçon.

Mais si nous voulons nous instruire,
Les leçons ne nous manquent pas.
Nous en avons pour nous conduire,
En tout temps, dans tous les Etats.

56 Vgl. Müller, Michael: *Die Entwicklung des höheren Schulwesens der französischen Jesuiten im 18. Jahrhundert bis zur Aufhebung 1762–1764. Mit besonderer Berücksichtigung der Kollegien von Paris und Moulins*, Frankfurt a. M. 2000 (= *Mainzer Studien zur Neueren Geschichte* 4), S. 337.

57 *L'Homme instruit par le Spectacle, ou Le Theatre changé en École de Vertu. Ballet, qui sera dansé au College de Louis le Grand, a la tragédie de Brutus, premier Consul des Romains. Le Mardy sixiéme Août 1726, à une heure précise*, Paris 1726. BnF, Tolbiac RES- YF- 2721.

Le Theatre, ce champ stérile,
Semé de dangers ou d'ennuis,
Peut même devenir fertile;
Et des fleurs il naîtra des fruits.

En voyant une triste Scene,
Qui nous force à verser les pleurs,
Pour le crime on prend de la haine,
On s'attendrit sur les malheurs.

Sur nos défauts, la Comédie
Aime à répandre le mépris;
Et mieux que la Philosophie
Corrige l'homme par les ris.

L'Opéra par ses airs sublimes,
Peut nous exciter à son tour;
Mais il doit chanter les maximes
De la Vertu, non de l'Amour.

La Danse même a son langage.
Elle instruit par ses mouvemens:
Et semble nous offrir l'image
Du coeur & de ses sentimens.

Toutes ces leçons assorties
Vont entrer dans un seul dessein,
Dont les differentes parties
Auront l'homme instruit pour leur fin.

Notre Theatre est une Ecole
Pour le Spectateur curieux:
Et nous y formons sans parole
L'esprit, & le coeur, par les yeux.«[58]

Nicht nur wurden hiermit die Beweggründe der Jesuiten von Louis-le-Grand betont, das Theater überhaupt in den Schulalltag zu integrieren, sondern es wurden mit der Tragödie und der Komödie, mit Oper und Tanz auch gleich die vier Formen theatraler Kunst vorgestellt, die in den vier Teilen des folgenden Balletts in Szene gesetzt werden sollten. Der Tanz, so lautet die Aussage der siebten Strophe sinngemäß, habe nämlich seine eigene Sprache: Er instruiere durch seine Bewegungen und scheine damit ein Abbild des Herzens und der Gefühle zu schaffen. Auch wenn der Begriff der Performanz aus naheliegenden Gründen hier noch nicht auftauchen kann, so ist mit den zitierten Versen dennoch genau das benannt, was er bezeichnet: eine Ausdrucksform jenseits der Wortsprachlichkeit, die in der Bewegung, in der Aufführung Geist und Herzen der Zuschauer forme. Dem schaulustigen Betrachter sollte das Ballett über den Tanz eine Lektion sein, die ihre Botschaft ganz ohne Worte zu überbringen imstande sei.

58 *L'Homme instruit par le Spectacle*, S. 2. Hervorhebungen: HW.

Warum diese Abgrenzung vom wortgebundenen Unterricht so wichtig und die Aufführungskünste als Erziehungsinstrument besonders geeignet seien, wird in der Ouvertüre gleich noch einmal thematisiert:

> Des Hommes de differens âges, & de differentes conditions paroissent fatigués des Instructions sérieuses que leur donnent des Philosophes de differentes Sectes. Ils demandent à Jupiter du délassement. Ce Dieu leur envoie la Tragédie, la Comédie, le Génie de la Danse, & le Génie de la Musique, pour instruire les Hommes en les divertissant.[59]

Nachdem die Menschen also der ernsten Lektionen aus verschiedenen Philosophenschulen müde geworden seien, habe Jupiter die Tragödie, die Komödie, den Genius (Schutzgeist) des Tanzes und den Genius der Musik auf die Erde gesandt, um die Belehrung der Menschen unterhaltsamer zu machen. Das Ballett im Ballett, das nunmehr den dritten von vier Teilen der Theateraufführung bilden sollte, vermöge als (sich) bewegendes Bild zu belehren, indem es jeweils den Charakter von Tugenden und Lastern darstelle, oder indem es lobenswerte, der Nachahmung würdige Handlungen imitiere.[60] In vier Entrées wird dieses Konzept beispielhaft umgesetzt: Terpsichore, die Muse des Tanzes, bildet junge Menschen im Tanz aus und leitet ihre Bewegungen und Schritte an (erste Entrée). Lakedaimonier[61] lassen betrunkene Sklaven vor ihren Kindern tanzen, um ihnen die Schrecken der Unmäßigkeit zu zeigen (zweite Entrée). Junge Thessalier üben sich im Kriegshandwerk, indem sie den Pyrrhiche tanzen und dabei, »zum Klang von Instrumenten«, ihre Schilde mit ihren Waffen anschlagen (dritte Entrée). Ein Gutsherr überwacht einen ländlichen Tanz, bei dem die Bauern mit landwirtschaftlichen Geräten hantieren und dem Himmel für eine reiche Ernte danken (vierte Entrée).[62] Genaue Anweisungen, wie diese Tanzszenen zu gestalten seien, finden sich im Libretto bedauerlicherweise nicht. Die Musik, zu der hier getanzt wurde und die weiteren Aufschluss über den Bewegungscharakter der vier Entrées hätte geben können, ist leider ebenfalls nicht erhalten.[63]

Aus dem spärlichen Librettotext ist dennoch mit einiger Plausibilität abzuleiten, dass mit den vier Entrées vier unterschiedliche Tanzstile bzw. theatrale Verfahrensweisen dargeboten und einander gegenübergestellt wurden – auf jener jesuitischen

59 *L'Homme instruit par le Spectacle*, S. 2.

60 Ebd., S. 5: »Le Ballet, qui est une peinture mouvante, peut instruire l'Homme en répresentant les divers caracteres des vertus et des vices, ou en imitant les actions loüables, & dignes d'imitation.«

61 Antikes Synonym für Spartaner, siehe Art. *Lakedaimon*, in: Howatson, Margaret C. (Hrsg.): *Reclams Lexikon der Antike*, Stuttgart 2006, S. 366.

62 *L'Homme instruit par le Spectacle*, S. 5, 1. Entrée: »Terpsichore forme de jeunes gens à la Danse, & leur apprend à composer leurs mouvements & leurs démarches.« – 2. Entrée: »Les Lacedemoniens voulant inspirer à leurs enfans l'horreur de l'intemperance, font danser devant eux des Esclaves pris de vin; & les leur abandonne, pour leur servir de jouer.« – 3. Entrée: »De jeunes Thessaliens s'exercent au métier de la Guerre en dansant la Pyrrhique, & frappant leurs Boucliers avec leurs Armes au son des Instrumens.« – 4. Entrée: »Le Seigneur d'un Village préside à une Danse Champêtre, où les Païsans font une espéce d'Exercice avec les Instrumens de l'Agriculture; & témoignent leur joie de ce que le Ciel leur a donné une abondante recolte.«

63 Vgl. Walsdorf: *Die politische Bühne*, S. 151–159.

Schulbühne, die als veritable Zweigstelle der Opéra gelten muss.[64] So wird Terpsichores Tanzunterricht (erste Entrée) im Stile der akademischen Belle Danse gehalten gewesen sein, die sich auf formalisierte Körperbewegung gründete und damit – analog zum vorherrschenden Schauspielstil in der Opéra – vor allem auf Repräsentation setzte: auf die Repräsentation der geistigen Eliten. Die wilden Bewegungen der betrunkenen Sklaven (zweite Entrée) müssen hierzu in einem denkbar krassen Kontrast gestanden haben. Um den »Horror der Unmäßigkeit« (»l'horreur de l'intemperance«) zu demonstrieren, wurden hier vermutlich Schrittfolgen gezeigt, die nicht anmutig und graziös waren, sondern vielmehr die plumpen und ungelenken Bewegungen undisziplinierter Leiber ausstellten. Diese eigentlich nur auf den Jahrmarktsbühnen zulässige Leib-Haftigkeit des Tanzes, in der Tradition der italienischen *Commedia all' improvviso* stehend, muss in der Gegenüberstellung mit der akademischen *belle danse* als beispielhafte Illustration der cartesianischen Trennung von Körper und Geist intendiert gewesen sein.[65] Eingefasst in das Gerüst eines moralisch instruierenden Schulballetts war die dafür notwendige stilistische und bühnenräumliche Grenzüberschreitung gleichsam pädagogisch legitimiert.

Der Pyrrhiche (dritte Entrée) als antikisierender Waffentanz wird dagegen routinierter abgelaufen sein. Bei den Schülern von Louis-le-Grand waren getanzte Kriegsszenen überaus beliebt. Deren Tauglichkeit für die Erziehung junger Menschen mögen die Theaterverantwortlichen im Jesuitenkolleg aus Thoinot Arbeaus *Orchésographie* abgeleitet haben: Er kolportierte darin 1588, dass jener Tanz der Überlieferung gemäß von den Kureten erfunden worden sei, um den neugeborenen Jupiter mit ihren Gesten und dem Klang der gegen ihre Schilde schlagenden Schwerter zu amüsieren.[66] Das war freilich eine kreative Zusammenlegung der historischen Textvorlagen von Apollodorus und anderen Autoren, die das Auftreten der Kureten in unterschiedlichen Einsatzsituationen schildern – mal zum Schutze des Zeuskindes wie bei Apollodor,[67]

64 Vgl. Lowe, Robert W.: *Marc-Antoine Charpentier et l'opéra de collège*, Paris 1966, S. 85.

65 Vgl. hierzu Kreuder, Friedemann: *Spielräume der Identität in Theaterformen des 18. Jahrhunderts*, Tübingen 2010, S. 111–130. Siehe auch Baumbach, Gerda: *Schauspieler. Historische Anthropologie des Akteurs*, Bd. 1: *Schauspielstile*, Leipzig 2012. Die Anregung zu dieser Interpretation verdanke ich der Bachelorarbeit von Torben Schleiner: *Les Indes galantes (Fuzelier/Rameau 1735/36) im Pariser Theatergefüge des frühen 18. Jahrhunderts. Historisch-anthropologische Implikationen theatraler Konzeptualisierungen des Anderen/Fremden*, Universität Leipzig/Institut für Theaterwissenschaft, 2016.

66 Vgl. Tabourot, Jean (Thoinot Arbeau): *Orchésographie. Réimpression*, Genf 1970 (OA Langres 1588), S. 97–104; 97: »La fable dit que les Curètes inuenterent ceste Pirrique pour amuser le petit enfant Iuppiter, a leurs gesticulations, & au bruit qu'ils faisoient de leurs espées heurtées contre les boucliers […].« Siehe auch Van Orden, Kate: *Music, Discipline, and Arms in Early Modern France*, Chicago 2005, S. 190–196.

67 In der *Bibliotheke des Apollodor* aus dem 1. Jahrhundert, erstmals gedruckt 1555 und eine mutmaßliche Vorlage Tabourots/Arbeaus, ist die Motivation der Kureten eine ernstere, siehe Apollodorus, 1, 1, 5: »Darüber erzürnt begibt sich Rhea, als sie mit Zeus schwanger ist, nach Kreta und gebiert dort Zeus in der Höhle des Diktegebirges. Sie gibt ihn den Kureten und den Nymphen Adrasteia und Ida […] zur Pflege. […] die Kureten aber bewachten bewaffnet das Kleinkind in der Höhle und schlugen Schilde und Speere zusammen, damit Kronos nicht die Stimme des Kindes hören konnte.«

mal »an Festtagen zur Belustigung der Zuschauer [...] als Vorübung des Krieges«[68]. Für den jesuitischen Kontext des Jahres 1726 sind die mythologischen Erzählungen wiederum stark verkürzt und ethnisch umgewidmet: Nicht Kureten, sondern junge Thessalier tanzen hier einen Pyrrhiche, um sich im Kriegshandwerk zu üben. Dass es sich dabei tatsächlich um einen antiken Waffentanz gehandelt haben könnte, der nicht nur nominell, sondern auch leiblich-performativ die Jahrtausende überdauert hätte, ist sicherlich auszuschließen – schon allein aus dem Grund, dass die verschiedenen historischen Textquellen zum Pyrrhiche und denen, die ihn ausführen, so unterschiedliche Angaben machen. Wahrscheinlicher ist die Annahme, dass die Bezeichnung eines von Jesuitenschülern aufgeführten Waffentanzes als Pyrrhiche dem Usus geschuldet war, theatrale Darbietungen innerhalb der Koordinaten des klassischen Bildungskanons zu verorten. Zu überprüfen wäre die These, inwieweit die Waffentänze auf der Jesuitenbühne solchen ähnelten, die andernorts als Moresca firmierten: Die Möglichkeit, dass es sich dabei gelegentlich um einen Waffentanz oder die Andeutung eines solchen handelte, findet sich schon in Giulio Mancinis Traktat *Del Origin et Nobiltà del Ballo* (ca. 1610/1620) angedeutet, wenn er den Tanz der Moresca – wohl nur rhetorisch, nicht repräsentativ – als zeitgenössische Form des antiken Pyrrhiche bezeichnet.[69]

Ob schließlich der in der vierten Entrée gezeigte ländliche Tanz tatsächlich Elemente bäuerlicher Tanzpraktiken enthielt, lässt sich ebenfalls nur mutmaßen. Die Angabe, dass die tanzenden Bauersleute hier unter der Aufsicht ihres Grundherren »eine Art Exercice mit landwirtschaftlichen Geräten« aufführten, um dem Himmel ihre Dankbarkeit für die reiche Ernte zu bezeugen, lässt zwar kaum auf konkrete Schrittfolgen und Bewegungsmuster schließen. Es ist jedoch in mindestens zweifacher Hinsicht bemerkenswert: Anlass, Zweck und Akteure des mit Requisiten als bäuerlich markierten Tanzes sind, erstens, konkret auf das Erntedankfest bezogen und damit – anders oder zumindest deutlicher als die vorherigen Szenen – einem zyklischen Ritual der Realwelt angelehnt. Da derlei realweltliche Figuren niederen Standes im repräsentativen Theater jedoch eigentlich (noch) keinen Platz hatten, diente wohl, zweitens, der über das Geschehen wachende, dramaturgisch an sich unnötige Grundherr (»Seigneur de village«) als Bindeglied dorthin: Seine Präsenz mochte das Auftreten tanzender Bauern auf der akademischen Jesuitenbühne legitimieren.

Aus der Sicht der Verantwortlichen in Louis-le-Grand war das »Théâtre changé en école de vertu« mit seinem Ballett im Ballett ein voller Erfolg. Die theaterkritischen, ja theaterfeindlichen Anwürfe, die es erst inspiriert hatten, waren mit den performativen Mitteln des Theatertanzes widerlegt worden; performativ Gelerntes (das

68 Pierer, Heinrich August: Art. »Pyrrhĭche«, in: Ders.: *Pierer's Universal-Lexikon der Vergangenheit und Gegenwart. Neuestes encyklopädisches Wörterbuch der Wissenschaften, Künste und Gewerbe*, Bd. 13, Altenburg ^{4}1861, S. 722.

69 Vgl. Sparti, Barbara: »The Danced moresca (and mattaccino): Multiformity of a Genre; from the Palaces of Cardinals and Popes to Enactments by Artisans in the Streets of 17th-Century Rome«, in: Prebys, Portia (Hrsg.): *Early Modern Rome 1341–1667: Proceedings of a Conference held on May 13–15, 2010 in Rome*, Ferrara 2011, S. 324–330; hier S. 325 und 328f.

Tanzen in verschiedenen Stilen) wurde zu performativ (Be-)Lehrendem. »L'exécution de ce ballet fut aussi heureuse que l'invention en étoit ingénieuse«, notierte der – projesuitische – *Mercure de France* kurz nach der Aufführung in der Augustausgabe des Jahres 1726, und fügte hinzu, dass sie den Herren Laval und Malterre l'aîné, die für die Komposition der Tänze verantwortlich zeichneten, zu großer Ehre gereicht habe – beide waren in der Académie royale de musique tätige Tanzmeister.

Fazit

»Tradition ist nicht das Halten der Asche, sondern das Weitergeben der Flamme«: Dieses Thomas Morus zugeschriebene Zitat trifft auf performative Lernkulturen im Allgemeinen und auf das Ballett im Besonderen uneingeschränkt zu. Performatives Lernen ist dynamisches Lernen, und das im doppelten Sinne. Gerade im Falle des Balletts als bewegter Körperkunst hat der historische Wandel ihrer sozialen, ästhetischen und ideengeschichtlichen Bedingtheit die stete Weiterentwicklung begünstigt. Sicherlich ist die Rede von der Performanz im Kontext des höfischen Gesellschafts- sowie des Theatertanzes mindestens drei Jahrhunderte jünger als das, was sie beschreibt – die cartesianische Trennung von Körper und Geist hat hier in all ihrer diskursiven Wirkmächtigkeit die Reflexion über die abendländische Kultur und ihr Verhältnis zum Körper nachhaltig beeinflusst oder treffender: beeinträchtigt. Schließlich wurde auf deren Grundlage eine regelrechte Entkörperlichung herbei geschrieben, die der wissenschaftlichen Durchdringung einer Aufführungskunst wie dem Tanz natürlich denkbar abträglich war. Der Blick auf das Performative wurde so für lange Zeit verstellt.

Nun kann sich freilich die historische Tanzforschung gezwungenermaßen nur mit den schriftlichen und ikonographischen Zeugnissen vergangener Ballettepochen befassen, um daraus Erkenntnisse über vergangene Tanzwelten zu gewinnen. Oftmals unter Zuhilfenahme postmoderner Theorien werden die vorfindlichen Dokumente also sortiert, archiviert und damit gleichsam sichergestellt, um ihnen im Bedarfsfall durch performative Rekonstruktionen flüchtiges Leben einzuhauchen. Die Asservatenkammern des europäischen Theatertanzes bergen dafür unzählige Quellenmaterialien. Nur ist ein theoretischer Diskurs über theoretische Diskurse freilich nicht deckungsgleich mit der performativen Wirklichkeit: Als performative Lernkultur war und ist das Ballett bzw. der europäische Theatertanz ein Paradebeispiel bewegter – und bewegender – Geschichte.

Referenzen

Quellen

Angiolini, Gasparo: *Lettere di Gasparo Angiolini a monsieur Noverre sopra i balli pantomimi*, Mailand 1773.
—: *Dissertation sur les ballets pantomimes des anciens*, Wien 1765.
Cahusac, Louis de: *La danse ancienne et moderne ou Traité historique de la danse*, 3 Bde., La Haye 1754.
Du Cerceau, Jean-Antoine: »Esope au Collège«, in: *Théâtre du Père Du Cerceau, à l'usage des collèges. Nouvelle édition, revue et augmentée d'une notion sur la vie et les ouvrages de cet auteur*, Paris 1822, S. 161–259.
L'Homme instruit par le Spectacle, ou Le Theatre changé en École de Vertu. Ballet, qui sera dansé au College de Louis le Grand, a la tragédie de Brutus, premier Consul des Romains. Le Mardy sixiéme Août 1726, à une heure précise, Paris 1726. BnF, Tolbiac RES- YF- 2721.
Ménestrier, Claude-François: *Des Ballets anciens et modernes selon les règles du théâtre*, Paris 1682 (Reprint Genf 1972).
Mercure de France, Aoust 1726, S. 1903f. (Reprint 1968, S. 106).
Noverre, Jean Georges: *Lettres sur la danse, et sur les ballets*, Lyon 1760.
Rameau, Pierre: *Le Maître à danser. Qui enseigne la maniere de faire tous les differens pas de Danse dans toute la regularité de l'Art, & de conduire les Bras à chaque pas*, Paris 1725.
Tabourot, Jean (Thoinot Arbeau): *Orchésographie. Réimpression*, Genf 1970 (OA Langres 1588).
Taubert, Gottfried: *Der rechtschaffene Tantzmeister, oder gründliche Erklärung der Frantzösischen Tantz-Kunst, bestehend in drey Büchern* […], Leipzig 1717.

Literatur

Baumbach, Gerda: *Schauspieler. Historische Anthropologie des Akteurs*, Bd. 1: *Schauspielstile*, Leipzig 2012.
Bennett, Giles: *Tanz zur Zeit von Madame de Pompadour*, URL: http://www.historicum.net/themen/pompadour-und-ihre-zeit/kunst-und-musik/iii-tanz/art/3_Gesellschaft/html/artikel/2744/ca/1d9e29ac257877d4ea066087a48b88d2/
Brandstetter, Gabriele: »Tanz der Elementargeister. Der Mythos des romantischen Balletts«, in: Oberzaucher-Schüller, Gunhild (Hrsg.): *Souvenirs de Taglioni*, Bd. 2: *Bühnentanz in der ersten Hälfte des 19. Jahrhunderts*, S. 195–212.
Braun, Rudolf/Gugerli, David: *Macht des Tanzes – Tanz der Mächtigen. Hoffeste und Herrschaftszeremoniell 1550–1914*, München 1993.
Buckland, Teresa: »All Dances Are Ethnic, but Some Are More Ethnic Than Others: Some Observations on Dance Studies and Anthropology«, in: *Dance Research* 1 (1999), S. 3–21.
Celler, Ludovic: *Les origines de l'opéra et le Ballet de la Reine (1581)*, Paris 2001.
Dassas, Frédéric (Hrsg.): *De la rhétorique des passions à l'expression du sentiment. Actes du colloque des 14, 15 et 16 mai 2002*, Paris 2003.
DeMille, Agnes: *The Book of the Dance*, New York 1963.
Fairfax, Edmund: *The Styles of Eighteenth-Century Ballet*, Lanham 2003.

Grau, Andrée: »When the Landscape becomes Flesh: An Investigation into Body Boundaries with Special Reference to Tiwi Dance and Western Classical Ballet«, in: *Body and Society* 4 (2005), S. 141–163.

Guest, Ivor: *The Romantic Ballet in Paris*, Alton 2008.

Harris-Warrick, Rebecca/Brown, Bruce Alan (Hrsg.): *The Grotesque Dancer on the Eighteenth-Century Stage: Gennaro Magri and His World*, Madison 2005.

Howatson, Margaret C. (Hrsg.): *Reclams Lexikon der Antike*, Stuttgart 2006.

Huschka, Sabine: »Die Darstellungsästhetik des ›ballet en action‹. Anmerkungen zum Disput zwischen Gasparo Angiolini und Jean-Georges Noverre«, in: Schlottermüller, Uwe/Weiner, Howard/Richter, Maria: *Vom Schäferidyll zur Revolution. Europäische Tanzkultur im 18. Jahrhundert*, Freiburg 2008, S. 93–106.

—: *Moderner Tanz. Konzepte, Stile, Utopien*, Reinbek bei Hamburg 2002.

Kealiinohomoku, Joann: »An Anthropologist looks at Ballet as a form of Ethnic Dance«, in: Dils, Ann/Cooper Albright, Ann (Hrsg.): *Moving History/Dancing Cultures. A Dance History Reader*, Middletown 2001, S. 33–43 (Erstabdruck in: Van Tuyl, Marian (Hrsg.): *Impulse 1969–1970*, San Francisco 1970, S. 24–33).

Kreuder, Friedemann: *Spielräume der Identität in Theaterformen des 18. Jahrhunderts*, Tübingen 2010.

Lowe, Robert W.: *Marc-Antoine Charpentier et l'opéra de collège*, Paris 1966.

Müller, Michael*: Die Entwicklung des höheren Schulwesens der französischen Jesuiten im 18. Jahrhundert bis zur Aufhebung 1762–1764. Mit besonderer Berücksichtigung der Kollegien von Paris und Moulins*, Frankfurt a. M. 2000 (= Mainzer Studien zur Neueren Geschichte 4).

Piéjus, Anne (Hrsg.): *Plaire et instruire. Le spectacle dans les collèges de l'Ancien Régime*, Rennes 2005.

Pierer, Heinrich August: *Pierer's Universal-Lexikon der Vergangenheit und Gegenwart. Neuestes encyklopädisches Wörterbuch der Wissenschaften, Künste und Gewerbe*, Bd. 13, Altenburg ^{4}1861.

Prix de Lausanne: System to Evaluate Career Potential, URL: http://www.prixdelausanne.org/v4/index.php/evaluation-system.html

Rock, Judith: *Terpsichore at Louis-le-Grand. Baroque Dance on the Jesuit Stage in Paris*, Saint Louis 1996, S. 41.

Schleiner, Torben: *Les Indes galantes (Fuzelier/ Rameau 1735/36) im Pariser Theatergefüge des frühen 18. Jahrhunderts. Historisch-anthropologische Implikationen theatraler Konzeptualisierungen des Anderen/Fremden*. Bachelorarbeit, Universität Leipzig/Institut für Theaterwissenschaft, 2016.

Schneider, Katja: »Elementarwesen. Transformationen und Sujetstruktur im romantischen Ballett«, in: Oberzaucher-Schüller, Gunhild (Hrsg.): *Souvenirs de Taglioni*, Bd. 2*: Bühnentanz in der ersten Hälfte des 19. Jahrhunderts*, S. 213–223.

Schroedter, Stephanie: *Tanz um 1700: Passion, Expression, Action am Beispiel der Caractères de la Danse*, URL: http://www.bayreuth.de/files/pdf/doppeljubilaeum/kurzvortrag_stefanie_schroedter.pdf

—: *Vom »Affect« zur »Action«. Quellenstudien zur Poetik der Tanzkunst vom späten Ballet de Cour bis zum frühen Ballet en Action*, Würzburg 2004.

Sparti, Barbara: »The Danced moresca (and mattaccino): Multiformity of a Genre; from the Palaces of Cardinals and Popes to Enactments by Artisans in the Streets of 17th-Century Rome«, in: Prebys, Portia (Hrsg.): *Early Modern Rome 1341–1667: Proceedings of a Conference held on May 13–15, 2010 in Rome*, Ferrara 2011, S. 324–330.

Tozzi, Lorenzo: *Il balletto pantomimo del Settecento. Gaspare Angiolini*, L'Aquila 1972.

Thurner, Christina: *Beredte Körper – bewegte Seelen. Zum Diskurs der doppelten Bewegung in Tanztexten*, Bielefeld 2009.

Van Orden, Kate: *Music, Discipline, and Arms in Early Modern France*, Chicago 2005.

Walsdorf, Hanna: *Die politische Bühne. Ballett und Ritual im Jesuitenkolleg Louis-le-Grand, 1701–1762*, Würzburg 2012.

—: »Performanz«, in: Brosius, Christiane/Michaels, Axel/Schrode, Paula (Hrsg.): *Ritual und Ritualdynamik. Schlüsselbegriffe, Theorien, Diskussionen*, Stuttgart 2013, S. 85–91.

Werden, Angelika: *Tanz vernetzt. Das »balet comique de la royne« in der höfischen Kultur der Valois (1581/1582)*, Köln 2011.

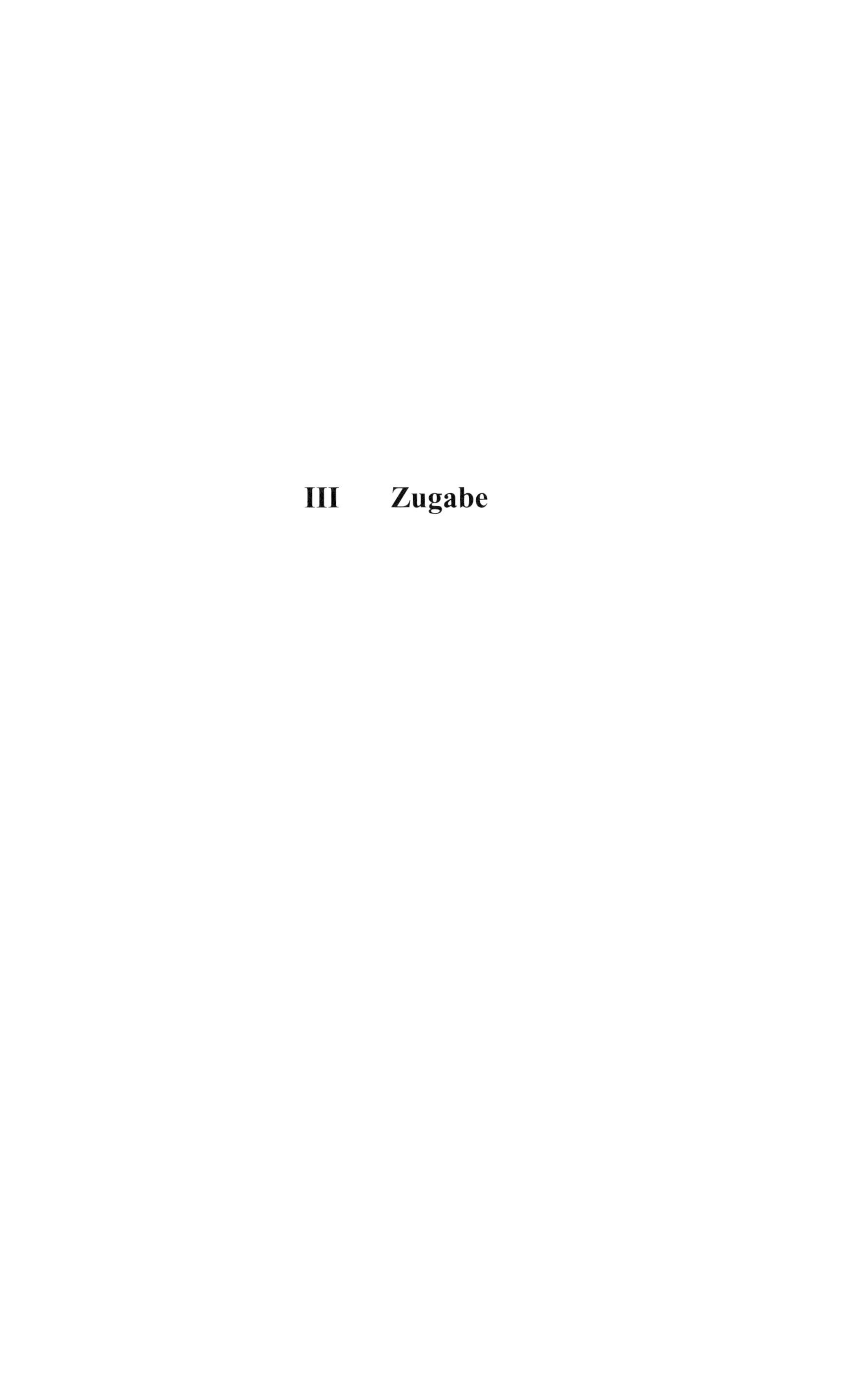

III Zugabe

Spontane Performanz, Kreativität und die Poesie der Musik

Karin Polit im Gespräch mit Fletcher DuBois

Fletcher DuBois ist ein Mann, der viele kreative Talente miteinander vereint. Er ist Künstler, aber auch Akademiker, interessiert an philosophischen Ideen, intellektuellen Debatten und kreativem Austausch. Er ist promovierter Bildungswissenschaftler, emeritierter Professor der National Louis University in Chicago, Religionswissenschaftler und Musiktherapeut, Philosoph, Musiker und Dichter. All diese Identitäten kommen zusammen, wenn er mit uns im akademischen Kontext arbeitet oder wenn er auf eine Performanz oder ein Kunstwerk reagiert und mit der Kunst in Verbindung tritt. Während unserer Konferenz zu rituellen Lernkulturen in Heidelberg im Herbst 2012 war er einer der kreativen Köpfe, die keine rein wissenschaftlichen Vorträge hielten, sondern ihre Ansichten zu Leiblichkeit, Ritual und Performanz performativ zum Ausdruck brachten. Dies war für ihn eine leichte Übung, kommentierte er doch schon seit dem Laufzeitbeginn des Sonderforschungsbereichs *Ritualdynamik* unsere wissenschaftliche Arbeit auch performativ und musikalisch. In den letzten Jahren hat er zudem verschiedene Ausstellungen und Kunstwerke in Heidelberg mit seinen musikalischen Improvisationen kommentiert, obwohl er selbst diese Performanz wahrscheinlich nicht unbedingt ›Kommentar‹ nennen würde. Die Reaktion auf Vorträge und Kunst kann sich gelegentlich in spontanen Liedern oder gesungenen Fragen manifestieren. Dabei greift er Themen auf, die im Vortrag oder der Kunst angesprochen werden oder sich aus ihnen ergeben. Wenn er dagegen für eine Gruppe von Menschen singt, bezieht er die anwesenden Personen mit ein, die ihm die Wörter für seine improvisierte Performanz vorgeben.

Für Fletcher DuBois, der Zahlen in Farben sieht, passieren solche spontanen Lieder als seine emotionale und intellektuelle Reaktion auf eine Idee, ein Kunstwerk, einen Film oder auch eine Person. Er selbst beschreibt diesen Prozess deswegen auch als eine Erfahrung, die es ihm ermöglicht, mit dem Gedanken oder der Kunst im Moment des Singens zu verschmelzen. Es ist der Moment, die Atmosphäre, die geschaffen wird, die es ihm ermöglicht, gesungene Worte und eine Melodie zu finden, die in dem Augenblick in ihm entstehen – von ihm gesungen, von der Kunst, der Idee oder einer Person ins Leben gerufen. Er greift dabei die Energie auf, die von einem bestimmten Kunstwerk, von einer Gruppe von Menschen, manchmal auch von einem akademischen Vortrag kreiert wird. Je nachdem, wie die Menschen oder das Werk ihn berühren, kann dieser gesungene Kommentar komisch oder traurig, nachdenklich und tiefsinnig ausfallen. Wichtig ist, dass Fletcher DuBois sich im Moment des Singens nicht im Zentrum sieht, sondern das Werk selbst, oder die anwesenden Menschen. »Wenn das Lied funktioniert«, sagt er, »geht es nicht um mich, der über die Kunst spricht, sondern das Lied ist, was die Kunst mit mir macht«. So trifft Kunst auf eine andere Form der Kunst, und etwas Neues entsteht. Im folgenden Beitrag versuchen wir, Fletcher DuBois und Karin Polit, diese Entstehung von künstlerischer Zusammenarbeit, Kreativität und Improvisation zu betrachten und als ein Produkt von langen Lernprozessen zu sehen, die in eine ganz bestimme Lebenslinie eingebunden sind und manchmal in diesen kreativen Momenten kulminieren.

Improvisation und Oralität

Improvisation und Oralität sind Teil der kulturellen Landschaft vieler Orte, in denen Text und Schriftlichkeit gesellschaftlich einen größeren Stellenwert haben. In seinem einflussreichen Werk *The Gutenberg Galaxis: The Making of Typographic Man* aus dem Jahr 1962 postulierte Marshall McLuhan, dass Alphabetisierung und Buchdruck sowohl das Denken der Menschen als auch die Art und Weise, wie Gesellschaften sich selbst organisieren, revolutioniert habe.[1] In seiner Sicht wurde die Welt mit den neuen technologischen Möglichkeiten der Verbreitung von Schrift immer mehr zum Dorf; orale Traditionen, spontane Performanzen und Improvisation verloren damit für moderne Gesellschaften an Bedeutsamkeit. Ähnlich argumentierte auch Jack Goody[2], für den der Prozess des Schreibens wichtige Veränderungen sowohl in psychologischen als auch sozialen Strukturen hervorbrachte. So rückte die Beschäftigung mit Oralität und Improvisation als kulturelles Produkt bis zur performativen Wende in den 1990er Jahren stark in den Hintergrund des wissenschaftlichen Diskurses. Zwar war immer klar, dass die Oralität nicht gänzlich aus dem kulturellen und gesellschaftlichen Leben moderner Gesellschaften verschwunden war, aber die gesellschaftliche Relevanz von spontaner, nicht-institutionalisierter Performanz und Oralität wurde als gering eingeschätzt. Dies hängt auch mit Lernprozessen zusammen, welche die Praxis der Schriftlichkeit von oralen Fähigkeiten unterscheidet. Das Erlernen des Sprechens und Singens ist ein Prozess, der zumeist ohne formellen Unterricht vonstattengeht, während Schriftlichkeit und institutionalisierte Performanz Teil des formellen Schulsystems sind.

Die Kunst der sprachlichen und musikalischen Improvisation, die hier Untersuchungsgegenstand ist, erscheint dadurch auf den ersten Blick und oberflächlich gesehen als das Produkt eines außergewöhnlichen Talents. Wir werden im Folgenden argumentieren, dass Talent natürlich eine Rolle spielt, dass aber auch hier Techniken

1 McLuhan, Marshall: *The Gutenberg Galaxis: The Making of Typographic Man*, Toronto 1962.

2 Goody, Jack: *Literacy in Traditional Society*, Cambridge 1968; Goody, Jack: *The Interface between the Written and the Oral*, Cambridge 1987.

des Lernens und Erinnerns genauso wichtig sind wie mimetisches Lernen, Erwartungen und familiärer Hintergrund. Dieser Form des Lernens, das klar in den Lebenslinien des Individuums eingebettet ist, soll hier nachgespürt werden.

Spontane Lieder, Improvisation und Atmosphäre

Wenn Fletcher DuBois seine spontanen Lieder singt, dann geschieht das meistens, nachdem er eine Weile im Raum war, mit einigen Leuten gesprochen, auf Konferenzen die Diskussion verfolgt, auf Ausstellungen die Werke gesehen hat. Er folgt dann immer einem ähnlichen Schema. Er erklärt den Anwesenden, was er vorhat – ein spontanes Lied zu singen –, und bittet dann um Hilfe. Jede/r, die/der möchte, kann ihm ein Wort zurufen, dass dann, zusammen mit den anderen gesammelten Worten, das Lied ergeben wird. Fletcher DuBois bittet die Anwesenden, erst nachzudenken, damit jede/r sicher ein Wort hat, bevor die Zurufe beginnen. Nach einer kurzen Pause beginnt dann irgendjemand mit einem Wort – Fletcher dreht sich der Person zu und nimmt das Wort auf, bevor er sich der nächsten zuwendet und ihm ein weiteres Wort zugerufen wird. Das macht er so lange, bis alle, die sich ein Wort ausgedacht haben, dieses laut aussprechen konnten. Dann wiederholt er noch einmal alle diese Worte, wobei er bei jedem Wort die Person, von der es stammt, ansieht. Dann beginnt sein Körper sich zu verändern, er fängt an, sich im Rhythmus der Melodie, die in ihm entsteht, zu wippen, manchmal schnippt er auch mit den Fingern, bevor das Lied beginnt. Ab und zu hat er seine Gitarre dabei und spielt sie. Fast sieht man, wie die Verbindungen zwischen den unterschiedlichen Wörtern in ihm entstehen, wie sein Körper, sein Geist und sein Herz sich den Anwesenden öffnen. Dann beginnt er zu singen – manchmal ist es ein lustiges Lied, manchmal nachdenklich und melancholisch. Meistens schafft er es dabei, die Atmosphäre einzufangen und wiederzugeben. Die Lieder, die dabei entstehen, sind spontan und vergänglich, sie leben von dem Moment, mit dem und in dem sie entstehen und tragen zur Stimmung und der Atmosphäre bei – und verschwinden dann wieder.

Seine spontanen Performanzen sind immer beeindruckend und berührend, dennoch bleiben die meisten der entstehenden Lieder in den Momenten zurück, in denen sie entstehen. Er macht diese Lieder auch nicht, um sich in den Mittelpunkt zu rücken und Aufmerksamkeit auf sich zu ziehen. Stattdessen fungieren sie oft eher als Kommentar und Ergänzung zu dem, was in dem Raum vorher schon entstanden war. Die Improvisation selbst fühlt sich für ihn wie etwas an, was in ihm passiert. In einem Gespräch zwischen uns (Karin Polit und Fletcher DuBois), das wir einige Zeit nach der in diesem Band dokumentierten Konferenz in seinem Wohnzimmer geführt haben, sagte er dazu:

> Da es improvisiert ist, ist es gewiss nicht einstudiert, es ist nicht, was ich mache, wenn ich Stunden und Jahre an einem Lied schreibe. Aber wenn ich von einer Improvisation rede, dann denke ich an Jazz und andere Dinge. Ich befinde mich im Zentrum der Improvisation, ich bin der Improvisator. Doch wenn ich diese Sachen mache, diese Lieder, dann

fühlt es sich so an, als ob es durch mich fährt. Ich bin nicht das Zentrum und ich bin nicht die Hauptsache von dem, was ich tue. Es fühlt sich anders an. Es kommt einfach heraus. Vielleicht benutzen einige Menschen das Wort der Improvisation, wenn sie Jazz improvisieren, sie fühlen, dass es durch sie hindurch fährt, und es handelt nicht nur von ihnen. Ich gehe zurück zu der Idee, ich weiß nicht sehr viel über Jazz, doch in Jazz-Improvisationen findet man häufig ein Thema, sie halten sich an einen Standard. Sie nehmen das als Anfang, auch oft in einer Gruppe. Ähnlich war das in der klassischen Musik des 17. und 18. Jahrhunderts. Damals wurde viel häufiger von den Menschen erwartet, zu improvisieren, wenn auch unter gewissen Einschränkungen, mit gewissen melodischen Linien oder Formen, auf denen man aufbaute. Ich bin sicher, dass es eine Struktur gibt, auf die auch ich aufbaue. Sie ist so tief in mir verankert, dass ich es nicht merke, wenn ich sie benutze, doch meine Schwester Amy zeigte sie mir. Ich sprach gestern Abend ausführlich mir ihr, um festzustellen, wann ich mit diesen Improvisationen anfing. Sie sagte, dass sie sicher sei, dass einige Leute annehmen, ich hätte festgelegte Melodien, und sie sagte: »Ich weiß, dass das nicht so ist!«, denn sie hat mir schon tausendmal zugesehen. Sie ist immer anders, die Melodie. So kamen doch auch oft Leute zu mir und fragten: »Was ist der Trick?« Sie dachten, ich hätte ein bestimmtes Muster, eine Art Form, die immer gesetzt ist, und ich füge einfach die Wörter ein und mache es nicht bewusst.

[...] Es gibt bestimmte Linien, die ich kenne, aber ich muss mich nicht entscheiden, ich muss mich nicht großartig finden, oder in den Mittelpunkt rücken. Die Lieder kommen vielmehr zu mir. So sind die Lieder anders, je nachdem, von wem sie kamen. Wenn ich anfange zu reimen, dann weiß ich nie, was es wird oder was nicht, aber innerlich weiß ich genug, sodass es sich wie von allein bildet.

KP: Das heißt, die Wörter passen selbst auf sich auf?

FDB: Ja, das hängt vom Kontext ab. Ich stelle immer einige Regeln auf: Keine Namen, und wenn mir ein zweiteiliges Wort gegeben wird, kann ich diese zwei Wörter separat benutzen. Wenn es ein Homophon ist, dann muss ich nicht exakt die Bedeutung treffen, und solange es gleich klingt, komme ich nah genug an die Wünsche der Wortgeber heran. Ich sage nicht so und so, ich beharre nicht auf der Regel, ich rede nicht von gleichlautenden Wörtern, aber ich sage: »no proper names«, und ich meine das nicht als Regel, sondern als Vorschlag: Versuche nicht, etwas Einfaches herauszusuchen, nichts zu Altruistisches und Empathisches. Versuche das zu vermeiden, aber sei nicht zu sadistisch und versuche ein Wort zu finden, bei dem du dir sicher bist, dass ich es nicht in einem Reim gebrauchen kann oder wie auch immer. Ich sage ihnen: Nimm ein Wort, welches du wirklich gern in dem Lied hören würdest und verrate es nicht jemandem, der ein Wort haben will. Ich versuche mitzuteilen, dass nicht jeder ein Wort loswerden muss, aber jeder ist herzlich eingeladen, eines zu haben. Es geht auch darum, Menschen teilhaben zu lassen. Ich merke, wenn ich das sage, dass ich an einen Raum, zum Beispiel eine Party denke. Ich habe das mal auf einer Bühne mit zehntausend Menschen gemacht, dort konnte natürlich nicht jeder ein Wort haben, aber ich habe es schon einmal mit 20 Wörtern gemacht. Ich will versuchen, so offen wie möglich zu sein. Doch wenn es viele Wörter sind, dann passiert gewöhnlich folgendes. Entweder, ich vergesse ein Wort am Ende des Liedes und ich muss ein separates Lied für das vergessene Wort der jeweiligen Person machen, oder es klappt, wie fast immer, einwandfrei und ich singe dann a cappella oder spiele Gitarre. Zusammengefasst: Version A bedeutet, dass ich wirklich hart und schnell arbeiten muss und in meinem Kopf geschieht nur »Tschtschtsch«. Ich plane den Song, während ich ihn spiele, ich denke voraus und singe zur selben Zeit und bringe es zu laufen, mehr oder weniger. Aber es ist nur ein Job. Und normalerweise sind die Leute sehr begeistert, dass ich all das schaffe, aber ich fühle innerlich, dass es nur ein mittelmäßiger Song war. Wenn es allerdings wirklich gut ist, dann muss ich mich gar nicht so viel bemühen. Es geschieht einfach. Manchmal fühlt es sich an, als ob sich ein Bildschirm vor meine Augen schiebt und ich sehe, wie es sich entfaltet. Alles, was ich dann noch tun muss, ist, meinen Mund zu öffnen und zu singen. Dann sind die Reime sehr gut und originell, es kann sehr berührend oder bewegend sein oder sehr lustig oder zutiefst verstörend, aber was auch immer es ist, es ist genau das, was ich gesehen habe, es fließt direkt durch mich hindurch.

KP: Glaubst Du, das liegt an der Gruppe oder an etwas Anderem? Was beeinflusst es, kannst Du das überhaupt sagen? Ist es die Gruppe, sind es die Menschen oder bist doch Du es?

FDB: Es ist der Moment, die Zeit, wie ich mich gerade fühle. Es hängt davon ab, wie sehr ich mich mitreißen lasse. Es ist wirklich nicht gut, die Menschen beeindrucken zu wollen. Das habe ich gelernt. Es führt dich vielmehr in die falsche Richtung. Und es hängt davon ab, wie sehr die Leute aktiv mitarbeiten und Energie senden. Das klingt zwar ein bisschen »new agey«, aber ich meine einfach dort zu sein, wenn dort eine spürbare Atmosphäre herrscht und es mit Liebe geschieht. Amy wies mich darauf hin, dass es Zeiten gibt, an denen ich dieselben Wörter nehme und daraus zwei Lieder mache und eines ist lustig, wie immer, und das andere sehr ernst. Nur um zu beweisen, dass es nicht… es ist die Sache, die entspringt, es ist der Prozess der Philosophie, es ist nur für sie. Es hat einen Anfang und es endet und dann ist es fort. Es bleibt eine Weile in den Herzen der Menschen, vielleicht, und in manchen für eine längere Zeit. Es gibt Menschen, die zurückkommen und sagen: »Ich erinnere mich noch immer an das Lied, dass Du damals in dieser Küche gesungen hast!«, und sie tragen es für eine lange Zeit mit sich. Gelegentlich erinnere ich mich an einen Song und er wird aufführbar. [...]

Nur manchmal werden also aus solchen spontanen, improvisierten und flüchtigen Liedern Songtexte, die später im Studio auf CD gebrannt werden können – wie das Lied Windows, das vor einigen Jahren auf einer Party in Heidelberg entstand. Fletcher DuBois hatte eines seiner spontanen Lieder gesungen und dabei das Wort einer Frau, die er nicht kannte, vergessen einzubinden. Um dies wiedergutzumachen, sang er spontan ein Lied, nur für diese Frau und ihre Worte. Das Wort war »Fenster«, und das erinnerte ihn an eine Geschichte, die ihm sein Vater einmal erzählt hatte. Das Lied ist heute auf der CD In Heidelberg zu finden, die Fletcher DuBois im Auftrag des Bürgermeisters als Geschenk für besondere Gäste der Stadt Heidelberg in den Jahren 2008 und 2009 zusammenstellte. Das spontan entstandene Lied war so stark und berührend, dass er sich an dieses Lied erinnerte und später dazu in der Lage war, es aufzuschreiben, mit dem folgenden Text:

Some windows are open some windows stay closed
When windows get broken it usually shows
Some have lace curtains and some have steel bars
But sometimes there's nothing to block out the stars

The rattle of the wind the rhythm of the rain
All those reflections in the window pane
Finally giving in no there's no-one to blame
But breath and a finger trace out a name

A light in the darkness or just shutters and blinds
Love can be cruel yes but love can be kind
Some windows are open...

Doch üblicherweise ist es gerade die Vergänglichkeit, die das Besondere dieser Lieder ausmacht. Fletcher DuBois sagte dazu:

Es ist wichtig, dass die Menschen sehen, dass es nur für den Moment ist. Heutzutage wird es mit unserer Technologie etwas komplizierter, denn die Menschen haben Handys.

KP: ...mit denen es aufgenommen und auf YouTube gestellt werden kann. Passiert Dir das?

FDB: Ja, manchmal machen sie das. Manchmal weiß ich es gar nicht, dass sie es gemacht haben, und es ist sehr schwierig, denn ich will es eigentlich nicht verbieten. Aber für mich macht es einen großen Unterschied. Es ist so wichtig für mich, dass genau der Moment geschieht. Es ist keine aufführfertige Arbeit, in der man weiß, dies ist die Melodie, das sind die Worte und so wird es gemacht. Wenn es sehr gut ist, ist es ein spirituelles Event für mich. Ich bin immer offen und natürlich auch überrascht. Bei dem Ding mit der Improvisation, egal in welcher Form, weiß man nie, was später herauskommt. Ob nun für den Zuhörer oder für die Person, die es macht. Es ist ein spontanes Ding und es geschieht genau dort und es ist eine vollständige Sache. Was passiert, wenn man so etwas aufnimmt? Es wird eine Aufnahme. Davies[3] beschreibt diesen Prozess am Beispiel des berühmten *Köln Concert* von Keith Jarrett [1975] und fragt sich auch, was die Aufnahme mit der Performanz macht. Was ist es dann? Ist es eine aufführbare Arbeit, da es dann von Leuten transkribierbar ist? Ich frage mich oft: Was passiert mit mir, wenn man mich aufnimmt? Was geschieht mit der Improvisation?

[...] Leider finde ich viele Aufnahmen mittelmäßig. Es gab eines... Ich sang als Gast einer Gruppe, die sich »Wild Silk« nannte und später »Dhalia« beziehungsweise »Dhalia's Lane«. Sie machten Weltmusik und viel keltische Musik mit verschiedenen Instrumenten und Gesang, viel östliche Percussion, faszinierende Sachen. Ich traf sie hier in Heidelberg beim Weststadtfest auf dem Wilhelmsplatz vor einigen Jahren. Auf jeden Fall sang ich für die Gruppe, und sie nahmen ein Livealbum auf. Ich war auch darauf. Sie wollten, dass ich einen improvisierten Song mache, und ich sagte »alright«. In dieser Nacht sang ich eines dieser Lieder, für das ich Worte aus dem Publikum sammele. Es hat unglaublich gut funktioniert. Ich war so glücklich, es war ein so guter Song.

3 Davies, David: *Philosophy of the Performing Arts*, Oxford 2011.

> Es war eines der Lieder, die ich vor meinem inneren Auge sah, es war unglaublich, ich war beeindruckt, die Leute waren beeindruckt. Und dann, nach dem Konzert, stellte sich heraus, dass das Band an genau dieser Stelle nicht funktioniert hatte. Ich war so irritiert. Aber beim nächsten Mal, wir waren in Frankfurt, habe ich ein Lied gemacht und es zeigte sich, dass es ein sehr lustiges war. Es war ein lustiges Lied, aber es war ok. Als sie es auf CD herausbringen wollten wollten, wollte ich fast nein sagen. Es war nicht schlecht, es war lustig und es zeigte mich wie ich es vorstellte, also hatte es noch einen archivarischen Wert. Es handelt von einem Anhalter, und es gab einige witzige Stellen, aber es war eines der kurzfristig gedachten Lieder. Es war nicht… ich finde es schwierig, wenn Leute es aufnehmen, denn dann ist es nicht mehr nur für den Moment.

Fletcher DuBois ist sich also bewusst darüber, dass er improvisiert und dabei wohl auf Dinge zurückgreift, die er gelernt hat. Allerdings ist das, was er kann, nichts, was man formell lernen kann. Es ist eben kein Jazz, keine Form der Improvisation, die irgendwie formell fassbar, übertragbar oder leicht weiterzugeben ist. Er ist kein Barde im klassischen Sinne, der bestimmte Erinnerungs- und Improvisationstechniken erlernt hat, die es ihm ermöglichen, schnell neue Zusammenhänge in Melodien und Texte einzuflechten, ähnlich den Techniken von Sängern oraler Epen, die Lord und Parry[4] in ihrer Theorie der oralen Formulierung beschrieben haben. Deswegen ist auch die Weitergabe dieser Performanzkunst nicht einfach.

> **KP:** Hat Dich mal jemand gebeten, ihm oder ihr das beizubringen?
>
> **FDB:** Ich könnte das nie jemandem beibringen. Ich meine, ich kann ihnen von einigen essenziellen Dingen berichten, die für mich wichtig sind. Zum Beispiel: Vertrauen, mitreißen lassen, nicht verunsichern lassen. Es geht nicht darum, ob es nun gut oder schlecht ist. Es ist keine Aufführung, bei der es darum geht, ob sie applaudieren. Es geht darum, die anderen Leute zu beeindrucken, wie sie verschieden auf dich reagieren werden. Das ist ein kompliziertes Paradox, denn es betrifft genau die anderen Leute. Sie sind auch

4 Interessiert an der »homerischen Frage« war Milman Parry, der erste, der den Unterschied zwischen oralen Epen und im Moment der Entstehung niedergeschriebener Poesie erkannte. Während seiner Forschung im früheren Jugoslawien suchte er nach diesen formellen Unterschieden zwischen oralen und literarischen Epen. Er ging davon aus, dass es einen Unterschied geben musste, denn reine orale Traditionen müssen ohne Lesen oder Schreiben erlernt und praktiziert werden. Milman Parry und Albert Lord entwickelten die »oral-formulaic theory« zur Komposition von oralen Epen und oraler Poesie. Nach Parrys frühem Tod führte Albert Lord seine Arbeit weiter, erschienen in dem Werk: Lord, Albert: *The Singer of Tales,* Cambridge 1960. Wichtige Erkenntnisse, die sowohl Volkskundler als auch Performanztheoretiker aufgriffen, waren vor allem, dass es sich bei oralen Epen nicht um fixe Texte handelt, sondern, dass ein orales Epos nie zweimal auf exakt die gleiche Weise dargebracht wird. In der Homerischen Frage ging es Lord und Parry vor allem darum, zu zeigen, dass Homers Epen eben nicht als fixer Text angesehen werden können, die ihre Unveränderbarkeit über Jahrhunderte den fantastischen Gedächtnissen der Menschen zu dieser Zeit verdanken, die sie sich weitererzählten, bevor sie letztendlich aufgeschrieben wurden. Im Zusammenhang damit steht natürlich auch die Frage der Authentizität. Gedanken, die sowohl von Finnegan, Ruth H.: *Oral Poetry: Its Nature, Significance and Social Context,* Cambridge [u.a.] 1977, in einem gesteigerten Interesse an der Natur und Bedeutung oraler Poesie im globalen, als auch von Bauman, Richard: *Verbal Art as Performance*, Rowley/Mass. 1978 in der Entwicklung einer Theorie zu »verbal art as performance« – verbaler Kunst als eine Form der Performanz – ausgearbeitet wurden.

anwesend, du machst es mit ihnen und für sie, aber du machst es für den Moment. Und du weißt, dass es von den Menschen verschieden aufgenommen wird.

Gestern, im Gespräch mit meiner Schwester, versuchte ich einen Anfangspunkt zu setzen, wann das alles begann. Es war sehr schwierig, Amy und ich dachten lange darüber nach, wann es angefangen hat. Ich trete schon seit ich vierzehn Jahre alt bin im Radio auf. Und als ich vierzehn oder fünfzehn Jahre alt war, fing ich an zu schreiben, nur wenige Lieder in einem Jahr, also war es nicht genau wie heute. Damals habe ich keine spontanen Lieder gemacht.

KP: Und wann hast Du damit angefangen? Kannst Du Dich erinnern?

FDB: Nein. Ich erinnere mich, wie ich zum ersten Mal in der breiten Öffentlichkeit gesungen habe. Ich kann mich sogar an das Lied erinnern, ich meine, öffentlich und dann auch noch zum ersten Mal! Das war im Radio, und dann lief es darauf hinaus, dass ich jede Woche im Radio war. Das war zu der Zeit, als ich die Lieder anderer Leute sang [...]. Ich kann mich an improvisierte Lieder erinnern, aber die waren nicht mit vorgegebenen Wörtern. Ich war fünfzehn, es war auf unserer Veranda zum Ende meiner zehnten Klasse und der zwölften Klasse meiner Schwester. Unsere Mutter schlug meiner Schwester anlässlich ihres letzten Jahres in der Schule vor, einige Leute einzuladen. Das taten wir auch. Was sich daraus beiläufig entwickelte, war das »Ice-Teahouse of August Moon«[5]. Das machte allen so viel Freude, dass wir das einfach weiterführten und irgendjemand nannte es dann so. [...]

Das war im Sommer 1965 und in den Jahren danach. Es war vollkommen ungeplant. Es hat sich einfach so entwickelt. Unsere Freunde kamen wieder und brachten andere Leute mit. Es hat über diesen Sommer sein ganz eigenes Leben entwickelt. Es war so lebendig und so gut für alle von uns. Das war das bürgerliche Virginia. Einige der anderen Eltern, da bin ich mir sicher, dachten, dass es ein Sündenpfuhl war. Doch meine Mutter hatte Regeln. Es galt ein Alkoholverbot, und jeder Jugendliche musste aufstehen, wenn eine erwachsene Person zum ersten Mal den Raum betrat. Und das wurde auch getan. Wir hatten eine wundervolle Durchmischung der Gäste. Leute, die kamen, um zu philosophieren, und Leute, die in Schulkantinen arbeiteten, Büroangestellte, zukünftige Doktoren und all das. Meine Mutter hat all diese jungen Leute so respekt- und humorvoll begrüßt und behandelt, obwohl sie kaum noch etwas sehen konnte. Unser Vater ließ uns freundlicherweise gewähren, manchmal waren wir dreißig an einem Abend. Dieses weite Feld war einfach wunderbar. Ein Teil des Ganzen war das Singen, und ich sang, doch Amy und ich konnten uns nicht daran erinnern… an diese Wortspiele. [...]

Amy erinnerte sich, dass ich eine stressige Zeit hatte. Die Prüfungen standen bevor, und ich improvisierte ein lustiges Lied: *The Universal Antidote*. Es bezog sich auf den Erste-Hilfe-Kurs. Wir hatten gerade gelernt, was zu tun ist, wenn jemand eine Vergiftung hat, und es wurde uns gesagt, es wirke bei fast allen Formen der Vergiftung – das universelle Gegenmittel. Daraus machte ich ein Lied für meine Schwester.

5 Anspielung auf den Film *The Teahouse of the August Moon* (dt. *Das kleine Teehaus*, USA 1956).

Ein anderes Mal trafen wir uns, meine Schwester und ich auf einer Feier. Wir waren auf der Hochzeit einer Freundin. Wir wuchsen zusammen in der gleichen Nachbarschaft auf. Katherine wurde klassische Sängerin, sie heiratete einen Komponisten und klassischen Sänger, einen Kantor. Wir wussten nicht, dass er ein berühmter klassischer Kantor werden würde. Ich liebte es, ihr zuzuhören, wenn sie sang, als sie noch ein Kind war. Sie hatte eine wundervolle Stimme. Wie auch immer, ich war dort und ich bekam von fast jedem ein Wort und ich meine, ich habe es sogar auf dem Klavier gespielt, nicht auf der Gitarre, aber da bin ich mir nicht mehr ganz so sicher. Ich verwendete alle Wörter, und das, was Amy während des Liedes auffiel, war, dass ich das Wort, das das Lied beschrieben hätte, nicht benutzt habe. Ich erzählte von Odysseus' Heimkehr. Und ich erinnerte mich, wie die Bilder kamen, als würde ich sie sehen: Penelope, die am Webstuhl saß und am Tag webte und es dann in der Nacht wieder auflöste, um nicht verheiratet zu werden.

Lebenslinien, Talent und Erfahrungslernen

Auch wenn Fletcher DuBois sich nicht mehr daran erinnern kann, wie diese bestimmte Praktik der Improvisation genau begonnen hat, so wird doch im Gespräch mit ihm schnell klar, dass er durch bestimmte Dinge in seinem Leben geprägt wurde, die seine Kreativität unterstützt und angeregt haben. Er wuchs in einer Familie auf, in der Kreativität, Poesie, Geschichten, Musik und Improvisation zum Leben dazugehörten. Die Kinder wurden nicht zur Kreativität gedrängt, aber da die Eltern in unterschiedlicher Weise erfinderisch waren, lebten Fletcher DuBois und seine Schwester in einem Umfeld, in dem Kreativität Alltag war. Er erinnert sich zum Beispiel, dass sein Vater in seiner Freizeit neue Dinge erfand, um die Forellenfischerei zu verbessern. Seine Mutter dachte sich Geschichten aus, die sie ihren Kindern erzählte. Vor allem aber war er schon als kleines Kind sehr beeindruckt von seiner Tante und Patin, der Dichterin, Autorin und Schauspielerin Violet Ranney Lang (V.R. Lang)[6] zu der er ein sehr inniges Verhältnis hatte – obwohl sie, wie er sagt, mit Kindern sonst nicht viel anfangen konnte. Ihr flüsterte er seine ersten Geschichten ins Ohr und sie liebte sie. So unterstützt und ermutigt, begann er bald auch, sich für seine Schwester Geschichten auszudenken. Da seine Tante früh starb, setzte er sich früh mit ihrem Leben und ihrem Werk auseinander. In unserem Gespräch sagte er:

> Als meine Tante mit 32 Jahren am Hodgkin-Lymphom starb, war ich furchtbar traurig. Ich war zu dem Zeitpunkt sieben Jahre alt. Ich hatte meine Tante wahnsinnig gerne. Sie war eine wundersame, wundervolle Person. Einige ihrer Gedichte waren bereits vor ihrem

---

6 Dichterin, Autorin und Schauspielerin, die an der Chicago University studiert hatte. Sie schrieb zwei Theaterstücke, bei deren Erstaufführung sie auch jeweils eine Rolle übernahm, *Fire Exit* (1952) und *I Too Have Lived in Arcadia* (1954). Ihre Schriften sind in dem Sammelband Lurie, Alison: *V.R. Lang. Poems and Plays with a Memoir*, New York 1975 erschienen. Lang starb 1956 im Alter von 32 Jahren am Hodgkin Lymphom.

> Tod veröffentlicht worden, aber noch lange nicht alle. Ihre gesammelten Werke veröffentlichte ihr Mann posthum 1962. Ich nahm ihr Gedicht *How to Tell a Diamond from a Burning Baby* und schrieb eine Melodie dazu, als ich vierzehn Jahre alt war. Daraus wurde das Lied *V.R. Lang's Words* auf einer meiner CDs. Aber ich wusste damals, als ich vierzehn war und die Melodie schrieb, noch nicht, dass es eines ihrer Gedichte war, das sie fast im selben Alter, mit 15 Jahren, geschrieben hatte. Das Stück *Fire Exit* las ich, als ich 16 war. Als ich 17 war, kopierte ich handschriftlich viele ihrer Gedichte aus ihrer privaten Sammlung und verschenkte sie an einen geliebten Freund.

Als Junge begann sich Fletcher DuBois also mit seiner Tante und ihrem Gefühl für Sprache zu beschäftigen. Seine Trauer über ihren frühen Tod verarbeitete er, indem er ihre Gedichte las und sich ihre Kreativität ein Stück weit zu eigen machte. Er begann sich selbst als Nachkommen dieser Frau, die er so sehr bewunderte, zu sehen, und fing dann auch früh an, selbst Texte zu verfassen. Ähnlich verhielt es sich mit der Musik. Sie hatte für ihn eine große Bedeutung. Seine Großtante, Margaret Ruthven Lang, geboren 1867 in Boston, war eine hochangesehene Komponistin gewesen. Als Tochter von Benjamin Johnson Lang, Organist, Klavierspieler und Komponist, und Frances Burrage Lang, wurde sie in ihrer Jugend bekannten Musikern ihrer Zeit wie Dvořák, Gottschalk, Paderewski, MacDowell, Liszt und Richard Wagner vorgestellt. Sie schrieb ihre erste eigene Komposition im Alter von 12 Jahren. Sie studierte in Boston unter George Whitefield Chadwick und später in München unter Victor Gluth, Franz Drechsler und Ludwig Abel. Arthur Nikisch brachte ihre *Dramatische Overture* 1893 mit dem Boston Symphony Orchestra zur Erstaufführung, gefolgt von Orchesterkonzerten in New York, Chicago und Baltimore. Ihre Arbeiten wurden regelmäßig in verschiedenen großen Häusern New Yorks (New York Philharmonic, Carnegie Hall) gespielt, und unter anderem von Arthur P. Schmidt, Oliver Ditson, Theodor Presser, Breitkopf und Härtel veröffentlicht. Im Jahr 1919 hörte Lang dann auf zu komponieren und zerstörte all ihre Orchesterwerke und einige der anderen, um aufzuräumen, wie sie es formulierte.[7] Weitere Familienmitglieder waren musikalische Vorbilder. So erinnert sich Fletcher DuBois an das Klavierspiel seines Großvaters Malcom Burrage Lang. Trotzdem ist M.R. Lang musikalisch für ihn das, was V.R. Lang sprachlich ist – eine inspirierende Vorfahrin. Für ihn waren die beiden Frauen Vorbilder, denn sie haben neue Wege beschritten in ihrer künstlerischen Entfaltung. DuBois fühlte sich schon als Kind als Erbe der beiden dazu berechtigt, es ihnen gleichzutun und einen eigenen Weg der künstlerischen Entfaltung zu finden. Sie inspirierten ihn dazu, zu teilen, was er zu geben hat, und die Kombination von Musik und Poesie war für ihn eine logische Schlussfolgerung, um dies zu erreichen.

Musik hatte für ihn aber noch eine andere Bedeutung. Geboren mit einem gespaltenen Gaumen, einem ersten Anzeichen des damals noch unbekannten Stickler-Syn-

7 Für mehr Informationen über ihre Werke und ihr Leben siehe Cline, Judith: *Margaret Ruthven Lang: Her life and songs*. Dissertation, Washington University 1993, sowie URL: www.margaretruthvenlang.com, www.hampsongfoundation.org.

droms, verbrachte er einen großen Teil seiner ersten zwei Lebensjahre in Krankenhäusern oder krank zu Hause. Auch diese Erkrankung verbindet ihn mit seiner Familie. Als das Stickler-Syndrom 1965 zum ersten Mal beschrieben und damit Jahre später eine Diagnose möglich wurde, stellte sich 1971 heraus, dass auch seine Mutter und seine Schwester betroffen waren. Musik war ihm, seiner Schwester und seiner Mutter in schwierigen Zeiten des körperlichen Leidens ein großer Genuss. Für Fletcher DuBois brachte Musik Frieden und Trost. Eine seiner ersten Erinnerungen ist seine Mutter, wie sie im Türrahmen des Krankenhauses steht und für ihn ein Lied singt. Damals gaben die Ärzte ihr den Rat, das kranke Kind nicht zu lange zu besuchen, damit es in Ruhe genesen konnte. Sie sollte ihn nicht halten, das Kind sei dafür zu schwach. Gesang war eine Art, ihre Liebe zu zeigen und den jungen Fletcher zu beruhigen, bevor sie ihn im Krankenhaus alleine lassen musste. Auch zu Hause nutzte er die Musik, um seine Leiden zu lindern. Immer und immer wieder hörte er zum Beispiel als drei- bis vierjähriger Junge die Schellackplatten von Marais und Miranda, deren Musik von südafrikanischer Volksmusik inspiriert war. Das Folkgenre begleitete ihn durch seine Kindheit und Jugend. Vielleicht war es die offene Form dieses Genres, in dem Improvisation selbst eine große Rolle spielt, die ihn später zu seiner eigenen Form der Improvisation gebracht hat. In jedem Fall gab er die therapeutische Wirkung der Musik auf ihn schon in seiner Studienzeit weiter. Er erinnert sich, wie er mit seinen Kommilitonen Patienten einer psychiatrischen Klinik besuchte und dort begann, für sie Musik zu machen.

> Das Kenyon College hat einen wunderschönen Campus, einen der schönsten in den USA. Ich hatte großartige Lehrer, und es war nicht immer einfach für mich, aber es war auch fantastisch. Ich fühlte mich, als wäre ich aus dem Gefängnis High-School herausgekommen. Die High-School war zwar eine sehr gute, aber es fühlte sich für mich trotzdem wie ein Gefängnis an. Doch Kenyon College war keines, denn es war so wunderschön. Ich fühlte, dass ich etwas tun musste, um auf dem Boden zu bleiben. Ich schloss mich einer Gruppe von Studierenden an, die in einer psychiatrischen Klinik geistig behinderte Menschen besuchten. Menschen, von denen einige den größten Teil des Tages im Bett verbrachten [...]. Ich sang sehr einfache spontane Lieder, benutzte aber die Namen der Leute, denn oft war dies das einzige Wort, das sie kannten. So kamen die Lieder zu mir und ich spielte sie. Es waren sehr einfache Lieder, denn nur so hat es funktioniert. Es waren Willkommenslieder, die zugleich auch Abschiedslieder sein konnten.

So ist DuBois‘ Lebenslinie klar mit der performativen Praxis verbunden, für die er mittlerweile weit über Heidelberg hinaus bekannt geworden ist: ein Talent, das er hatte, angeregt durch besondere Menschen in seinem Leben. Durch ein körperliches Leiden, das er von seiner Mutter geerbt hatte und mit seiner Schwester teilt, erfuhr er die therapeutische Wirkung der Musik am eigenen Leib und begann, dies weiterzugeben und andere Menschen teilhaben zu lassen. Dies führte ihn schließlich dazu, seine Musik und die Poesie nicht nur für emotionalen, sondern auch intellektuellen Austausch zu nutzen. Sein Leben hat ihm beigebracht, sich auf seine besondere Art zu artikulieren. Kommentiert hat er dies in einem Text zu Lebenslinien, geschrieben im Oktober 2011:

The line of my life
Again I draw
What went before
And where I believed it ought to lead to
Ah but is it was it ever true
And what do I draw it for
A silent reply
A silent reply
The curving path that might double back
But finally teach me the notes to the tune
Driven by a gift or what I thought that I lacked
Stations on the way hearing whose song
The choices I dared not choose too soon
Afraid to go wrong
Afraid to go wrong
What enough centuries are sure to erase
But will still somehow be kept in the everlasting design
Where lines intersect or ripple like waves
The story one tells the scenes that one saves
Singing the words weaving the lace
Here and Now
Keeping Time Keeping Time

Die Idee, die biographische Methode in den Sozialwissenschaften auszuweiten und es so zu ermöglichen, individuelle Lebenslinien zu erfassen und zu analysieren, hat Fletcher DuBois selbst in seiner Dissertation zum Werk von Joan Baez entwickelt.[8] Ihn interessiert, wie die Sozialwissenschaften das Leben einer Person fassen können, ohne dabei deren Individualität zu verlieren. Mit der Idee der Lebenslinien wollte er unterstreichen, dass eine Person nie nur eine stringente Autobiographie hat, sondern das eigene Leben aus verschiedenen Perspektiven betrachtet. In unserem Gespräch sagte er dazu:

> Wir selbst kreieren diese verschiedenen Faktenstränge, wenn wir über uns selbst sprechen, falls der Kontext autobiographisch ist. Professor Eugen Kullmann zum Beispiel schaffte es immer, wenn er zu Philosophen referierte, sie sehr real und wirklich erscheinen zu lassen. Man wird sich bewusst, dass sie reale Menschen mit realen Motivationen und ihre Behauptungen nicht nur wahllose Argumente sind, die irgendwann entstanden. Ich empfand, als er über Kant, Mill, Moses Mendelssohn oder Rabrindanath Tagore sprach, diese Personen als lebendig. Und so kam ich darauf, dass das Biographische nicht genug gewürdigt wurde und nicht gewürdigt wird.

Und so ist auch diese hier beschriebene Lebenslinie von Fletcher DuBois nur eine mögliche. Sie ist diejenige, die sich auf die Gabe zur Improvisation, zum Dichten und zur

8 DuBois, Fletcher R.: *A Troubadour as Teacher, the Concert as Classroom? Joan Baez – Advocate of Nonviolence and Motivator of the Young. A Study in the Biographical Method*, Frankfurt am Main 1985.

spontanen Performanz konzentriert. Ich könnte seine Geschichte ebenso mit anderen Schwerpunkten, beispielsweise dem Therapeutischen oder dem Akademischen erzählen. Dennoch ist diese Lebenslinie bedeutend, um seine Performanzen zu deuten. Aber seine spontanen Lieder sind nur ein Teil seines kreativen Werkes. Für die Konferenz hat er mit uns auch eine andere Arbeit geteilt, die dann spontan zu einer experimentellen Zusammenarbeit mit einem indischen Kollegen und Künstler geführt hat.

Zusammenarbeit mit anderen Künstlern

DuBois‘ Beitrag zur Konferenz war kein klassischer Vortrag, sondern eher eine Performanz, in der er seinen Zugang zu performativem Lernen, rituellem Lernen und Lernen in der Performanz mit uns teilte. Unter anderem sang er für uns das Lied *This Man Can Move Like Water*, das er für den Tänzer Louis Falco geschrieben hatte. Dazu sagte er mir später:

> Louis Falco war ein wundervoller moderner Tänzer und Choreograph. Seine Gruppe kam in den späten 70er Jahren nach Heidelberg. Sie waren vielleicht schon einmal vorher hier gewesen, aber an dem Tag traten sie im Theater auf, und ich fand es wundervoll. Irgendwie landete ich später bei ihnen und sie wollten wissen, wo die nächste Schwulenbar sei, also zeigte ich ihnen die Schwulenbar Heidelbergs. Ich brachte sie also zu meiner Stammkneipe, dem »Whisky-a-go-go«, Louis und die anderen. Und irgendwann gingen wir. Sie wollten zu ihrem Hotel und ich nach Hause. Auf dem Weg dann sang ich spontan ein Lied für sie und über sie. Es gefiel ihnen, und er (Louis) sagte: »If you are ever in New York come and see me, I have an idea of something we might do.« Und das war toll, ich ende gewöhnlich nicht singend auf der Straße, und es war etwas spät an dem Abend. Dennoch sang ich an diesem Abend in der Nähe des »Whisky« in der Mittelbadgasse. Ein oder zwei Jahre später stieg ich in ein Flugzeug nach New York ein und wer saß ebenso darin? Louis Falco. Wie hoch ist schon die Wahrscheinlichkeit! [...] Während dieses Fluges erzählte er mir von seiner Idee, was ich machen sollte. Er wollte, dass ich jedes Mitglied der Truppe, also etwa sieben bis acht Personen interviewte, um dann jedem einen individuellen Song zu schreiben. Diesen wollte er dann choreografieren. Also was tat ich? Ich konnte in dem Haus meines wundervollen Onkels (V.R. Langs Ehemann, Bradley Phillips) unterkommen. [...] Jedenfalls wohnte ich in seinem Apartment in der Perry Street, wo ich, wenn ich in New York war, häufiger unterkam. Ich glaube, er war zu dem Zeitpunkt an einem anderen Ort, so hatte ich die Wohnung für mich allein, ein schönes Apartment mit seinen Bildern ausgestattet, seinen unglaublichen Bildern, die er malte. Und ich ging jeden Tag zu den Falco-Studios und beobachtete die Proben, und dann interviewte ich, über mehrere Tage, einen nach dem andern aus der Truppe. So ging ich danach nach Hause und schrieb die Lieder. Es wurden sieben an der Zahl. Ich schrieb ein Lied für die Gruppe und eins für jeden einzelnen Tänzer. Da war auch noch eines für eine Tänzerin aus Japan. Ich schrieb für sie ein Haiku. Das Stück für die Gruppe war sehr lustig, es war fast wie ein Rap. Es handelte vom Streben nach Geld, dem realen Leben des Tanzens und was sie [die Tänzer] getan hätten, hätten sie all das Geld bekommen. Es war wirklich sehr lustig. Andere jedoch waren sehr ernst.

> Am meisten genoss ich es, wenn Louis Falco tanzte. Ihn bewunderte ich sehr. Als ich ihn interviewte, sagte er mir, als er in New York aufwuchs, war es eine Entscheidung zwischen Springmesser oder Tanzgürtel.[9] Er wählte den Tanzgürtel. Und so kam mir die Idee für sein Lied mit dem folgenden Text:
>
> This man can move like water
> he can leap like flame
> strike like lightning
> crack like thunder
> he can fall like rain
> he can fall like rain
> deep in love with motion
> watch dust in sunlight turn
> feel the surging of the ocean
> and how a heart can yearn
> the deer flees through the woodlands
> the dolphins break through the sea
> the story of this man
> is how he danced himself free
>
> Leider hat Louis seinen Plan nie umgesetzt. Das Lied gefiel ihm. Aber uns beiden war nicht bewusst, wie fragil das war. Denn in der Minute, in der eine Person die Gruppe verließ, musste sie durch eine andere ersetzt werden, und die Geschichte wäre zu Ende. Andernfalls hätte ich ständig zu ihnen kommen müssen oder sie hätten mir Sachen schicken müssen, kurz gesagt: Es hätte nicht geklappt.

Als Fletcher DuBois dieses Lied während der Konferenz sang, gelang es ihm, uns die Begeisterung über den Tanz Falcos zu vermitteln – so erfolgreich, dass der Jesuit und Tänzer Dr. Saju George SJ, der auch an der Bharatidasan-Universität in Trichy (Indien) unterrichtet, ihm später ein Experiment vorschlug. Saju George war eingeladen worden, um mit uns über seine eigene Auslegung der klassisch-indischen Tanzform Bharatanatyam zu sprechen. Klassischerweise werden im Bharatanatyam Episoden aus hinduistischen Geschichten dargestellt. Der Tanz ist hoch formalisiert. Jede Körperhaltung, Mimik und Gestik der Hände hat eine bestimmte Bedeutung, so dass geübte Zuschauer den Tanz »lesen« und den Geschichten mühelos folgen können. Der Jesuit übersetzt in seinen Choreografien das Evangelium in die Sprache dieses klassischen Tanzes und bringt auf diese Weise seine beiden Leidenschaften zusammen, wenn er tanzt. Auch er hielt später keinen klassischen wissenschaftlichen Vortrag, sondern tanzte und sprach dann mit uns über den Tanz als Gebet, Meditation und Form der Spiritualität. Er machte Fletcher DuBois irgendwann in einer der nachfolgenden Pausen den Vorschlag, *This Man Can Move Like Water* zu tanzen, während Fletcher singen sollte. Und nach seinem Vortrag wurde diese Idee in die Tat umgesetzt. Saju George

9 Louis Falco war Sohn süditalienischer Einwanderer in New York. In den 1950er Jahren, als er seine Ausbildung zum Tänzer begann, war New York für bestimmte Einwanderergruppen, besonders junge Männer, ein gefährlicher Ort. Er sah sich also vor der Wahl, sich entweder einer der Straßengangs anzuschließen, oder Tänzer zu werden.

übersetzte die Sprache des Liedes in die formalisierte Körpersprache des Tanzes, während Fletcher DuBois sang. DuBois erinnert sich:

> Er tanzte im Stil des Bharatanatyam und erzählte die Geschichte des Liedes, als es sich entfaltete. Es war eine Improvisation, die wir nicht einstudiert hatten. Interessanterweise hatte ich gerade David Davies' Buch über die Philosophie der Performing Arts gelesen[10]. Er spricht viel über Improvisation und ebenso über die Proben und über die aufführbare Arbeit zur Kunst, und ob Improvisation Kunst sein kann oder nicht. Es war ein sehr interessantes Experiment und ich bin immer noch fasziniert. Es hat gezeigt, wie wenig es in einer Improvisation um die ausführenden Menschen geht. Es ist wichtig, dass man dort ist und diese gelernten Fertigkeiten hat. Bei Saju sah man, dass er ein unglaublich guter Tänzer ist. Aber seine Fähigkeiten basierten auch auf einer enormen Kenntnis der Geschichte und des Hintergrundes von dem, was er tat, und nicht nur auf einer bestimmten Tradition. Er kennt verschiedene Tanztraditionen und fügt sie in einen größeren Kontext ein. Er liebt, was er tut, und er ist unglaublich gut darin. Allein die Disziplin. Ich meine, Disziplin ist immer beindruckend, aber in dem Moment, wo die Performanz ein höheres Level erreicht, denkt man eben nicht: »Oh, das ist so schwierig, was er tut«. Man beobachtet gebannt und ist ganz in dem Moment gefangen.

In dieser Improvisation wurde deutlich, dass Saju George auf vorgegebene Elemente seines klassischen Repertoires zurückgreifen konnte, die es ihm ermöglichten, die Worte des Liedes schnell in die Sprache des Tanzes zu übersetzen. Die Improvisation erschien so tatsächlich einer Jazzimprovisation ähnlicher. Die Form des Tanzes gab ihm den Rahmen vor, in dem er sich bewegen konnte, während die Worte in dem Lied vorgegeben waren. Die Regeln erleichterten die Übersetzung und zeigten uns noch einmal, wie die Übersetzung auch spiritueller Inhalte bei Saju George funktioniert. Fast ist es, als würde er mit seinem Körper Text darstellen, der für Eingeweihte lesbar und erfahrbar ist. Bharatanatyam hat eine Art Grammatik. Wenn gewisse Dinge gesagt oder gesungen werden, wie Donner oder Tauchen, werden sie direkt übersetzt in der Performanz. Es gibt also so etwas wie Vokabeln, die dann je nach Inhalt zusammengesetzt werden. Vor allem aber kreierte diese Improvisation eine intellektuelle und kinaesthetische Verbindung zwischen den verschiedenen Themen der Konferenz. In Performanz wird eine Atmosphäre geschaffen, die es den Teilnehmern ermöglicht, eine Idee, einen Gedanken oder ein Thema nicht nur kognitiv, sondern auch emotional zu durchdringen. Das gelingt nicht immer und ist abhängig von der Qualität der Performanz, der Konzentration der Aufführenden und der Reaktion des Publikums. Saju George suchte sich genau wie Fletcher DuBois seinen eigenen Weg, seiner Kreativität und seinen Gedanken Ausdruck zu verleihen. Es ist ihre eigene Geschichte, die es ihnen ermöglicht, das so zu tun. Fletcher selbst versteht sein eigenes Leben und das anderer durch das, was wir im Laufe unseres Lebens lernen, und durch die Geschichten, die wir erzählen, hören und die uns berühren. Auch dies hat er in Versform niedergeschrieben:

---

10 Davies, David: *Philosophy of the Performing Arts*, Oxford 2011.

There are stories that we live by and it takes time to know why
We tell the ones we do we tell the ones we do
Learning to dare learning to doubt learning to find out
To question and reply
How to live and how to die

In diesem Zusammenhang hält Fletcher DuBois Dankbarkeit für besonders wichtig. In einem Lied, dass er seiner Schwester gewidmet hat, bedankt er sich bei ihr und ihrer Mutter für ihre Rolle in seiner musikalischen Lebenslinie:

Ame you're the one who taught me to strum
Though I had to take It slow
Once you had me come run listen to someone
Playing on the radio
It was after school at home the singer's name was Joan
And the rest is history
It all goes to show how much you know
And what you give to me

Ame me and you we were sung to from the very start
And that's one thing more to be grateful for
From the bottom of our hearts

Referenzen

Bauman, Richard: *Verbal Art as Performance,* Rowley/Mass. 1978.

Cline, Judith: *Margaret Ruthven Lang: Her life and songs.* Dissertation, Washington University 1993.

Davies, David: *Philosophy of the performing arts,* Oxford 2011.

DuBois, Fletcher R.: *A Troubadour as Teacher, the Concert as Classroom? Joan Baez – Advocate of Nonviolence and Motivator of the Young. A Study in the Biographical Method.* Frankfurt am Main 1985.

Finnegan, Ruth H.: *Oral Poetry: It's Nature, Significance and Social Context*, Cambridge [u.a.] 1977.

Goody, Jack: *Literacy in traditional society*, Cambridge 1968.

—: *The Interface between the Written and the Oral*. Cambridge, 1987.

Lang, M.R.: *Anagrams in Rhyme. To shorten long hours*, Boston 1944.

Lord, Albert: *The Singer of Tales,* Cambridge 1960.

Lurie, Alison: *V.R. Lang. Poems and Plays with a Memoir,* New York 1975.

McLuhan, Marshall: *The Gutenberg Galaxis: The Making of Typographic Man,* Toronto 1962.

Abbildungsverzeichnis